大宋平江

宋朝苏州郡守其人其事（上部）

张焕强 主编

苏州市姑苏区政协文化文史委员会 编

苏州大学出版社
Soochow University Press

图书在版编目(CIP)数据

大宋平江：宋朝苏州郡守其人其事. 上部/张焕强主编；苏州市姑苏区政协文化文史委员会编. —苏州：苏州大学出版社，2021.12
 ISBN 978-7-5672-3846-6

Ⅰ.①大… Ⅱ.①张… ②苏… Ⅲ.①郡守—生平事迹—苏州—宋代 Ⅳ.①K827=44

中国版本图书馆 CIP 数据核字(2021)第 268130 号

书　　名：	大宋平江——宋朝苏州郡守其人其事(上部)
	DASONG PINGJIANG——SONGCHAO SUZHOU JUNSHOU QIREN QISHI
	(SHANGBU)
主　　编：	张焕强
责任编辑：	刘　冉
装帧设计：	吴　钰
出版发行：	苏州大学出版社(Soochow University Press)
社　　址：	苏州市十梓街1号　邮编：215006
网　　址：	http://www.sudapress.com
邮　　箱：	sdcbs@suda.edu.cn
印　　刷：	苏州市深广印刷有限公司
邮购热线：	0512-67480030
销售热线：	0512-67481020
开　　本：	700 mm×1 000 mm　1/16　印张：19.5　字数：291千
版　　次：	2021年12月第1版
印　　次：	2021年12月第1次印刷
书　　号：	ISBN 978-7-5672-3846-6
定　　价：	58.00元

凡购本社图书发现印装错误，请与本社联系调换。服务热线：0512-67481020

《大宋平江——宋朝苏州郡守其人其事》
（上部）编委会

苏州市姑苏区政协文化文史委员会　编

主　任
　　蔡炳锋

副主任
　　相　炎　朱依东　欧阳睿　曹　源
　　张　广　荣曙文　华建文

主　编
　　张焕强

编　委
　　许培强　谢　芳　杨宏明　王　侬
　　黄新国　朱晋苏　熊繁荣

自序

张焕强

一

在姑苏区政协的大力支持下,《回望姑苏——苏州古城的前世今生》得以顺利付印,这给了我莫大的鼓励。《回望姑苏——苏州古城的前世今生》出版后,我就一直思考接下来如何在挖掘和传承姑苏文脉上继续做点事情,但始终找不到切入口。正在茫然之际,我与苏州科技大学教授居易先生在苏州老科协的一次活动上相遇,交谈时向他道出了自己的困惑。居老师是大家,在各方面都有很深的造诣,谈起苏州的历史自然是如数家珍。听了我的诉说后,居老师说:"苏州2500多年的历史,研究最少的有两个朝代,一是汉朝,二是宋朝,你可择其一深入研究。"

居老师的话犹如醍醐灌顶,使我一下子脑洞大开。确实,《苏州通史》十六卷,五代和宋元只有一卷,而关于宋朝苏州的历史则仅有三分之一卷,相较于先秦、明清和近现代,分量要轻得多。虽然两宋时期并非苏州历史的巅峰,但是,毕竟宋朝有着319年的历史,而且正是在两宋之际,苏州的崇文之风开始兴盛,经济日趋繁荣,也正是在两宋时期,至今让我们自豪的"苏湖熟,天下足"和"上有天堂,下有苏杭"的局面开始形成,为明清之际苏州成为全国最繁华的城市之一奠定了坚实的基础。对苏州来说,两宋的地位和成就不言而喻,何以在史书上所占的比例如此之少呢?说明确如居老师所言,资料不多,研究不够。而这也正好给我的写作留下了巨大的空间,我的思路也由此延伸开来。

切入口虽然找到了,但是到底如何写和写些什么依然是个难题。宋朝苏州319年的历史,精彩而又丰富,经济、文化、商业、交通、农业、水利、饮食、住行、习俗、风景、人才、教育,等等,任何一个领域都值得深入挖掘,也都需要投入巨大的精力和相当的热情。作为一位热爱这片神奇土地的新苏州人,具有热情自然是没有问题的,但是,作为一名公职人员,我不可能有那么多的精力去做深入研究,更不可能面面俱到,涉及太多的领域,而只能在能力范围内选取一点去思索、去挖掘。

二

宋朝是中国历史上一个文弱而又文雅的时代,也是世界历史上少有的一个伟大而又孱弱的朝代。这种看似矛盾却又统一的风格和特征,使得宋朝在科技上傲视全球、在经济上独领风骚、在文化上达到巅峰,然而,其从胎里带来的文弱一面,最终没能抵挡住女真和蒙古的铁骑,在后人的叹息声中化为历史的茫茫云烟。

然而,滚滚浪花可以淘尽英雄,却无法淘尽历史的尘埃。和平统一到北宋版图的苏州(平江),在一个朝代中两度繁盛,这不能不说是历史的奇迹。而带来这一奇迹的,除了优越的地理位置、优渥的自然环境、优良的交通条件外,与其悠久的历史、灿烂的文化、开放的胸怀也有着直接的关系。

但是,宋朝苏州经济的繁盛和文化的繁荣并非一蹴而就,也不是自然而然形成的,而是随着宋朝政治、经济的变化不断演进的,其中历任地方官员的不懈努力、苏州人民的大胆实践、南北文化的不断融合，都在其间发挥了不可替代的作用。一个繁盛的苏州，饱含着无数人的奋斗；一个文雅的苏州，同样经历了漫长的嬗变。319年的宋朝历史，演绎了无尽的悲欢离合；两度繁盛的平江府，更是隐藏了无数的烟雨迷蒙。要想拨开历史的迷雾，把千年前苏州的历史面貌呈现在读者面前，除了对史料的大量积累、深入挖掘之外，还必须找到一个能够让读者产生共鸣、对时代有所启发的入口。

三

在查阅相关资料，尤其是认真拜读白寿彝先生的《中国通史》、钱穆先生的《中国通史》的过程中，有些问题一直在我脑际萦回：中国经济社会的进程与帝国皇权之间到底是一种什么样的关系？两宋在中国历史上版图虽小，却创造了人类科技、经济、文化发展史的奇迹，其基本国策对地方经济的发展又起着什么样的作用？而在施政的过程中，地方官员又扮演着什么样的角色？沿着这样一条思路，我的目光逐渐聚焦于苏州牧守这一群体。

有一次在向苏州市政协副主席王竹鸣汇报工作的时候，我谈起了这些问题，竹鸣副主席向我推荐了钱穆先生的《中国历代政治得失》，并简要介绍了钱穆先生的观点。我立即上网把这本书买来读了一遍，收获很大，也大致了解了中国历代政治演变的过程。

自秦始皇横扫六合、统一天下后，中国历史正式进入帝国时代，自此之后，虽然各个朝代实行不同的政治制度，但是有一点是共同的，这就是皇权与相权、中央和地方之间的关系。西汉建立之后，在中央与地方的关系上，刘邦大封同姓王，并赋予其相当大的权力，最终导致七国之乱，经由汉景帝平叛后汉朝恢复中央集权，而到了东汉末年形成了州牧独揽地方大权的局面，最终导致军阀混战、三国鼎立。在皇权与相权的关系上，汉朝将政府与皇室分开，使宰相与皇帝并列，开创了中央政府治理国家的先河，但是，皇权与相权之间的关系也经常发生微妙的变化，出现了汉武帝矜才使气、霍光大权独揽及光武帝自亲庶务等不正常的现象。进入唐朝，这两种关系又发生了根本性的变化：在皇权与相权之间，皇权自然是世袭的，但是相权却发生了根本性变化。如果说汉朝的相权是"领袖制"的话,到了唐朝则变成了"委员制",即宰相的权力分别由中书省、门下省和尚书省分担,中书省负责拟定诏书、发出命令,门下省负责复核,尚书省负责执行。在中央和地方的关系上,唐初实行的州县制不会危及国家政权,但是,从唐中宗开始,将御史台分为左右御史台,左御史台监察中央政府,右御史台监察地方政府,并开始派人巡察、按察地方,逐渐演变成节度使,节度使集行政和军事权力于一身,结果最终酿成了安史之乱,使大唐帝国很快走向衰亡。

宋朝建立之后,赵匡胤接受历代帝国统治的教训,实行重文抑武的国策,从此拉开了文人政治的大幕。在皇权与相权的关系上,宋朝出现了三大变化:一是宰相由中书独揽,门下、尚书两省长官不能参与最高决策;二是另设枢密院,独掌军事,宰相不能干预军队的事情;三是谏官独立于宰相和枢密院,由此形成了三足鼎立的局面。中国的监察官员本分为台和谏,台是指御史台,主要负责监察百官;谏官则主要负责谏诤皇帝的过失。唐朝以前都是皇帝任命宰相、宰相任命谏官,台、谏官员都属于宰相管辖。但是,到了宋朝之后,台官、谏官均由皇帝任命,台、谏不分的结果导致北宋前中期宰相施政处处受到掣肘,范仲淹"庆历新政"和王安石变法的失败与此密切相关,最终演变成剧烈的党争,宋徽宗上任之后谏官虽然失势,却出现了奸相专权的局面,宋朝最终因为政治腐败、军事羸弱而走向灭亡。

宋朝重文抑武国策的推行,解除了武将拥兵自重、威胁皇权的隐忧,但是也使宋朝成为军事实力最为薄弱的一个朝代。然而,示弱也并非全是坏事,重文之策的实行,带来的是人才辈出、文化兴盛,最终推动宋朝文化达到中国历史的巅峰,宋朝经济成为世界仰望的明星。在这样的历史背景下,苏州这样一个气候适宜、环境优美、交通方便的江南水乡,最终成为江南经济最发达、商业最繁荣、文化最繁盛的城市之一,是再自然不过的事情。

赵匡胤在实行重文抑武国策的同时,还听从赵普对节度使"削夺其权、制其钱谷、收其精兵"的建议,在地方上实行"空降知县",知县以上官员全部由中央任命。这一方面使自唐朝时期始就垄断州、县军权、财权、司法权的节度使成了一个空衔；另一方面，也无形之中加大了州、县长官的责任，加之宋朝有着严密的官员考核制度，地方官员如果不能尽心尽职，不仅不能得到提拔，反而会被贬黜。所以，地方经济社会发展状况与牧守的履职情况有着直接关系。考察地方牧守的所作所为，我们不仅可以在一定程度上窥探地方经济社会发展状况，也能够从中吸取执政经验，做到古为今用。思考至此，笔者豁然开朗：我完全可以通过苏州历任牧守的施政情况和人生经历来反映宋朝苏州的发展历史。这既是一个全新的视野，也是一件值得尝试的事情。

然而，想想容易，真正做起来却困难重重。一方面，史料的匮乏成了写作的首要障碍。虽然我做了不少前期工作，有关宋朝的主要史料，比如《宋史》《续资治通鉴》、范成大的《吴郡志》、王鏊的《姑苏志》等都已备齐，但是，这些史书中对宋朝苏州牧守的介绍太过简单，除了极少数有名的人物有详细介绍外，其他不太有名的苏州牧守很多史书上就一两句话，其任职的经历、主要的政绩、在苏州的作为根本无迹可寻。写历史不同于写小说，必须以史料和事实为依据，既不能臆测，更不能乱编。所以，如何克服史料的匮乏是我必须解决的问题。另一方面，通过人物反映历史，对这些人物的介绍写到什么程度，也是一个必须考量的问题。既不能像写历史一样，写某人某年出生，做过什么官职，如果这样写，读者读起来必然会索然无味；但也不能像写小说一样，天马行空、无拘无束，如果这样写，同样会让读者感到不适。我希望像《回望姑苏—— 苏州古城的前世今生》那本书一样，以史家的态度、随笔的手法、读者的角度，全方位介绍苏州历任知州和知府的情况，并在这一过程中一并穿插宋朝苏州发展的状况和历程，让读者在轻松的氛围中了解历史、在愉快的心情中思索现在，通过这本书，读者既能够从宋朝苏州的历史中探秘一座城市的兴衰过程，也可以从两百多个牧守身上吸取做人的真谛和成功的秘诀，若能够达到这样的目的，则吾愿足矣！

四

从公元978年苏州正式并入北宋,到公元1279年在蒙古铁骑下南宋灭亡,300多年间苏州共有266位知州和知府,其中知州115任(含再任、权摄),知府151任(含再任、权摄,不含未到任的18人)。对这两百多任知州和知府的人生经历与任职情况进行全方位介绍,无疑是一项巨大工程,虽然限于资料匮乏,不可能每一任都进行详细阐述,但是即便把其中的百分之八十介绍给读者,加上两宋苏州及与苏州有关的人物的故事,也不是一蹴而就的事情。所以,思之再三,我决定将本书分成上下两部,上部重点介绍北宋苏州知州及相关人物和苏州经济社会文化发展情况,下部则重点叙述从苏州升格为平江府到南宋期间苏州知府及相关人物的情况。

把这一思路告诉姑苏区政协领导后,他们只对我说了一句话:"凡是涉及姑苏历史文化的著作,都是我们欢迎而且大力支持的。"简单的一句话,使我信心倍增。可惜我的能力欠缺,加之精力有限,我只能尽力为之,希望没有让关心我的领导、专家和朋友们失望,也希望读者通过《大宋平江》能够有所收获。

目 录

第一章 吴越春秋
　　——乱世中的乐土 /1

第二章 吴越纳土
　　——唯一一次没有硝烟的统一 /8

第三章 平稳过渡
　　——首任知州的善政 /16

第四章 赋税之争
　　——王知县的抗争 /19

第五章 快速发展
　　——一批能员干吏的努力（上） /28

第六章 快速发展
　　——一批能员干吏的努力（下） /41

第七章 悄然崛起
　　——"苏湖熟"局面的形成 /50

第八章　士风渐变
　　——尚文之风逐渐兴起（上）　/58

第九章　士风渐变
　　——尚文之风逐渐兴起（下）　/69

第十章　文教渐摩
　　——官方办学的兴起　/81

第十一章　向学日盛
　　——崇文重教传统的形成（上）　/91

第十二章　向学日盛
　　——崇文重教传统的形成（下）　/98

第十三章　园林初起
　　——两大才子的到来　/106

第十四章　渐趋繁荣
　　——一个新时代的到来（上）　/119

第十五章　渐趋繁荣
　　——一个新时代的到来（中）　/128

第十六章　渐趋繁荣
　　——一个新时代的到来（下）　/136

第十七章　走向辉煌
　　——冠绝东南一大郡（上）　/146

第十八章　走向辉煌
　　——冠绝东南一大郡（中）　/160

第十九章　走向辉煌
　　——冠绝东南一大郡（下）/168

第二十章　风流佳地
　　——党争之中的苏州知州（一）/181

第二十一章　风流佳地
　　——党争之中的苏州知州（二）/193

第二十二章　风流佳地
　　——党争之中的苏州知州（三）/202

第二十三章　风流佳地
　　——党争之中的苏州知州（四）/213

第二十四章　风流佳地
　　——党争之中的苏州知州（五）/225

第二十五章　全面兴盛
　　——最后的辉煌（一）/241

第二十六章　全面兴盛
　　——最后的辉煌（二）/255

第二十七章　全面兴盛
　　——最后的辉煌（三）/265

第二十八章　全面兴盛
　　——最后的辉煌（四）/277

主要参考文献　/288

附录　宋朝苏州知州名录　/289

第一章　吴越春秋

——乱世中的乐土

（钱氏父子对苏州的经营）

苏州古城建城 2530 多年来，每逢朝代更替或遇兵燹，几乎都遭蹂躏或者毁灭，唯一一次在朝代更迭之际没有遭受破坏的就是北宋建立之时。苏州在这次全国大一统过程中之所以能够免遭战乱之苦，主要是因为吴越国钱氏的智慧、隐忍和付出。因此，漫谈"大宋平江"，就不能不从钱氏说起。

唐末到五代是一个军阀混战的时代，苏州作为江南的经济中心，自然是各方军阀争夺的主要目标。

唐僖宗光启二年（886）十月，感化军牙将张雄、冯弘铎得罪了感化军统帅、徐州节度使时溥，张雄担心被害，情急之下带着三百多名部下离开徐州，渡过长江占领了苏州，自任苏州刺史，并迅速扩充军队，一年多时间就发展到拥有五万多人、一千多艘战舰的军事力量，并自号"天成军"。如此快的发展速度引起了镇海军节度使周宝见的嫉妒，周宝见知道驻扎在扬州的原淮南节度使高骈的部将徐约实力雄厚，便引诱和说服徐约攻击张雄。徐约当然也想吃掉苏州这块肥肉，所以就发兵进击张雄，并于第二年四月打败张雄，占领苏州，自任苏州刺史。

正在扩张实力的杭州刺史钱镠看到苏州被徐约占领，认为这是一个抢占苏州的绝佳机会。于是，经过精心准备，钱镠派他的堂兄弟钱銶于唐僖宗文德元年（888）九月率兵进攻苏州，并于次年三月占领苏州。徐约逃到海上，中箭而死。钱镠任命海昌都将沈粲"权知苏州事"。到了十月，唐朝廷任命杜儒休为苏州刺史，改沈粲为苏州制置指挥使。结果，钱镠下令让沈粲把杜儒休给杀了。当时钱镠名义上还是唐朝任命的地方官员，擅自诛杀朝廷命官可是大逆不道的事情。为了应付唐朝廷的问责，钱镠把杀害杜儒休的责任推给了沈粲，沈粲为了避祸逃到了另外一个军阀孙儒那里。大顺元年（890）八月，淮南节度使杨行密的部将李友攻下苏州，但是，没过几个月，到了十一月，孙儒的军队又打败了李友，占领了苏州，李友逃到了常熟，不久被孙儒抓住给杀了。孙儒任命沈粲"守苏州"。第二年，钱镠再派钱銶进行反攻，第二次占领苏州，并任命钱銶为苏州招缉使。乾宁元年（894），钱镠任命成及为苏州刺史。成及是钱镠的儿女亲家，为钱镠出谋划策立有大功，而且成及还参加过农民起义军，对百姓非常亲善，因此很受苏州百姓欢迎。

乾宁二年（895）二月，在越州（今绍兴）的威胜节度使董昌造反，钱镠奉诏进行讨伐。董昌向杨行密求救，杨行密派部将台濛等率军围攻苏州，以牵制钱镠。乾宁三年（896）四月，淮南军与钱镠军战于黄天荡，钱镠军战败，于是淮南军进围苏州，在苏州城内的常熟镇使陆郢开门献城，迎接淮南军，并把成及抓住献给了杨行密。杨行密见成及清正廉明、管理有方，很是赞赏，就想诱降成及。但是，成及家属上百人都在钱镠那里，所以他不肯归降。最后，杨行密放了成及，等成及回到杭州的时候，钱镠亲自到郊外迎接，"把袂以泣"，可见对其感情至深。成及回杭州后，钱镠接受部将顾全武的建议，暂时放弃苏州，先集中兵力攻打董昌，然后再想办法谋取苏州。于是，钱镠全力东讨，攻克越州，斩杀董昌，全部占领了浙东地区，稳固了自己的后方。

乾宁四年（897）七月，钱镠派顾全武率师恢复苏州。顾全武采取先占外围、再攻苏州的办法，在一个月内先后占领了松江、无锡、常熟、华亭。八月，顾全武主力屯驻苏州郊区，计划长期围困苏州。杨行密在命令台濛坚守苏州的同时，派李近思、李简复等陆续出援台濛，对顾全武造成很大的压力。乾宁五年（898）正月，钱镠命令军队全力救援顾全武，活捉了李近思，击败重新占领无锡的李简复。三月，顾全武在白方湖抵挡住了淮南援将周本的进攻，这样，救援苏州的淮南各路大军都以失败而告终。到了九月，苏州城里已经弹尽粮绝，台濛等只好放弃苏州城。顾全武趁机发动进攻，顺利占领苏州。钱镠任命曹圭为苏州刺史。

曹圭不仅才华出众，而且胆识过人、气度不凡。开平二年（908）九月（一说四月），淮南遣步军都指挥使周本、吕师造再次进攻苏州，但是苏州在曹圭的主持下，淮南军久攻不下。在次年的元宵节这天，曹圭在族人曹师鲁的家里举办宴会，"盛陈灯火，令贼俘纵观"，吓坏了淮南军。钱镠又派出军队前来救援。为了沟通城内城外的联系，吴越游弈都虞侯司马福从郊外潜入护城河中，经过三天三夜，克服种种困难，终于进入城中见到了吴越守将，传达了机宜。到了辛亥那天，吴越军内外夹攻，大获全胜，俘虏淮南官军三千多人，获兵甲、生口三十余万，夺得战舰两百多艘，吴越国从此稳固了对苏州的统治。

到了贞明三年（917），占据淮南的吴王杨隆演派前舒州刺史陈璋带兵攻打苏、湖两州。贞明五年（919）四月，两军战于狼山江，吴越军大败吴军。六月，又战于沙山（今张家港江边），吴越军战败。钱镠派其子传瓘（后改名元瓘）攻打常州，吴国派徐温来拒。徐温派陈璋率领水军，从海门渡江南下，直捣吴越国的后方，使得吴越国内外吃紧。壬申（夏历初七），吴越军与杨吴军战于无锡，吴越军败退苏州。一些部将劝徐温乘胜追击，袭取苏州，但徐温认为："天下离乱已久，民困已甚，钱公亦未易可轻；若连兵不解，方为诸君之忧。今战胜以惧之，戢兵以怀之，使两地之民各安其业，君臣高枕，岂不乐哉！多杀何为？"因此，苏州避免了一次浩劫。当年八月，吴国归还了无锡战役中的俘虏，吴越国接受了这些战俘，并对吴国表示感谢。到了同光二年（924），吴越国发生大火，吴越国的宫殿、府库、兵甲被焚毁殆尽，吴国群臣劝主政李昪（也就是徐知诰，后文还将介绍）趁机进攻吴越国，李昇没有答应，反而派出使节带着厚礼前往吴越国吊问，并议定双方归还所执将士。从此，双方休兵二十多年，为苏州的发展赢得了宝贵的时间，钱氏对苏州的统治也自此稳定了下来。

从唐昭宗乾宁五年（898）钱氏第三次据有苏州，到太平兴国三年（978）吴越国被并入北宋版图，钱氏在苏州经营了整整八十年的时间，为苏州在两宋之际的长期繁荣奠定了坚实的基础。

钱氏对内加强团结、任用贤才、轻徭薄赋、发展生产，极大地促进了经济的繁荣和百姓生活水平的提升；对外韬光养晦、低调顺从，不称王、不挑事，而且在北宋统一全国的过程中全力配合，使江南地区在朝代更替之际免遭兵燹，为江南的稳定与发展创造了良好的条件。

钱氏一直把苏州作为吴越国的北边重镇和国家的屏障进行经营。天宝六年（913），钱镠让自己的第六子（一说第四子）钱元璙到苏州担任刺史。同光二年（924）升苏州为中吴军，领常州、润州（今镇江）等地，以钱元璙为节度使，提升了苏州的政治地位。从913年任苏州刺史，到942年去世，钱元璙在苏州任上近三十年。钱元璙死后，他的第二个儿子钱文奉接棒统治苏州。

钱元璙很聪明，用苏州话说就是很会来事。《吴越备史》中说他"仪态瑰杰，风神俊迈，性俭约恭靖，便弓马"，也就是说钱元璙相貌堂堂，风度潇洒，谦虚节俭，英勇善战，可谓是人中龙凤了。说他聪明，则主要是指他对待钱镠传位这件事情的态度。

钱镠一生生有三十多个儿子，谁来接班是个大问题。以战功而论，钱元璙和钱元瓘不相上下，两人分别出任镇海、镇东节度副使，分守苏州、湖州，地位相当。两人同年出生，同岁结婚，细细考评，钱元璙还略占优势。当时，元璙有五个儿子，但元瓘因原配夫人没有生育，故得子较晚。元璙是正室夫人所生，元瓘也像他的几个儿子一样是侍妾所出。元璙是哥，元瓘是弟，但钱镠选择了元瓘接班。虽然史家认为钱元瓘在狼山江之战中，充分展现了他的军事才能，但钱镠也许更看重他能理解和接受"子孙善事中原，切勿以中原帝姓多变而改国之大政"的政治路线。钱镠是成功的。钱元璙尊重父亲的选择，并主动到杭州看望钱元瓘。而元瓘也丝毫没有趾高气扬，以国王自居，而是以弟弟的身份说:"这王位本是兄长的。"元璙则谦虚地说:"父王决定很正确,你是众望所归。"在当时朝中和各藩国为继位而兄弟相残之际,元璙能做到这一点,实在不容易。因而,两人都被对方所感动,热泪盈眶,抱头痛哭。兄弟两个都表现出广阔的胸襟和良好的政风,确保了吴越国的政治稳定,为江南的繁荣发展奠定了基础。

不仅钱元璙"俭约慎静,郡政循理",其儿子钱文奉也是涉猎经史,懂音律,会医药,是个全才式的人物。父子二人先后治理苏州达六十多年,在苏州任贤能、修城墙、兴水利、筑园林,为苏州的城市建设、经济发展、文化繁荣做出了重要贡献。朱长文在《吴郡图经续记》中说:"当兵火剽焚之后,而元璙以俭约慎静镇之者三十年,与江南李氏(南唐李煜)接境,而能保全屏蔽者,元璙之功也。"对钱元璙父子在苏州的贡献倍加推崇,实际情况也确实如朱长文所说。

钱氏父子首先在苏州大兴水利、广垦农田,极大地促进了农业的发展。吴越国对苏州的水利建设十分重视,不仅建立了专门的管理机构,而且还组织人力专事疏浚水道,并制定了一系列措施、制度,保证了水利工程的建设、维修和保护。

末帝贞明元年(915),吴越国专门设置都水营田使,主持水利事宜。同时,建立撩浅军(也叫撩清军),专门负责筑堤治河,防止水患。撩浅军分为四路(一说二路),一路叫开江营,负责常熟、昆山等地36条河道的疏浚与护理;另三路负责吴淞江、急水港、淀泖、小官浦及运河的清淤、罱泥、除草、置闸任务。这些士兵长年驻扎在太湖周围,人数多达七八千人。在撩浅军的努力下,太湖水一路直下吴淞江,另一路从急水港下淀山湖入海,这样一来,农民在干旱时可以用水灌溉,在出现水涝时可以排水入渠,免于水旱灾害,保证了农业发展。钱元璙当政期间,海虞(今常熟)二十四浦两次发生潮汐侵袭,潮汐裹挟着泥沙,导致一些支港堵塞。钱元璙派遣开江营将领梅世忠为都水使,招募水利兵,在每个港口建设闸门,按时起闭,以防备旱涝。为了防汛防潮,钱元璙还专门创设了水寨军,任命李开山为水寨将军,驻兵于浒浦,凡有紧急情况,随时救援。出现旱情则引江水灌溉,发生涝灾则闭闸以拒江水之害,给农业带来了极大的好处。梅世忠和李开山驻扎的地方即以其姓为地名，也就是现在常熟的梅李。

在大兴水利的同时，吴越国还鼓励农民广开农田，存富于民。天成元年（926），苏州大水，钱氏下令赈济。长兴三年（932），钱镠去世前，遗命蠲除民田荒绝者租税。天福六年（941），钱元瓘去世，其子钱弘佐继位，下令免除境内赋税三年，以宽其民。到了吴越后期，钱弘俶"募民能垦荒田者，勿收其税，由是境内无弃田"。有人请求将遗漏户籍、不交常赋的成丁检搜出来，以增加国家赋税收入，钱弘俶将此人"杖之国门"，严加惩处。钱氏这种体恤人民、藏富于民的思想，不仅得到了江南士民的欢迎，而且也加快了土地的开垦，促进了经济的发展。加之曲辕犁、龙骨水车等技术的使用，轮作制度的确立，茶桑等经济作物的推广，极大地促进了农业、手工业和商业的发展与繁荣，为宋代"苏湖熟，天下足"和"上有天堂，下有苏杭"局面的形成打下了坚实的基础。

钱元璙父子在发展经济的同时，还进行了大规模的城市建设。龙德二年（922），对苏州城墙进行了修葺，砌成高二丈四尺、厚二丈五尺的砖墙，城内外均开城壕，十分险固。这是苏州城墙第一次砌成砖墙。与此同时，还在城内建设了不少园林，钱元璙"颇以园池花木为意，创南园、东圃及诸别第"。《吴郡图经续记》说元璙"好治林圃，于是酾流以为沼，积土以为山，岛屿峰峦，出于巧思，求致异木，名品甚多，比及积岁，皆为合抱，亭宇台榭，值景而造，所谓三阁，八亭、二台、龟首、旋螺之类"。《吴郡志》载："南园，吴越广陵王元璙之旧圃也。老木皆有抱，流水奇石，参差其间。王禹偁为长洲县令，尝携客醉饮。"有诗曰："天子优贤是有唐，镜湖恩赐贺知章。他年我若功成后，乞与南园作醉乡。"可见南园当日之盛。苏州的名园，如苏舜钦构筑的沧浪亭、范仲淹创建的文庙，都是南园的一部分，南园之大可见一斑。

钱元璙父子十分重视人才的任用和奖掖，其父子经营苏州六十多年，"一时才艺多依之"。南宋龚明之《中吴纪闻》记载："（钱氏父子）皆为中吴军节度使，开府于苏。时有丁陈范谢四人者，同在宾幕。"这四人是同僚，同为中吴军节度使推官。推官是节度使幕僚，按照级别，依次有行军司马、副使、判官、支使、掌书记、推官、巡官等。推官的身份，近似秘书。这四大秘书当时并不起眼，但他们的孙儿辈，却是北宋鼎鼎大名的人物，丁守节，其孙丁谓，贵为丞相；陈赞明，其孙陈子奇，官至太子中台，被称为"吴下三贤人"，家住阊门；范梦龄，其曾孙是范仲淹；谢崇礼，其子谢涛，官至太子宾客，属东宫官属，另一子谢炎有文名，与卢稹齐名，时称卢谢。王鏊《姑苏志》对这一现象称赞不已，很羡慕"其子孙皆至大官"。所以现代史家也认为：时至北宋，以两浙之境而论，苏州最出人才，这与钱元璙、钱文奉幕府有着或多或少的渊源关系。

吴越国从钱镠开始，一直采取韬光养晦的策略，承认中原王朝的更替。吴越一直称王而从未称帝，所用年号天宝（908—923）、宝大（924—925）、宝正（926—932），只在境内私用，以免招惹是非。钱镠去世的时候，严令"子孙善事中原，切勿以中原帝姓多变而改国之大政"，遗命日后不得使用国仪，而使用藩镇法。从第二代吴越王钱元瓘开始，没有再用年号，因而避开了政治上的敏感问题，与中原各国保持了良好的关系，也为北宋和平统一提供了前提。

大宋平江
——宋朝苏州郡守其人其事

第二章　吴越纳土

——唯一一次没有硝烟的统一

宋太祖赵匡胤被部下"黄袍加身"登上皇位的时候，面对的依然是诸侯混战、地方割据政权林立的局面。当时，除了北方的辽，西北的党项李氏、回鹘，西南的大理等政权外，仅汉族居住区就有南唐、吴越、泉漳、荆南（南平）、湖南（武平）、后蜀、南汉、北汉等，可谓诸国并存、列强环伺。赵匡胤面临的最大、也是首要的任务，就是完成统一大业。

然而，统一谈何容易。当时，虽然南唐、吴越、泉漳、荆南、湖南均表示臣服，却并没有交出军队和政权，仍然各自割据一方，而在宋朝建立之初，北汉就很快投靠了辽，继续与宋为敌，两国不时发生战争，给赵匡胤统一大业制造了不小的麻烦。因此，赵匡胤在详细分析形势之后决定采取先易后难、先南后北的政策，经过三年认真准备后，开始了统一大业。

但是，摆在赵匡胤面前的仍然是艰难的选择，到底先拿谁开刀成为首先要考虑的问题。当时，几个割据政权中，最弱、最小的是南平，南平的都城在江陵，管辖的范围只有三个州，相当于现在的一个地级市，但是南平已经表示臣服，而且也没有任何拂逆的举动，贸然出兵弄不好就会遭到其他地方政权的反抗。以当时北宋的状况，还没有与几个割据势力同时开战的实力。所以，出兵必须找到一个合适的借口。

正在赵匡胤为这事头疼的时候，有人主动把出兵的理由送上了门，而且来者所来之地正是赵匡胤想要得到的地方。赵匡胤登上皇位的第三年（962），盘踞在湖南的武平政权的首领周行逢去世，其十一岁的儿子周保权继任为武平节度使，结果引起了张文表的不满。张文表和周行逢当年一起建立武平政权，当周行逢去世的时候，张文表心想：周行逢活着也就算了，毕竟是一起建立起来的政权，但是，周行逢不在了，这王位应该由我张文表来坐，怎么能轮到一个十一岁的娃娃呢？所以，他就以到武平政权的所在地朗州（今湖南常德）奔丧的名义，起兵造反。

其实，周行逢在去世之前已经料到张文表会造反，所以就留下遗言，告诉周保权如果出现这样的情况，一方面要任命自己亲信的将军出面平叛，另一方面要派人到中央政府，让中央政府在承认武平政权的同时，派兵帮助平叛。所以，得知张文表起兵造反的时候，周保权就和朝中大臣商量，按照父亲的遗嘱，一方面安排平叛事宜，另一方面派人前往开封，请求中央政府派兵协助平叛。

得到这样的消息，赵匡胤高兴坏了，心想：这可真是瞌睡遇到了枕头，想什么来什么。南平和武平地处中南地区，如果把这两个地方政权拿下了，往东可以直取江南，往西可以窥视川蜀，往南可以横扫两广。因此，赵匡胤在制订统一计划的时候，首先要拿下的就是这两个地方政权，只是缺少一个出兵的理由罢了。现在武平政权主动邀请自己出兵，赵匡胤怎么能不高兴呢？所以，在接到周保权的请求后，赵匡胤没有任何犹豫，立即起用宿将慕容延钊为主帅、李处耘为都监，于乾德元年（963）正月率军南下，讨伐湖南的叛将张文表。

在出兵之前，赵匡胤还做了一件事情，就是告诉南平政府，这次大军前去平定武平动乱将要借道南平，并且要南平出兵三千协助北宋平定武平动乱。武平前国主周行逢去世前，南平国主高保融已于建隆元年（960）去世，高保融的长子高继冲继位。高继冲虽然已经成年，却是一个胸无大志、没有任何治国经验的人，而且估计也是一个不学无术的人，不然也不至于对春秋时期"假道伐虢"的故事不了解。春秋时期，晋献公要向虞国借路去攻打虢国，同时给虞国送去宝马和贵重礼物。虞国国君贪财，大夫宫之奇劝阻说："虢国是虞国的近邻，它的灭亡必然会导致虞国灭亡。"虞国君主不听劝谏，答应晋军过境，结果晋国灭掉虢国后立即把虞国也给灭掉了。不过，就算高继冲知道这个历史故事，以南平的实力，也不敢不答应北宋的要求。所以，当北宋提出出兵和借道的时候，高继冲毫不犹豫地就答应了。高继冲想，我都这么听话了，你不管怎么样要给我一条活路吧！但是，赵匡胤并没有因为高继冲听话而放过他，而是借助出兵湖南的机会，一并把南平给解决了。所以，在慕容延钊出兵的时候，赵匡胤授权他以借道南征的名义，在途经江陵时先灭了荆南。二月初九，宋军到达荆门，高继冲派叔父、掌书记高保寅前往劳军并探听消息。当夜，慕容延钊在欢迎高保寅之际，派数千骑兵偷袭江陵，高继冲闻讯惊慌出迎，宋军兵不血刃地迅速占领江陵。初十日，高继冲被迫投降，荆南成为宋朝消灭的第一个割据政权。

正当北宋大军吞并荆南、日夜兼程向南进发的时候，武平张文表动乱被平定，武平政府就给赵匡胤报信，说张文表已经被消灭了，北宋大军可以不来了。接到武平的报信后，赵匡胤写了一封回信给他们，要武平就此归顺中央，把人口、土地、赋税等造册后上交中央政府。接到赵匡胤的信后，武平政权多数人赞成就此归顺北宋，但是一个叫张从富的将军坚决反对，所以武平政权最后决定和北宋死磕到底，对赵匡胤的来信采取不予理睬的态度，然后把道路毁掉，把主要的山口堵上，希望北宋大军能知难而退。

武平政权长期盘踞湖南，实在有点夜郎自大，他们不了解北方这些年朝代更迭中战争的血腥和残酷，也不了解北宋的实力有多强大，更不了解赵匡胤统一全国的决心，自以为这样就可以让北宋望而却步。在得知武平政府的态度后，赵匡胤命令慕容延钊按照原计划继续南进。二月中旬，李处耘带着先锋部队势如破竹，很快攻入湖南境内，首先和张从富的部队进行了一场战斗，结果武平部队一触即溃。这个时候，李处耘干了一件令人发指的事情。李处耘把俘虏集中起来，从中挑出十多个士兵将其杀掉，然后支起大锅把这些人给煮了，分给自己的士兵吃。李处耘的这个举动把武平的俘虏给吓傻了，哪儿见过这样残暴的军队？不仅如此，李处耘在剩下的俘虏脸上全部刺上字，然后把他们给放了，并指着大锅对他们说："你们回去后告诉你们的部队，抵抗天兵的结果就是这样。"宋军的恐怖行为传到朗州，武平的每个人都无心再战。李处耘在打败张从富后继续一路进军，很快抵达湖南首府朗州城下，但因没有受命攻城而退兵等待朝廷命令。二月下旬，宋军主力在岳州城外的三江口大败湖南军，并攻占岳州。三月上旬，宋军到达朗州城下，城中军民惊慌出逃。三月初十，宋军进入朗州，周保权出逃后被俘，后长期以环卫官住在开封，太平兴国间（976—984）曾任并州（今山西太原）知州，雍熙二年（985）死。

　　李处耘生性勇武，在赵匡胤登上皇位后征泽州（今山西晋城）、潞州（今山西长治），在平定李筠之乱、讨伐李重进等事件上，立有大功。在平定李重进之后，李处耘出任扬州知州。战后的扬州凋敝不堪，李处耘多方安抚并访问民间疾苦，上奏减免城中居民的房屋税，百姓都感激而服从政令。建隆三年（962）十月，李处耘奉诏回京，扬州老百姓涕泣挽留，以至数日难以离去。李处耘为人处事有度量，善于谈论当世之务，以建立功名为己任，所以赵匡胤非常器重和赏识他。也许正是因为如此，在这次南征的过程中，李处耘以皇帝亲近大臣的身份监护军队，自认受宋太祖恩遇，心里想着报答，所以处理事情十分专断。军队到襄州的时候，街面上卖饼的人越来越少，卖饼给军人时加倍收费。李处耘捉到为首的两个人送到慕容延钊那里，慕容延钊怒而不管，就这样李处耘往返三四次，于是下令在街上杀掉他们示众。慕容延钊属下的小校司义住在荆州客将王氏家里，借酒行凶，王氏告到李处耘那里，李处耘把司义召来加以斥责，司义就到慕容延钊那里诬陷李处耘。到白湖时，李处耘看见士兵进入民房，过了一会儿，民房中人大呼求救，他便派人逮捕士兵，后得知士兵竟是慕容延钊的养马卒，于是鞭打他们的背部，慕容延钊发怒杀死了他们。从此两个人势同水火，互相上奏指责对方。在平定武平、南平过程中，李处耘虽然立有大功，但是其做法让赵匡胤十分恼火，加之慕容延钊是朝中老臣，所以大军回到开封后，赵匡胤就把李处耘贬到淄州（今山东淄博）担任知州。李处耘既感到委屈，又无法自辩，在淄州待了几年后于乾德四年（966）郁郁而终，终年四十七岁。

宋军连灭荆南、湖南两国，使后蜀国主孟昶惊恐万分，但他又不甘心被灭，就想联合北汉一起进攻宋朝。但是，实践证明，孟昶的这一想法仍然和以前合纵的结果一样，只不过是历史的笑料罢了。乾德二年（964）十月，后蜀派赵彦韬等三位密使前往北汉进行密谈，哪知道赵彦韬早就投靠了北宋。所以，离开后蜀后，赵彦韬带着几位密使直接到了北宋都城开封，把孟昶联合北汉的计划和盘托出告诉了赵匡胤。早就想灭了后蜀的赵匡胤以此为借口，派出两路大军分别从陕西和湖北进攻后蜀。担任北路大军的将军是王全斌，王全斌一路势如破竹，于次年（965）正月占领剑门，但王全斌纵容部下一路烧杀抢掠，激起了四川百姓的激烈反抗。东路军也占领了夔州（今奉节），孟昶见大势已去，派使臣前往宋军营地奉表投降。孟昶于五月被送到开封，被封为秦国公，六月中旬去世。

北宋建立后，南汉不仅不称臣归附，反而出兵进攻已经并入宋朝版图的道州（今湖南道县），但是，此时宋朝正在对北汉和后蜀用兵，还腾不出手来收拾南汉，所以，赵匡胤就叫南唐后主李煜给南汉后主刘鋹写了一封信，劝他向宋称臣并归还后周时候侵占的桂州（今桂林）、郴州等地，却遭到了刘鋹的拒绝。宋朝灭了后蜀后，李煜再次派遣使臣致函刘鋹，劝他归附宋朝，以免遭到讨伐。刘鋹不仅不听劝告，回函时还出言不逊，李煜只好把信函交给赵匡胤，证明自己尽力了。这件事情终于惹怒了赵匡胤，开宝三年（970）九月，赵匡胤派驻扎在湖南的将领潘美、尹崇珂率军讨伐南汉，并于次年（971）二月攻至广州城下，刘鋹见大势已去，在纵火焚烧宫殿、府库后，于三月五日出降。刘鋹到开封后以环卫官住在京师，历经封侯、郡公、卫国公，于太平兴国五年（980）去世。

南汉被灭后，南方的政权就剩下了三个：南唐、吴越和泉漳。这三个割据政权虽然都表示臣服，却并没有真正被纳入宋朝版图。所以，赵匡胤在消灭南汉后，就把目光盯在了江南。南唐后主李煜在宋朝平定南汉后，担心宋军继续攻打江南，就于当年加倍进贡，并且把唐改为江南，进一步向宋朝表示自己是宋朝的属国，以求保持现有的局面。但是，宋朝平定江南的决心已定，只是缺少一个借口而已。赵匡胤于开宝七年（974）九月遣使召见李后主，李煜怕被扣留，所以称病不赴召见，这就给宋朝进攻南唐留下了口实。于是，赵匡胤任命曹彬为统帅，率领十万大军讨伐南唐，却引起了朝中文武大臣一片哗然。

文臣纷纷议论，赵匡胤杯酒释兵权，连自己出生入死的兄弟都不信任，怎么会把军权交给曹彬呢？曹彬是前朝遗老，并且和后周有着亲戚关系（曹彬的姨妈是后周太祖郭威的贵妃），从二十岁开始就在周世宗柴荣的帐下卖命。不仅如此，曹彬和赵匡胤之间还有着不少过节。在后周时期，曹彬曾经负责执掌供奉，赵匡胤找他开后门，想要弄些公家的酒喝，结果被曹彬一口回绝，弄得赵匡胤非常尴尬。赵匡胤担任高级将领及后来当上皇帝后，别人争相攀附，而唯独曹彬从不因私事造访。赵匡胤把十万大军交给这样的人，别人肯定是有看法的。而武将们更是愤愤不平，王全斌更是急不可耐地跑去找赵匡胤说："消灭后蜀的时候，我是统帅，曹彬只不过是东路军的监军，陛下怎么忘了老臣，让一个没有什么军功的人带兵征伐南唐呢？"听了王全斌的话，赵匡胤马上大发其火，对王全斌说："你还有脸提灭蜀的事情？朕反复交代你要以怀柔为上，不要惊扰百姓，而你却纵容部下大肆掠夺，屠城滥杀，以至于后蜀百姓对朝廷充满怨言，造成兵变。既然你提之前灭蜀的事情，那我告诉你，当时伐蜀各军，唯有曹彬清廉严谨，对百姓秋毫无犯，这才是我要的良将！"

在文武百官的争吵声中，赵匡胤任命曹彬为统帅、潘美为副帅分别率领水军和步骑出征南唐。出发前，赵匡胤专门把曹彬召到宫里，特意嘱咐他说："大军所到之处，要宣扬朝廷盛德，切勿掠夺滥杀。"又对他说："最好能够保全金陵这座文化名城。"宋军于开宝八年（975）年初开始进攻金陵，同时命令吴越王钱弘俶派兵助攻。吴越军先下常州，再围润州（今镇江），并迫使润州守将投降。经过近一年的拼死抵抗，南唐终于粮尽援绝，李煜不得已于开宝八年（975）十一月二十七日出降。李煜以环卫官住在开封，后被晋封为陇西公，太平兴国三年（978）七月死于京师。

宋朝在消灭南唐后设立江南道，改中吴军为平江军，属于江南道管辖，这是苏州第一次被称为平江。宋太祖任命孙承祐为平江军节度使。孙承祐是浙江钱塘（今杭州）人，是钱弘俶的妃子孙妃的弟弟。赵匡胤称帝的时候，钱弘俶派孙承祐到开封向北宋进贡，被赵匡胤任命为光禄大夫、检校太保。此人凭借宠信，甚为奢侈，很会花钱。到苏州上任后，孙承祐在南园东部建造了园林别墅。太平兴国二年（977），孙妃亡故，他为了给姐姐做功德，重建了灵岩寺塔和妙利普明塔院（今寒山寺的七层宝塔）。

为宋朝消灭南唐立下汗马功劳的吴越王钱弘俶，于开宝九年（976）春入朝，备受赵匡胤的礼遇和优待。为避赵匡胤父亲赵弘殷讳，钱弘俶更名为钱俶。太平兴国三年（978）三月，钱俶又入朝。这年四月，割据泉漳的陈洪进入朝，并主动献出了泉漳二州，受到宋朝廷的优待，宋朝廷不仅封陈洪进为使相（武宁节度使、同平章事），而且还任命他的弟弟和几个儿子为刺史、知州。钱俶看到南方政权全部被平定，就提出罢去吴越王和天下兵马大元帅之职，解除兵权，要求回到吴越，但遭到了宋太宗赵匡义的拒绝。这时，宋太宗的从臣崔仁冀劝钱俶说："朝廷的意思你应该知道了吧，大王如果不抓紧纳土归宋，恐怕就要惹祸了。"而钱俶的左右却劝他万万不可。崔仁冀说："现在你已经在别人的掌握中，离吴越国相去千里，除非你长了翅膀才能飞回去。"钱俶无计可施，不得已于五月初一献上吴越国的土地、户籍，史称"吴越归地"。钱俶受到了最优厚的待遇，除了原来的官职全部保留外，还被封为淮海国王，只是人被留在了开封，每天需要朝请。到了雍熙四年（987）春，钱俶被任命为武胜军节度使，住在邓州。但是，第二年，也就是端拱元年（988）八月，在钱俶六十大寿的时候，赵匡义派最宠信的宦官王继恩前去祝寿，钱俶在与王继恩宴饮后就于当夜暴毙，与赵匡胤的死法一模一样。

虽然钱俶未能善终，但是，他的主动入朝和归地，使包括苏州在内的吴越地区和平统一到宋朝版图，使江南大地免遭兵燹，仅此一项功绩，就可以名垂青史了。苏州在北宋时期能够很快成为江南最发达的城市之一，不能不说与钱俶的决策有着直接的关系。从这一点上讲，作为苏州人，我们不能不感谢钱氏的付出，也不能忘记历史上为苏州的城市建设和经济社会发展做出贡献的人，包括钱俶在内。

第三章 平稳过渡

——首任知州的善政

（阎象接收苏州）

苏州虽然和平并入了北宋版图，但是，宋太宗对苏州并不放心。宋太宗知道吴越王不仅了解民生疾苦，而且勤于政事、体恤百姓，颇得民心，因此，担心百姓心生不满，不肯归附。所以，当北宋首任苏州知州阎象到苏州上任时，宋太宗让阎象带禁兵一千前去苏州，以防万一。

阎象是济州钜野人（今山东巨野），生于后晋、后汉之间。在那个动荡不安、军阀混战的年代，阎象虽然出身将门世家，却不爱舞刀弄棒，而是喜欢研读儒家经典，通晓《周礼》《仪礼》《礼记》，"颇习子、史，为文辞"。当时钜野有一个数千人规模的巨寇集团，巨寇听说阎象是当地的大儒，就把阎象抓到军中，向他询问计谋策略，但是阎象一句话都不说。这帮草寇看到阎象相貌奇特壮美，举手投足之间严肃稳重，十分畏惧他，没有一个人敢加害他。就这样，一直等到这帮草寇被平定后，阎象才回到自己的家乡，在家乡教授乡里的孩子。

建隆元年（960），阎象参加科举，考中了进士，先后在汉州（今四川广汉）的金堂县、虢州（今河南灵宝）的湖城担任县尉，后被改任到濮州的濮阳担任县令，在三个地方政绩都不错。开宝九年（976）宋太宗赵匡义即位后，派出使者巡察天下。使者回到开封后，向宋太宗汇报说阎象可堪大用。于是，宋太宗召见阎象，问起治国之策。阎象"思维清晰，谈吐得当，殿中皆耸动"。宋太宗很是高兴，立即拜阎象为太子洗马，并让其担任岳州知州。两年后，"吴越归地"，宋太宗任命阎象为苏州和平统一后的第一任知州，并叫阎象带禁兵一千前去苏州就任，可见对阎象的器重和信任。

阎象到任后，发现吴越国采取"保境安民"和"休兵息民"的政策，重视农业，兴修水利，使得吴越地区在五代战乱频仍之际，仍然保持社会稳定、经济持续发展。看到这种情况，阎象认为带兵上任很可能适得其反，不仅不利于顺利接管苏州，还有可能引起当地居民的不安甚至反抗。因此，阎象尊重吴地的风俗习惯，采取与民休养生息的政策方针，耐心细致地研究考察苏州的实际情况，并采取针对性的政策举措维护社会稳定，促进经济发展。欧阳修在为阎象撰写的墓志铭中写道："公以齐鲁之人，悉能知越风俗，而揉以善政，或摩以渐，或革以宜，推凡上之所欲施，宽凡民之所不堪，恩涵泽濡，民以苏息。"

阎象之所以这么做，是因为宋军在统一全国的过程中，有过不光彩的记录，对老百姓也并没有那么仁慈。前文已经提到，在收复武平的时候，李处耘做出了令人发指的吃人肉事件；在西征后蜀的时候，王全斌纵容手下烧杀抢掠，激起了四川人民的强烈反抗。对此，赵匡胤和赵匡义心里都有数。所以，在曹彬收服南唐的时候，赵匡胤才一再叮嘱他，破城后不可杀戮无辜，并赐剑给曹彬，部下如不听命，可先斩后奏。当时赵匡胤还专门下了一道诏书给曹彬，在这封名字叫《敕曹彬伐南唐》的诏书中，赵匡胤交代曹彬："江南之事，一以委卿，切勿暴掠生民，务广威信，使自归顺，不须急击也，城陷之日，慎毋杀僇；设若困斗，则李煜一门，不可加害。朕今匣剑授卿，副将而下，不用命者斩之。"曹彬也牢记赵匡胤的叮嘱，在即将攻下南唐都城金陵的时候，曹彬称病不能视事，于是诸将纷纷前来探望，曹彬就对这些将领们说："余之病非药石所愈，须诸公共为信誓，破城日不妄杀一人，则彬之病愈矣。"听曹彬这么说，诸将纷纷答应了曹彬的要求，曹彬的"病"也马上好了。金陵城破后，宋军严格执行曹彬的决定，因此有了征南唐"克城之日，兵不血刃"的美誉。可惜的是，这个谎言很快就被戳穿，而戳穿这个谎言的正是阎象的老乡，不久后到苏州担任长洲知县的王禹偁，他在《金吾》一诗中指出，宋军在攻打南唐江州（今九江）时，"弥年城乃陷，不使鸡犬活。老小数千人，一怒尽流血"。当时曹翰担任攻取南唐的先锋官，因为久攻不下，所以入城后大开杀戒，而曹彬却未能阻止。

正是基于这样的原因和背景，阎象到苏州后"以恤民为先务，恩涵泽濡"，以树立清明形象。阎象本就是儒学大家，深谙治世之道，而且一直坚持"以王道仁政化导天下"。在这一思想的指导下，阎象到苏州后，在深入考察的基础上，充分尊重苏州的民风民俗，一方面积极进行改革，另一方面不急不躁，"揉以善政，或摩以渐，或革以宜"，很快赢得了苏州士民之心，维持了苏州地区的稳定和经济的发展。

可惜的是，阎象在苏州任上仅仅待了两年时间就去任了，继任的两任知州梁周翰和柴成务，一个平庸无能，整日以饮酒寻乐为务，一个不知权变，而且贪腐不断，使刚刚并入宋朝版图的苏州百姓陷入了被盘剥的境地。

第四章 赋税之争

——王知县的抗争

（从梁周翰到柴成务）

前文已经提到，在吴越国治理苏州的八十年期间，吴越国一直采取"保境安民"和"休兵息民"的政策，重视农业，兴修水利，使得吴越地区在五代战乱频仍之际，仍然保持社会稳定、经济持续发展。苏州和平并入北宋版图后，阎象又"以恤民为先务，恩涵泽濡"，继续保持了社会稳定和经济繁荣的局面。然而，这种局面很快就被打破，苏州再次成为重赋之地。

造成这种局面的原因主要是两个方面：一方面，由于苏州从吴越国统治开始，一直保持长期稳定和发展的局面，具备重赋的条件。而与此形成鲜明对照的是，北方由于长期战乱，百姓流离失所，大量土地荒芜，经济停滞不前，因此，朝廷所需开支要从南方通过漕运运往京师。加之北宋的统治已经稳定下来，对南方百姓也没有刚开始的时候那么宽松，加税加赋也就成了必然现象。另一方面，由于阎象之后的两任知州不作为，或者乱作为，不能及时反映民情，更不能全力为民请命，加之两位知州任职时间都比较长（梁周翰在任三年，柴成务在任四年），使得这种状况一直没有得到改变，苏州百姓一直承受着超额的税赋负担。

梁周翰是太平兴国五年（980）到苏州任知州的，总共在苏州待了三年。在这三年中间，梁周翰除了吃喝玩乐之外，基本上没干什么正事。由于他不治郡务，所以三年后以本官分司西京（今洛阳）。

梁周翰这人少年好学，早有才名，因此很是自负。《宋史》评价他说："周翰性疏隽卞急，临事过于严暴，故多旷败。"

"疏隽"，也就是放达超逸的意思。梁周翰是郑州管城（今河南郑州）人，生于后唐天成四年（929），后周广顺二年（952）举进士。史书上说他"十岁能属词"，中进士的时候也才二十四岁，可谓少年得志，实乃一时之才俊。当时，梁周翰与著名文士高锡、柳开、范杲等人提倡恢复古代朴实文风，开宋代古文运动的先声，时有"高梁柳范"之称，可谓名重一时。加之梁周翰的父亲也是朝廷命官，自己又早早出名，所以就养成了他放达超逸的个性。

"卞急"，也就是急躁的意思，遇事沉不住气，容易冲动。乾德（963—968）中，宋太祖赵匡胤在军中认识了梁周翰的父亲梁彦温，而梁彦温与石守信关系非常好。当时，赵匡胤打算任命梁周翰为知制诰（负责起草诏书的内廷官员），恰好石守信入朝拜见宋太祖，赵匡胤就顺口把这件事情告诉了石守信。石守信回家后，又把这件事情透露给了梁彦温。没想到梁周翰知道这件事情之后，马上向宋太祖上表陈谢。收到谢表后，赵匡胤知道这次任命已经泄密了，非常恼火，所以就把这次任命给撤销了。可见梁周翰虽然少有才名，却不够沉稳。这样的性格注定不会被皇帝喜欢，也注定在仕途上做不出什么大的政绩。

"严暴"，也就是过于严酷暴虐。梁周翰在监绫锦院的时候，不知道什么原因，把锦工给杖打了一顿，锦工便上诉梁周翰，赵匡胤听说后勃然大怒，对梁周翰说："尔岂不知人之肤血与己无异，何乃遽为酷罚！"因此想杖责梁周翰，梁周翰却为自己辩解说："臣负天下才名，不当如是。"由于宋朝实行优待文人的国策，最终宋太祖不得不放弃杖责梁周翰的想法，只是把他贬官了事，改任梁周翰为司农寺丞。由此可见，梁周翰不仅没有认识到自己的错误，反而以才名为自己辩解，足见在他的心目中根本不把下属当回事，更不可能体恤百姓疾苦，这样的人到地方任职，很难造福百姓。

我们从梁周翰的任职经历也同样可以发现他的无能和严酷。梁周翰二十四岁中举之后即被授予虞城（今河南虞城县）主簿，但他对这个职务很不满意，所以称病不去上任。宰相范质、王溥认为他是一个有声望的人，不应该去任地方官，于是梁被改任为开封府户曹参军。后来又先后担任过右拾遗、监绫锦院、司农寺丞等职务，但是基本上都在中央任职。

在地方官任上，梁周翰先后通判绵、眉二州，但是因为在眉州任上打人致死，被免职回到开封。

梁周翰精通音律，而且喜欢赌博，到任后，整天以饮酒寻乐为务，基本上是在不务正业中度过为官时光的。当时，苏州有位姓钱的乐官，家里有数百名伶，梁周翰命其每天提供一百个名伶为他表演歌舞，以此满足自己寻欢作乐的需要。当时，苏州的赋税已经开始加重，但梁周翰对百姓疾苦不闻不问。由于梁周翰不治郡务，于是朝廷就把他调到了西京，也就是现在的洛阳。一月之后，被授左赞善大夫，仍分司。不久，梁周翰任楚州团练副使。雍熙（984—987）中，宰相李昉以梁周翰有名望，召他为右补阙，赐绯鱼，让他赴江、淮提举茶盐。

梁周翰以辞学为他人所赞许，但经常被派往地方做官，心有不满，自然也不乐吏事。这时翰林学士宋白等人上奏称梁周翰有史才，朝廷遂命其兼史馆修撰。恰逢宋太宗亲试贡士，梁周翰为考官，太宗亲赐金紫之服于他，太宗还对宰相说他有文才，于是，梁周翰被提拔为起居舍人。淳化五年（994），张佖建议重新设置左右史之职，于是朝廷任命梁周翰与李宗谔分领左右史之职。周翰兼起居郎，上疏说："自今崇德、长春殿皇帝宣谕之言，侍臣论列之事，望依旧中书修为时政记，其枢密院事涉机密，亦令本院编纂，每至月终送史馆，自余百司凡干对拜、除改、沿革、制置之事，悉条报本院，以备编录。仍令郎与舍人分直崇政殿，以记言动，别为起居注，每月先进御，后降付史馆。"宋太宗采纳了梁周翰的建议。起居注送皇帝审阅是从梁周翰建议后开始的。梁周翰早有声誉，但长期被冷落，现在被擢升，实乃时论所望。

当时，正好遇到考察朝中官员，规定有敢隐瞒前犯者，皆除名为民。梁周翰受谴责最多。判馆杨徽之率三馆学士到宰相之府，认为梁周翰犯的错误最多，不能全部记下来，于是就仅仅罚金百斤了事。起初，赵安易建议在西川铸造大铁钱，以一当十，梁周翰上书说："古时候，货、币、钱三者兼用，若钱少于货、币，即铸造大钱，或当一百，或当五十，这种做法不过是要广其钱而足用耳。现在不如让蜀民之贸易者，凡铁钱一钱只作一钱用，官中市物则以两钱当一钱。川地患在少盐，请求在益州设置榷院，人物交易，则公私两利。"至道（995—997）中，梁周翰升迁为工部郎中。

宋真宗做太子前就知梁周翰之名，并召见了他，让他呈上自己所写的文章，梁周翰就把他的文章全部纂写呈献，太子也答以书信。真宗即位，还未行庆典，就首先擢升梁周翰为驾部郎中、知制诰，不久又判史馆、昭文馆。咸平三年（1000），梁周翰被召为翰林学士，并受诏与赵安易同修属籍。由于唐末战乱，致使籍谱丧失殆尽，因此，修纂籍谱没有参照，梁周翰只得创意为之，还显得颇有条理。真宗车驾亲幸澶渊前，命梁周翰判留司御史台，梁周翰恳求跟从真宗去澶渊，得到了真宗的同意。第二年，梁周翰被授给事中。大中祥符元年（1008），梁周翰迁升工部侍郎。第二年，梁周翰因病去世，终年八十一岁。真宗怜悯他，将其儿子梁忠宝录用为大理评事，并赐钱为他办理了丧事。

这样的人到苏州任职，而且一任就是三年，可谓苏州的不幸。然而，更为不幸的是，接手梁周翰担任苏州知州的柴成务，虽然是读书人出身，也很有才干，却很严酷，而且贪腐，德行不好。他是北宋苏州知州任职时间最长的一位，在苏州任上干了四年，而这四年也是苏州赋税最重的一个时期。

柴成务是曹州济阴（今山东菏泽）人，出身于官宦之家。其父柴自牧，擅长诗文，进士及第，官至兵部员外郎（兵部的职事官，与兵部郎中协助尚书、侍郎参掌本部事务，正七品）。967年，柴成务参加开封府府试，宋太祖的弟弟赵匡义正好担任开封府尹，早就得知他才华出众，就把他定为第一名。次年参加礼部省试、殿试，柴成务大魁天下。考中状元后，柴成务先后出任峡州（今湖北宜昌）军事推官，曹州（今山东菏泽）、单州（今山东单县）观察推官，官衔也升为大理寺丞。太平兴国八年（983），柴成务以殿中侍御史知果州（今四川南充），后改任苏州知州。当时的苏州，富者僭而骄，穷者欺而堕，而且田赋非常重，每亩税三斗，"租调失期，流亡继踵"。如此高的重赋，导致绝大多数人都不能按时缴纳。对这种情况，柴成务十分清楚，但他督促下级必须如期完成田赋征收任务。当然，如果有县官给他送礼，期限也是可以延长的。这种贪腐之风把苏州官场搞得乌烟瘴气。好在当时王禹偁在长洲任知县，不仅顶住了这股歪风，而且大胆直言，为苏州百姓减赋做了很多工作。

前文已经提到，王禹偁是阎象的老乡，山东人。王禹偁是北宋著名的诗人、散文家，宋初有名的直臣。北宋太平兴国八年（983）进士，历任右拾遗、左司谏、知制诰、翰林学士。敢于直言讽谏，因此屡受贬谪。宋真宗即位，召还，复知制诰。后被贬至黄州，故世称王黄州，后又迁蕲州病死。

王禹偁自幼聪颖，九岁能文。考中进士后，被任命为成武县（今山东成武）主簿，迁大理评事。次年（984），改任长洲（今江苏苏州）知县。知道自己要到苏州任职，王禹偁非常高兴，他在写给朋友的信中说："姑苏名郡，号为繁富，鱼酒甚美，俸禄甚优。"（《与李宗鄂书》）然而，到了苏州后所见所闻却大失所望。他在笔记中说，长洲县"其土污浊，其俗轻浮"。但毕竟苏州是有名的大都，富裕已久，虽然风俗有些不同于中原，但还是一个让人留恋的地方。王禹偁虽然在官场上并不得意，但对苏州这个地方仍然十分满意，在长洲多有优游题咏之作，甚而表示："天子优贤是有唐，鉴湖恩赐贺知章。他年我若成功后，乞取南园作醉乡。"（《南园偶题》）然而，"此行纡墨绶，不是为鲈鱼"（《赴长洲县作》）。长洲自残唐五代以来，军阀的割据，豪富的兼并，"田赋日重，民力甚虚；租调失期，流亡继踵"，"至有市男女以塞债者，甚可哀也"（《长洲县令厅记》）。于是于雍熙二年（985）写成《上许殿丞论榷酒书》，反对以摊派酒税的形式，增加百姓的负担。雍熙三年（986），长洲歉收，但是，柴成务催逼甚紧，王禹偁不肯给柴成务送红包，只能天天审理欠赋案，交不出就打板子，被鞭挞的人不下数百人。对此,王禹偁很无奈,也很愤恨,他在笔记中说,自己作为一个儒者,怎么能做出这样的事情呢。于是就想了一个办法,向当地的富商贷款,买米垫交,让欠赋的人日后再还。但这只是权宜之计,并不能解决根本问题。所以,王禹偁就向朝廷打报告,希望减免无名之地的租息,经过王禹偁和两浙转运使王赞的请求,朝廷才同意将赋税减到每亩一斗,较之以前减少了三分之二,大大减轻了苏州百姓的负担。

当时,吴县的知县叫罗处约,四川华阳(今成都)人,与王禹偁同年登科,同处一城,日以诗事唱酬。史书称罗有惠政,编写了《吴县图经》,王禹偁写序,可惜后来亡佚了。王禹偁不仅有政声,而且在文坛上名气也很大,主张"文从韩柳,诗尚白杜",被推为文学革新的领袖。当时,长洲的县衙在今旧学前,前来求教的人很多,其中孙何与丁谓两位文学青年,特别受到王禹偁的青睐,称赞二位的诗文是韩柳以来的佳作。孙何在淳化年间中了状元,到汴京去了。丁谓也在淳化三年(992)考中进士,做过京官、知府、安抚使、枢密使等。丁谓是宋朝著名的投机派,把宋朝官场搅得一塌糊涂。此是后话。

王禹偁因为在长洲的政绩突出,于雍熙四年(987)八月调至京城,第二年即授右拾遗。淳化二年(991),庐州尼姑道安诬告著名文字学家徐铉。当时王禹偁任大理评事,执意要为徐铉洗雪,又抗疏写了一篇文章,论道安诬告之罪,结果触怒宋太宗,被贬为商州(今陕西商县)团练副使。淳化四年(993)改任解州(今属山西)。同年秋召回京城,不久又外放,随即召回,被任命为礼部员外郎,再任知制诰。太宗至道元年(995),改任翰林学士。当时,孝章皇后去世,棺材被放在了已故燕国长公主的府邸,群臣表示不满,却没人出头说话,唯独王禹偁和客人说,皇后曾经母仪天下,应当遵用旧礼,结果又以谤讪朝廷的罪名,以工部郎中被贬为滁州知州(今安徽滁州),次年又被改为扬州知州。宋真宗即位(997),王禹偁被召回京城,恢复知制诰,上书提出"谨边防""减冗兵,并冗吏"等事。预修《太祖实录》,直书史事。当时,宰相张齐贤和李沆之间有矛盾,王禹偁写诗讽刺张齐贤说："食啖鱼虾颇肥腯""江云漠漠江雨来，天意为云不干汝"。据说江豚出现的时候能招致风雨，王禹偁借此讽刺张齐贤在朝中呼风唤雨，结果又被贬为黄州（今湖北黄冈）知州。这是他第三次被贬，所以就写了一篇《三黜赋》抒发自己的心情。咸平四年（1001）冬改为蕲州（今湖北蕲春）知州，不到一个月就去世了，年仅四十八岁。

  柴成务在苏州任职了四年，然后也被调到中央。此后的柴成务倒是很有政绩，然而仍然脱不了一个"贪"字。淳化元年（990），柴成务出使高丽。高丽这个地方开化比较晚，所以非常笃信鬼神之事。每当朝廷使者宣读诏书的时候，都要择定良月吉时，方才安排接待仪式接受诏书。柴成务一行在使馆一等就是一个多月，他十分恼火，于是就给当时的高丽国国王上疏，指责高丽国受禁忌的羁绊，怠慢了天子的诏书。高丽国国王看了这封上疏，十分害怕，但是，当时恰逢连绵大雨，于是就请求等待天晴后接受诏书。柴成务同意了这个提议。从这件事情上看，柴成务处事不拘泥于礼法，善于根据实际情况变通，但也从另一个方面说明柴成务性格急躁，对别国的风俗不够尊重，借用上国的身份以大欺小。

  淳化二年（991），柴成务被任命他为京东转运使。此时，宋州的堤岸被洪水冲垮，百姓流离失所。柴成务给宋太宗上疏，指出河水经过的地方，土地十分肥沃，可以通过减免税收的方式鼓励老百姓回去耕种。宋太宗看了十分高兴，就下诏免除了宋州百姓三年的税收。水灾过后，百姓纷纷回到家乡重建家园，并推举族中有名望的人到柴成务府邸表示感谢。由于柴成务在京东转运使的位置上政绩突出，宋太宗把他召回中央，任命他为司封郎中、知制诰，并赏赐钱三十万。柴成务到任后，对历代的典章制度进行考证，发现当时执行的"封驳"制度存在很大的问题。所谓"封驳"，"凡制敕有不便于时者，得封奏之；刑狱有未合于理者，得驳正之；天下冤滞无告者，得与御史纠理之；有司选补不当者，得与侍中裁退之"。简单说，"封"就是诏书不当，给予封还，不得下发执行；"驳"，就是刑狱等有不合于理法的，可以驳回去重新议定后再进行奏闻。"封驳"

制度从西汉之后历代都在实行，其目的是防止诏书有错不能及时得到纠正，刑狱不慎容易出现冤案。但是，柴成务认为，王者对于政令十分慎重，一旦有什么不对的地方，应该即刻进行更改。假如名实不副的话，实际上典章制度也就只是一个摆设，等于一张废纸。因此，建议对职官勋爵的任命不能废置，上章建议厘清制置公事，然后交由中书议其可否，等议定后，令门下省审核复查，最后再施行。如此，则"诏敕无追改之名，官曹有陈力之地，稍符典故，用叶弥纶"。由此可见，柴成务这人非常善于学习，而且才思敏捷，善于发现问题，并能提出解决问题的办法。

淳化五年（994）五月，四川王小波、李顺起义被镇压后，朝廷任命柴成务为峡路安抚使，前往四川安抚当地百姓。柴成务到任后，深入民间了解百姓疾苦，在详细了解情况的基础上，对曾经参加王小波、李顺起义的农民一概不追究责任，鼓励他们放下包袱，同时还减轻部分农民的赋税，使四川地区很快安定下来。柴成务再一次展示了自己的才干，很快被任命为左谏议大夫、河中府（今山西永济）知府。柴成务到任后，看到河中地区道路狭窄，认为"国家承平已久，如车驾临幸，何以驻千乘万骑邪"。于是，上疏奏请"撤民庐以广之"。接着就强拆民房，拓宽道路。后来，宋太宗果然"祀汾阴，果留跸河中"。柴成务为了讨好皇上，不惜强拆民房拓宽道路，说明他的心中权力大于百姓，对权力的贪婪也是后世评说他"贪"的原因之一。贪腐是贪，贪权同样也是贪，只要迷恋上"贪"字，在官场上就很难做到公允公正。

至道三年（997）宋真宗继位，柴成务改迁为给事中、知梓州（今四川三台），不久就回到了中央，又被派到青州（今山东青州）当知州，但时间不长就被召回，和钱若水等人同修《太祖实录》，撰写完后又被任命为扬州知州，再后来入判尚书刑部。刑部的一个小吏对柴成务傲慢无礼，柴成务气不过，就把这个小吏给杖责了一顿。小吏心里愤愤不平，于是就通过敲登闻鼓的形式进行申诉，真宗下诏询问情况，柴成务感叹道："忝为长官，杖一胥而被劾，何面目据堂决事邪！"于是，请求解除自己的职务。景德初，柴成务去世，年七十一。

《宋史》对柴成务的评价是:"成务有词学,博闻稽古,善谈论,好谐笑,士人重其文雅。然为郡乏廉称,时论惜之。"这个评价可谓十分中肯。从其一生的经历看,柴成务可谓才华横溢、才思敏捷,而且能力超群,也做出了很多可圈可点的政绩,可惜的是这人性格不够沉稳,而且痴迷于一个"贪"字,不然,柴成务的仕途也许会走得更远。

第四章 赋税之争
——王知县的抗争

第五章　快速发展

——一批能员干吏的努力（上）

（宋珰、魏庠、陈省华、裴庄、乔维岳、张去华、王仲华、王贽、梅询）

苏州虽然连续遇到两任不作为、乱作为的官员，使百姓遭遇了一些困苦，但是，苏州百姓还是幸运的，柴成务之后的几任官员除了魏庠之外都是能员干吏，为苏州百姓做了许多大事、好事，也为北宋苏州的全面繁荣奠定了坚实的基础。

接任柴成务担任苏州知州的是宋初的廉吏宋珰。不过，在宋珰到任苏州之前应该还有一任知州。柴成务是雍熙四年（987）离任的，而宋珰是淳化二年（991）八月到任的，这中间相隔了四年时间，应该至少还有一位知州在任。但是，查阅有关史料，对这几年地方官没有任何记载，不知何因。

《宋史·宋珰传》评价宋珰："珰性清简，历官三十年，未尝问家事，唯聚书以贻子孙。且曰'使不忘本也'。"宋珰一生崇尚清廉俭朴，为官三十年未尝顾及家里的事情，一心操劳政务，唯独酷爱聚书，而且喜欢抄书，每一任职届满，都要载书数千卷带回家里，目的是留给子孙，让子孙以读书为务。

宋珰，字宝臣，华州渭南（今陕西渭南）人。宋太祖乾德年间（963—968），宋珰以优异的成绩考中进士，被任命为青城（今内蒙古呼和浩特）主簿。

适逢吴廷祚出任永兴军（今陕西西安一带）节度使，宋珰就在其手下任职，负责文书、奏折的起草工作。开宝四年（971），吴廷祚在前去开封祝贺宋太祖寿诞的时候，身染重病，诊治无效，不久就死在了家中。因此，宋珰被调离永兴军，出任下邽（今陕西渭南）主簿，因政绩突出，被提拔为著作佐郎，出任锦州（今辽宁锦州）知州。宋太宗即位后，改任宋珰为右赞善大夫（太子属官），代行峡路转运副使一职。任期满后朝廷召其入京，赏赐其绯鱼袋（指绯衣和鱼符袋，朝廷的服饰。按照唐朝的制度，五品以上佩鱼符袋，宋朝因袭唐制），任命其为秦州（今甘肃天水）知州，他因政绩突出，口碑甚好，被调回中央任监察御史，兼任陕西转运使。结果自宋珰调离秦州还不到一百天，接任秦州知州的韦宣就因贪赃枉法而入狱，宋太宗便派宋珰再次到秦州。宋珰严厉整治官场贪腐之风，清肃吏治，约束和惩治贪赃枉法行为，使秦州官场上下面目一新。不久，益州（今四川成都）发生自然灾害，"岁饥多盗"，盗贼横行，民不聊生，宋珰又受命为益州知州。宋珰一上任就实地调查，部署擒贼方略，祸乱很快就被平息，益州也很快恢复了原来的秩序。

淳化二年（991），三吴（吴郡、吴兴、会稽）地区遭受水灾，并且恶疾流行，民众多因灾害而逃亡，宋珰又受命为苏州知州前往救灾。宋珰到任后，四处视察灾情和疫情，但因水土不服，他自己也染上了恶疾，并且日益严重，许多人劝他回去，但是宋珰说："圣上就是考虑三吴百姓的疾苦，才派我前来设法救治，而我却以身染恶疾而要求离去，这不是一个臣子的作为。"结果，他的病势越来越严重，终因恶疾不治而客死苏州，年仅六十一岁。消息传到朝廷后，宋太宗因之而哀悼数日。宋珰为了救苏州百姓于水火而不惜牺牲自己的生命，给苏州留下了宝贵的精神遗产，苏州人民至今还在以各种方式纪念这一恩人。

宋珰去世后，朝廷派谏议大夫魏庠到苏州任知州，结果魏庠恃恩不法，在苏州胡作非为，朝廷上下无人敢言。名臣曾致尧查实情况后对其进行了弹劾，宋太宗认为曾致尧忠勇可嘉、难能可贵，没有偏袒魏庠，而是将魏庠罢免回朝，任命陈省华担任苏州知州。

关于魏庠出任苏州知州的情况是存有争议的。王鏊在《姑苏志》

中写道:"按本传,淳化四年五月自户部使除,而实录长编当在九月后,又通略作十一月除。庠与知越州王炳以至道八年四月去任,庠盖同此时。又按至道三年王随虎丘寺碑云岳牧贰卿魏庠前以谏议大夫知州令以贰卿,据此则庠两典郡,又不见于史传。今具列以俟知者。"这段话中有一处明显有误,即"至道八年",宋太宗至道年号只用了三年的时间,宋真宗即位后改年号为咸平,所以并没有"至道八年"这一年,但是,这段记载说魏庠两次出任苏州知州,史书上并没有明确的记载。

不过,魏庠在苏州也不是完全没做好事,他在担任苏州知州的时候,于至道元年(995)奏请朝廷同意将虎丘律寺改为云岩禅寺,并且迎请名僧清顺长老前来住持。陈省华到任后,为了方便清顺长老"出世聚徒,接四方之来学",在虎丘门前的河道上建了一座桥,名字就叫"渡僧"。据苏州博物馆宋拓碑记载:"苏州虎丘山渡僧桥者,即故中书令陈省华……为长老顺师出世聚徒,接四方之来学,济数乡之居民,特给公用之所置也。"

陈省华,是阆州(今四川南充)人。陈省华不仅善于理财,而且在水利建设上也是一把好手。乾德三年(965),宋军平定后蜀后,陈省华担任陇城(今甘肃天水秦安县)主簿一职,不久,改为栎阳(今陕西西安阎良区)令。栎阳在秦汉时是京畿重地,地理位置十分重要。这里秦代的郑国渠和汉代的白渠并行,灌溉条件十分优越,经济比较发达,因此,这里豪门大族势力很盛,官府对他们往往无可奈何。这些豪门大族壅遏两渠,导致下游百姓用水十分困难,极大地影响了农业生产。陈省华到任后,"尽去壅遏,水利均及,民皆赖之"。此后不久,陈省华出任娄烦(今山西太原娄烦县)令。

端拱二年(989),宋太宗亲自考核新科进士,陈省华的长子陈尧叟登甲科,当面向宋太宗致谢,太宗大喜,立即召见陈省华,擢升其为太子中允,"丁巳,赐太子中允陈省华及其子光禄寺丞、直史馆尧叟五品服",于是父子同一天被太宗面赐章服。这种荣耀在宋代很少见到。不久后,陈省华被改判三司都凭由司,而后改为盐铁判官,升迁为殿中丞。当时,黄河在郓州(今山东郓城)决口,宋太宗命陈省华出任郓州知州。陈省华到任后，率领地方厢军和当地百姓，经过日夜奋战，终于使黄河回归了原来的河道。正是在这次临危受命中，宋太宗发现了陈省华的理财才能，不久之后，就任命陈省华为京东转运使，负责京东地区的财政管理。因其在京东转运使上政绩卓越，这才"超拜祠部员外郎，知苏州，赐金紫"。

陈省华刚到苏州，就遇到了连天暴雨，加之前任不作为，留下了一个烂摊子，河道因为年久失修破烂不堪，洪水四处泛滥，良田房屋被掩埋无数。面对这样的局面，陈省华一方面八百里加急上报朝廷，另一方面立即调动州内人力物力，兵分三路，一路负责收埋死者，以防止灾后瘟疫暴发；一路负责搭建帐篷，筹备粮食，安抚灾民；最后一路则由陈省华亲自率领，负责修缮与疏浚河道。为了勘测水情，陈省华不避危险，亲自爬上随时都有可能决溃的河堤实地察看。在陈省华的领导下，苏州上下齐心协力，共同投入抗洪救灾，水患很快就得到治理。得知陈省华治理苏州水患的功绩后，宋太宗高兴不已，钦赐诏书予以褒奖。

陈省华不仅自身才华出众，一直践行儒家修身、齐家、治国、平天下的信条，而且对子女也要求十分严格，创造了"一门四进士，三子皆状元"的佳话，引得世人纷纷称奇。陈省华的夫人也是难得的贤良女人。陈省华任怀庆府（治所在今河南沁阳）济源县知县的时候，其夫人冯氏经常焚香祷告"不求金玉富，但愿子孙贤"，也留下了千古佳话。正是因为陈省华一生政绩卓异，所以陈省华死后，皇帝特赐太子太师，加封秦国公，妻子冯氏也被封为燕国夫人。其治理水利的方法和经验也被其次子陈尧佐继承并且发扬光大，陈尧佐后来成为当朝最著名的水利专家，从而造就了陈氏"水利世家"的美名。

陈省华离开苏州后，裴庄接任，不过他在苏州只待了一年时间就被任命为河北转运使。史书评价他："有吏干，颇无清操，慷慨敢言，太宗奖其忠谠，多所听纳。好为规画，然寡学术。"这些评价矛盾之处很多，尤其是最后一句话，与其经历似乎有所不符。

裴庄和陈省华是老乡，都是阆州人。早在后蜀的时候，裴庄就以明经登第。既然是"明经之士"，就不应该有"寡学术"之说，但史书就是这么说的，所以也不明就里。宋朝平定后蜀后，裴庄任虹县（今安徽西北部）县尉、高陵（今陕西高陵）主簿，后被知府招到府里任司理椽。河东路转运使雷德骧曾经到本府巡按，所有的官员都出来迎接，唯独裴庄坚守本职，雷德骧称赞他有职业操守，所以就让他任并州（今山西太原）录事参军。后来又被任命为绛州（今山西新绛）防御推官，提点并（今山西太原）、岚（今山西娄烦）两个州的缗帛刍粮，然后又改为辽州（今山西左权）判官，但是仍然做原来的事情。雍熙三年（986），朝廷命令将领巡边，任命裴庄掌管随军粮草。内客省使杨守一向皇上推荐裴庄，于是裴庄又被授予大理寺丞。当时，朝廷正在把云（今山西大同）、朔（今山西朔州）两州投降的民户迁徙到汝阳、洛阳一带，裴庄又受命负责安顿这些迁徙户。不久，又被任命为忻州通判，但是还没出发，刚好魏咸信出镇澶州（今河南濮阳），改裴庄为澶州通判，不到一年时间，魏咸信向朝廷表扬裴庄非常有能力，所以又升迁他为太子中允。

端拱初，潘美镇真定（今河北正定），又要裴庄出任通判。当时，契丹侵掠赵州（今石家庄赵县）、深州（今河北深州）等地，但是边将大多没什么作为。所以，裴庄上书给朝廷，认为"周世宗诛樊爱能、何徽二将，遂取淮南，克巴蜀。愿陛下申明纪律，无使玩寇"，又说"缘边砦栅戍兵既寡，戎人易以袭取，咸请废罢，以益州兵"。刚好朝廷有诏令，要求建设方田。裴庄又上书说："大役兵师，虑生事于边鄙。"太宗看了之后表示赞同。

淳化三年（992），太宗召见裴庄，咨询边防事宜，裴庄的应对让太宗十分高兴，太宗"面赐绯鱼"，令授清资官。第二天，又拜他为监察御史、荆湖南路转运使，他还没有出发，又改其为三司盐铁判官。没多久，又出任荆湖北路转运使。淳化五年（994），四川发生李顺起义，朝廷任命裴庄和雷有终一同兼任峡路随军转运使、同知兵马事。有人说裴庄是四川人，不宜担任这个职位，太宗却十分信任裴庄，而且许诺他可以便宜行事。李顺起义被平定后，裴庄转任殿中侍御史，后又历工部和司封员外郎。

至道二年（996），朝廷派遣将领分五路出讨李继迁，裴庄料定这次出师将无功而返，所以就向朝廷建议给李继迁加恩，因为李继迁这个人骄横倔强，所以他肯定不会接受朝廷的恩赐，等他拒命的时候，再命师出征，到那个时候再去擒获他也为时不晚。但是，裴庄的建议并没有被采纳，结果五路大军纷纷吃了败仗。不久之后，裴庄被改任侍部郎中。宋真宗即位后，其被改任度支，充河东转运使。裴庄上书给朝廷说："庆、邠、延州、通远军，咸在边要，请武干如姚内斌、董遵诲者任之。"又说："田绍斌尝被疑，韩崇业本秦王婿，程德玄始事晋邸，初甚亲近，后疏远外迁，皆怀怨望，不宜委以戎寄。"不久，裴庄就被任命为苏州知州，不过，他在苏州任上干了不到一年就于咸平元年（998）去职了。咸平二年（999），裴庄受命巡抚江南，巡抚结束回到开封后，向皇上报告说除了池州（今安徽池州）、兴国军（治所在今湖北永兴县）两地的官员优良外，其他的没有值得称道的，因此向朝廷建议："朝廷所命知州、通判，率以资考而授，至有因循偷安，无政术而继得亲民者。其素蕴公器有政绩者，偶缘公坐，则黜司冗务，真伪莫辨，侥幸滋甚。自今望慎选其人，勿以资格补授，有政绩者加以恩礼。"可见，论资排辈的现象在当时已很严重。

这年秋天，契丹侵犯边境，朝廷任命裴庄为河北转运使，负责大军的粮草供应。当时，一个叫傅潜的将军率领大军驻扎在定州的北面，裴庄屡次给皇上上疏，说傅潜这个人没有什么谋略，担心他会贻误军机。当时，刚好王显掌管枢密院，王显与傅潜相互攀附，王显非常庇护他。裴庄多次上书朝廷，却大多无法上达天听。因为裴庄一直告状，所以王显他们就找了个理由把他支开了，安排他到越州（今浙江绍兴）任知州。没多久，傅潜果然因为边事而获罪，裴庄上疏说："显、潜皆非材，致误边事，请行严诛，以肃群议。"在越州任满后，裴庄又到宣州（今安徽宣城）任知州。景德初，朝廷让裴庄安抚两浙，裴庄回来后上奏推荐能吏20人，检举能力差的官员5人，这些人朝廷大多根据裴庄的意见进行了升降。此后，裴庄又先后到潞州（今山西上党）、邢州（今河北邢台）担任知州。

大中祥符初，改任裴庄为鸿胪少卿，入判登闻鼓院。皇上祭祀汾阴的时候，改为北岳加号册礼副使，裴庄撰写《北行记》三卷献给皇上。大中祥符六年（1013）出任襄州（今湖北襄阳）知州。第二年，皇上临幸南京（今商丘），裴庄以逮事太宗恩例，授太府卿，权判西京留司御史台。天禧二年（1018），入判刑部，因为有病，所以又分司西京（今洛阳）。当年皇上郊祀的时候，又改其为光禄卿，裴庄因为年龄大，而且身体不好，要求归上都，以便及时医治。裴庄晚年的时候，不管到什么地方任职，都带着一副棺材，随时准备驾鹤西去。裴庄是少有的高寿之人，死的时候已经八十一岁了。

裴庄于咸平元年（998）卸职苏州知州，接任他的是乔维岳。乔维岳是陈州南顿（今河南项城）人，后周显德初年，乔维岳参加科举并且中了进士，被朝廷授予太湖主簿一职。显德四年（957），升迁为平舆县令。开宝中，右拾遗刘积向朝廷推荐乔维岳，皇上特意提拔他为太子中舍、高邮知军、扬州通判。

北宋灭南唐后，乔维岳改迁到升州（今河南唐河），任殿中丞。太平兴国初年，乔维岳被调往襄州，不久因为父亲去世，丁忧回到老家。开宝三年（970），泉漳的陈洪进上书请求归顺大宋，并乞让其子陈文显留任，朝廷为了安抚陈洪进，就任命陈文显为泉州留后，引起了老百姓的不满。朝廷为了安抚民情，在大臣们的商议和推荐下，起复乔维岳为泉州通判。当时，恰逢仙游、莆田、百丈镇一带发生动乱，十万余众攻城，但是城中的兵马只有三千人，情况十分紧急。监军何承矩、王文宝主张把城里的居民全部杀掉，烧掉府库后出逃。这个时候，乔维岳站了出来，抗议说："朝廷把安定远方的重任交给我们，如今恩泽还没有施行，盗贼就开始连结闹事，而你们却打算屠城，这难道是朝廷的本意吗？"何承矩等人这才继续坚守。不久，转运使杨克让率领福州兵马大破贼寇，这次危机才得以解除，皇上知道后特意下诏褒奖乔维岳。

不久之后，乔维岳到泗州（今安徽泗县）巡察，在复查案件时，发现地方法官竟然因误判导致囚犯的死亡。乔维岳向这位法官问责，法官趴在地上痛哭流涕，对乔维岳说，他有一位八十多岁的老母亲，如果知道他获罪的话，母亲肯定活不下去了，所以恳求乔维岳能够原谅他。乔维岳非常同情他，就对他说："等以后朝廷核查时，你就说是转运使让你处决的。"那位法官因此而获免,而乔维岳却因此受到牵连而被罚一百二十斤黄金,官职也被罢免,被贬为楚州(今江苏淮安)知州。

咸平元年(998),乔维岳升任为苏州知州。乔维岳患有风症,皇上以为是其在吴中任职多吃鱼蟹所致。所以乔维岳在苏州任上不到一年,皇上就于咸平元年(998)六月将其调往寿州(今山东寿县),并且还特命太医前去为他治疗。可惜的是,太医水平再高,也未能挽救他的生命。咸平四年(1001),乔维岳病死在寿州任上,享年七十六岁。朝廷追赠他为兵部侍郎,并且由官府出面负责他的丧葬事宜。到了大中祥符中期,朝廷还录用他的孙子乔世昌、乔献之,以示厚待。

乔维岳离任后,接替他的是张去华。张去华是开封府拱州(今河南睢县)人,生于后晋天福三年(938)。张去华天资聪颖,自小好学上进,诗词文章写得非常漂亮。

后周世宗柴荣南征淮南的时候,张去华十八岁,感叹道:"战争不停止,老百姓的事务不加治理,这不是保持国家长久的办法。"因此而写下《南征赋》《治民论》,敬献给周世宗。周世宗看了后十分欣赏,就征召张去华前去应试,授予御史台主簿一职,隶属三院议事,但是不得列朝。这个职位相当于今天机关的文秘人员,也就是做些为领导起草文稿之类的工作。张去华对此很不满意,觉得是大材小用,无法施展自己的才干,所以就对身边的人说:"主簿的职位,不是我所干的。"于是,抛弃官职来到郑州,三年闭门不出。

赵匡胤建立宋朝后,不甘寂寞的张去华便带着自己的诗文到京师开封游学,其文章为李昉所称赞,张去华一时名声大噪。第二年,也就是建隆二年(961),张去华考中进士甲科,这年张去华年仅二十四岁,和前面讲到的梁周翰一样年龄,也有着一样的清高。中了进士后,张去华被授予秘书郎、直史馆之职。干了一年后,因到了年限却没有升迁,张去华心里很不服气,文人的个性在这里得到了充分展示,于是他就向上级反映,说自己的上司制诰张澹、卢多逊,殿中侍御史师颂文学肤浅,却居高位,这很不公平,希望与他们比较好坏。这件事情惊动了宋太祖,爱才重才的宋太祖对这种冒犯领导、为自己争取地位、要待遇的行为不仅没有生气，反而饶有兴趣地下令，要求张澹等人与张去华临轩策试，让陶谷等人当监考官。结果张澹等人因为答非所问而被降职，宋太祖提拔张去华去做右补阙，赐予袭衣、银带、鞍勒马等。张去华一时得意非凡，但也因此付出了惨重的代价。朝廷官员认为张去华太过急躁，急于升职，在之后的日子里故意压制他，张去华连续十六年在原地踏步，未能升迁半步。这件事情一方面反映出张去华作为文人的清高与个性，另一方面也说明他不够沉稳，做事急躁，很容易引起众怒。

赵匡胤在位的时候，有一次，张去华被太祖召到偏殿应对，宋太祖问到其家世时，张去华诉说父亲由于得罪了权贵而遭到贬职。宰相薛居正也替张去华说了不少好话，宋太祖因此而深为感动，对张去华说："汉室不仁道，奸臣专权，这是我所亲眼看到的。"因为这次应对，荆湖平定后，任命张去华为道州（今湖南道县）通判。

宋太宗即位后，张去华慢慢受到重用。张去华从道州回京后，又先后任磁（今河北磁县）、乾（今陕西乾县）二州知州，被选为益州通判，升任为起居舍人、知凤翔府。不久，张去华随宋太宗征战太原，督管随军左藏库，随后被任命为南京应天府（今河南商丘）转运使。此后，张去华又任左司员外郎、礼部郎中。太平兴国七年（982），转任江南转运使。

雍熙年间，宋军讨伐幽州，张去华负责监督南京应天府粮草运输到拒马河，于是被任命为河北转运使。雍熙三年（986），任陕州（今河南三门峡）知州，但是没有到任，写下了《大政要录》三十篇献给朝廷，宋太宗看后加以赞赏，诏令给予嘉奖，赐予彩丝五十匹，他也因此而留京没有到任。此时，恰遇许王为开封府尹，张去华被任命为开封府判官，殿中侍御史陈载为推官，两个人都被赐予金紫服。宋太宗对他们说："你们都是朝廷的正直之臣，特地加以选拔任用，要很好地辅佐我的儿子。"各赐钱百万。一年后，张去华又被授予左谏议大夫，皇上特地叫枢密使王显前去下达旨意，以表示对张去华的重视。不久，庐州（今安徽合肥）尼姑道安诉讼其弟媳不诚实，开封府不给妇人治罪，就用镣铐将其拘禁起来送到庐州。其弟媳是徐铉妻子的外甥，道安击打登闻鼓，说徐铉通过书信请托，张去华故意不治罪。宋太宗听了大怒，张去华因此而被降职，被贬为安州（今湖北安陆）司马（前文提到的王禹偁，也是因为这件事被贬）。但是，宋太宗对张去华还是信任和欣赏的，这年年底，张去华被授予将作少监、知兴元府，但是没有到任，又被改为晋州（今河北石家庄晋州）知州，升任秘书少监，知许州（今河南许昌）。

至道三年（997），宋真宗赵恒继位，张去华又被重新授予左谏议大夫一职。不久，又升任给事中，知杭州。咸平二年（999），迁任苏州知州。从吴越国开始，江南就实行一种叫丁税的税收制度，也就是人头税（其实这个税种可以追溯到汉朝，钱穆《中国历代政治得失》曾有详细论述），有些人死后这项费用也不予免除。这一税种一直延续到宋朝。张去华到苏、杭二州后，发现这种税制非常不合理，就向朝廷建议免除死者的赋税，但是有司以朝廷经费紧张，需要依靠这个税种增加收入为由，一直坚持不予批准。

张去华在苏州任上没多久，就因为患病而请求分司西京（今河南洛阳）。在这期间，张去华曾撰写《元元论》呈送给宋真宗参阅，主要内容是修养民生、重视发展农业生产。宋真宗看后非常重视，命人将其用白绢书写成十八幅条幅，悬挂在龙图阁四壁，以便随时阅读思考。景德元年（1004），张去华升任为副部级干部，改任为工部侍郎，但不久就因病致仕了，两年后不治而逝，享年六十九岁。

张去华为官刚正，比较关注民间疾苦，而且重情重义，曾收养了父亲好友的两个儿子，不仅照料他们的生活，还出资供他们读书求学，将他们抚养成人，成为有用之才。这样的人出任苏州知州，可以说是苏州的幸运，可惜的是他到苏州的时候年事已高，在待了一年多时间后就因身体原因调离苏州了。

接任张去华的知州叫王仲华，但是地方志查不到这个人，只是在《宋史·刘安世传》提到，太长少卿王仲华知苏州，徙任那天冒请苏州添给，被揭露了出来，结果宋真宗下诏罚金了事。他在苏州干了不到一年就被调到虔州（今江西赣州）任知州去了。能做出假冒苏州向中央要东西这种事的人，估计在苏州也干不出什么利国利民的好事，所

以调离对苏州未必不是好事。另外,《宋史·王钦若传》中有一句话:"父仲华,侍祖郁官鄂州。"王钦若是临江军新喻县(今江西新余)人,宋真宗、宋仁宗时期两度担任宰相,与丁谓、林特、陈彭年、刘承珪交结,被时人称为"五鬼"。但是,这一记载似乎不合历史事实。王鏊《姑苏志》中记载:"仲华,姓缺,咸平四年到任,五年十一月改杭州。"这段记载对王仲华是否姓"王"是存在疑义的,而改任杭州的说法与《刘世安传》提到的"冬十月,移知虔州"的说法明显存在矛盾,而《刘世安传》中明确写着"王仲华知苏州",姓"王"似乎没有问题,但是此处的王仲华是不是王钦若的父亲则值得怀疑。

王仲华调离后,王贽接任。王贽的资料很少,王鏊《姑苏志》只介绍他是华阳人,咸平五年(1002)六月由湖北转运使改任为苏州知州,其他没有任何介绍。另外,据世界王氏网编辑部《关于三槐王氏在北宋年间世系源流的考证总结》一文记载,王贽是仁宗朝著名宰相王珪的祖父,而王珪的孙子王唤(秦桧的妻兄)在南宋初年当过平江知府,本书下部中还将详细介绍。真宗的时候也有一个叫王贽的人,名气比较大,写过《过吴江》等名诗,却并没有在苏州任过职。因为资料缺乏,所以对王贽在苏州任职的情况无法进行详述。不过,王贽对苏州百姓还是做过好事的。前文已经提到,王禹偁在长洲(今苏州)担任知县的时候,积极为减轻苏州的赋税而呼吁,得到了时任两浙转运使的王贽的支持,这才使得朝廷下令把苏州的赋税水平减少到每亩一斗,较之前减少了三分之二,他在造福百姓、减轻人民负担上做出了自己的贡献。

王贽离任后,接替他的是梅询。梅询是宣州宣城(今安徽宣城)人,原籍吴兴(今浙江湖州)。梅询出生于964年,太宗端拱二年(989)二十六岁的时候考中进士,被任命为利丰监判官。宋真宗咸平三年(1000),梅询作为进士考官受到宋真宗召见,与宋真宗谈论天下大事,得到宋真宗的欣赏,宋真宗把他视作天下奇才,升任梅询到集贤院。当时,契丹屡次侵犯河北,契丹首领李继迁强攻灵州(今宁夏灵武),边事十分危急。梅询上书献策,建议将朔方授予吐蕃首领潘罗支,让他从后方牵制李继迁,使"蛮夷攻蛮夷"。梅询还主动请缨,对真宗说:"苟活灵州而罢西兵,何惜一梅询!"真宗为其忠心大加赞赏。

真宗对梅询颇为器重,几次打算让他知制诰,却被宰相吕蒙正给拦阻了。澶渊之盟后,梅询因为断案失实受到牵连,被贬为杭州通判。此后仕途起伏,到多个州任知州。景德元年(1004)十月,梅询出任苏州知州,一年后迁任两浙转运副使。后因妄议天书而被贬为怀州(今河南沁阳)团练副使。到了仁宗天圣六年(1028),梅询再次入集贤院,后迁工部郎中,再改直昭文馆,知荆南府,召为龙图阁待制、翰林院侍读学士、群牧使。因为和寇准的关系密切,受到寇准的牵连,再被贬为池州(今安徽池州)知州,知广德军。后任给事中,知审官院。晚年出任许州(今河南许昌)知州,不久病逝在任上。

梅询为人严毅修洁,材辩敏明。梅询游宦四十多年,门生故吏遍布朝野,甚至不乏担任宰相等要职的学生,所以,在对待官绅的态度上,梅询常以先生和长者自居,论事颇多"发愤"。这主要是因为梅询的性格比较直,多次因为他人他事受到牵连而被贬黜,心中有怨气是十分正常的事情。

梅询这人虽然有些喜欢发牢骚,却不乏幽默。据《梦溪笔谈》记载,梅询在翰林院的时候,有一次苦于起草公文,到开封府大街上散步解闷,看到一个老兵躺在街角晒太阳,"欠伸甚适",就是伸伸懒腰、打打哈欠,很是爽快,梅询不禁感叹:"畅哉!"于是停下脚步问老兵:"汝识字否?"老兵回答说:"不识字。"梅询点点头说:"如此更快活了。"正所谓"人生烦恼识字始",连字都不认识,当然知道的道理就少,烦恼也就不会多。

梅询还特别喜欢焚香。据说每次上朝前,他都要焚两炉香,用公服罩住,灌满袖中,等到了朝堂坐下后打开,满屋浓香,人称"梅香"。梅询不仅喜欢焚香,而且熏香的品种经常变换,宋真宗和宋仁宗都非常喜欢,二位皇上有时候还专门为了闻闻梅询的熏香而传唤他。如此一来,梅询就更加醉心于熏香了。

梅氏诗书传家,梅询也颇具文才,而且善于作诗。梅询在各地为官,经常流连于山水之间,每次作诗都不事雕饰,以"平淡"为上,对其侄子大诗人梅尧臣影响很大。在苏州任上,梅询留有一首《吴

王墓》：

> 昔见虎眈眈，今为佛子岩。
> 云寒不出寺，剑净求离潭。
> 幽步萝随径，高禅雪闭庵。
> 吴都十万户，烟瓦亘东南。

从这首诗中我们可以得到一个信息：当时的苏州人口较宋初已经有了很大增长，虽然十万户不一定准确，但是也可以从中看出当时苏州的经济已经有了很大发展。这首诗在《梅询诗集》中有收录，然范仲淹也有一首同样的诗，名字叫《虎丘山》，除了名字不同，内容也几乎一样，不知何因。笔者查阅资料，未见对其二者进行辨析的，今存疑。

第六章　快速发展

——一批能员干吏的努力（下）

（刘师道、皇甫选、曾致尧、黄震、秦义）

梅询离任后，刘师道接任苏州知州。刘师道是开封东明（今河南兰考）人，雍熙二年（985）考中进士，最初担任和州（今安徽和县）防御推官，历任保宁、镇海二镇从事。王化基、吕佑之、乐史向朝廷举荐他，所以刘师道在三个职位上待了十年时间后被提升为著作佐郎，到任才刚刚一个月，就遇到官员考核，又升为殿中丞，担任彭州（今四川彭州）知州，加官监察御史。转运使刘锡、马襄向朝廷报告了他的政绩，所以他就被召回京师，恰逢浦洛战败，刘师道奉朝廷的旨意弹劾白守荣等人，结案后太宗对他的勤勉大加赞赏，当面赏赐绯衣和鱼符袋，改任其为祠部员外郎。

宋真宗继位后，刘师道晋升为度支（管理天下财务）。咸平元年（998），范正辞推荐他担任地方长官，所以他就被调到润州（今江苏镇江）担任知州。不久，刘师道入京报告漕运的事情，真宗很满意，特升刘师道为司封，改任工部郎中。后又提拔他为枢密直学士，掌管三班（宋代官制，以供奉官、左右班殿直为三班，后亦以东西供奉、左右侍禁及承旨借职为三班）。没多长时间，刘师道又被提拔为代理三司使,成为正部级干部,跟随皇上到澶渊。

这时候发生了一件事情,使刘师道的官途戛然而止。刘师道的弟弟刘几道参加进士考试,已经被礼部上奏名字,准备参加廷试。按照朝廷最新颁布的规定,凡是参加廷试的考生试卷全部都要糊封姓名后再考评等级。这次的考官是陈尧咨,估计是受了请托或者拿了刘几道的钱,他教刘几道在试卷上做了暗号。刘几道考中后,这件事情被揭露了出来,朝廷下诏将刘几道的名字从考中名单中剔除,并且下令刘几道永远不得再参加科举。刘师道觉得这件事情上他弟弟是冤枉的,所以就坚持要求申辩,朝廷下诏由曹利用、边肃、阎承翰到御史台调查这件事情,结果核实的情况是并没有冤枉刘几道。刘师道因为在这件事情上言语虚假,被贬为忠武军行军司马,陈尧咨也被免除所有的官职,被贬为郓州(今山东郓城)团练副使。一直到景德年间,因为郊祀皇上恩赐,刘师道才被起用为工部郎中、复州(今湖北天门)知州,景德二年(1005)刘师道迁任苏州知州,不到一年又改任为秀州(今浙江嘉兴)知州。

大中祥符二年(1009),刘师道以兵部郎中的身份任潭州(今湖南长沙)知州,后又升任为太常少卿。刘师道勤于政事,所到之处很有名声,深受官吏百姓的爱戴。潭州地处南北交界,是湖、岭一带的大都市,其政务十分繁忙。刘师道到任后,把上一任拖下来的事务很快给处理掉了。任职期满后,被加为枢密直学士,改为左司郎中,继续在潭州留任一届。大中祥符七年(1014),刘师道突然发病去世,年仅五十四岁。

刘师道生性刚直,崇尚气节,善于谈论时事,而且对人诚实厚道,善于写诗,常与杨亿等人相唱和。所以,当时刘师道受到普遍好评。这样的人到苏州担任知州,对苏州的发展应该是有好处的。可惜的是,他在苏州知州任上时间很短,后人也基本上查不到其在苏州任职时的政绩。

刘师道从苏州离开后,皇甫选接任为苏州知州。皇甫选是合肥人(一说庐江人),历任大理寺丞、殿中丞,担任过亳州、越州(今浙江绍兴)知州和两浙路、江南路提点刑狱等职务。景德三年(1006)到苏州担任知州，但是只有一年时间就被调离。

关于皇甫选的资料比较少，《宋史》《姑苏志》《续资治通鉴》中散落一些记载，但都很凌乱。真宗大中祥符八年（1015）三月，下诏群臣上书推举官员，真宗看完群臣的奏章后说："皇甫选，人言其好谈民政，陈绛亦闻有吏干。"王旦等人却说："选好师慕古人，而临事迂阔，无益于用。绛制策入等，外任有声，而性多简倨。"从这段话中可以看出，朝中大臣对皇甫选的评价并不一致，陈绛称赞皇甫选"有吏干"，但宰相王旦等说他"迂阔"，而且连陈绛一并进行了批驳，说他"简倨"。宋朝文人拉帮结派现象非常严重，而且互相倾轧，皇上对此也深恶痛绝。所以，听了王旦的话后，真宗说："搢绅之士，多恣毁誉，近日颇协附有位，久则便成朋党，深宜绝其本原也。"然而，文人相轻的毛病自古有之，真宗虽然认识到了这个问题，却无法改变，有宋一朝，文人之间的斗争就没停过，很多有名的文人都被反复贬官。这是题外话，不用多说。

说皇甫选"有吏干"是有资料旁证的，但是说他"迂阔"则未必。《宋史·韩亿传》中说，韩亿中了进士后，被任命为大理评事、永城县知县，有治声，其他县有无法决断的诉讼，皇甫选就嘱咐韩亿前去断案。越界办案是得罪人的事情，而且也是行政管理所不允许的，皇甫选敢这么做，就说明这个人并不"迂阔"。还有一件事也可以说明这个问题。皇甫选在担任两浙路提点刑狱的时候，给朝廷上奏说，两浙路的监狱都空了，结果真宗不太相信，对大臣们说："朕听说皇甫选刻意追求狱空，得让转运使仔细调查。"皇甫选上奏说"狱空"了，估计是想说明两浙路治安非常好，但是，不管治安再怎么好，也不可能一个犯人都没有，绝对有造假的可能，皇上不信也是正常的。但是，敢于夸大其词，甚至弄虚作假，岂是"迂阔"之人能够做得出？所以，对王旦等人的评价，我们也不能全信。

皇甫选既然并不"迂阔"，那么陈绛说他"有吏干"的评价就可能是比较靠谱的说法。既然皇甫选是个能干的大臣，那么在苏州也肯定留有政绩，但是限于史料，我们也不能多做评价。

皇甫选离任后，北宋著名的散文家曾致尧到苏州担任知州。曾致尧是抚州南丰（今江西南丰）人，在南唐后主李煜的时候曾中进士，却并没有去就任官职。宋太宗太平兴国八年（983）曾致尧再次中进士，他是北宋建立以来南丰第一个中进士的人。开始的时候，曾致尧担任过符离（今属安徽宿州）主簿、梁州（今陕西汉中）录事参军，后改任著作佐郎、直史馆，再任秘书丞，出为两浙转运使。曾致尧性格刚直，能够体察百姓疾苦，而且敢于上书言事。在两浙转运使任上，对有违法制的苛捐杂税给予减免或者废除，让两浙地区的百姓得到了不少实惠。当时，江南出现水灾，曾致尧上书朝廷说："去岁所部秋租，惟湖州一郡督纳及期，而苏、常、润三州悉有逋负，请各按赏罚。"可惜的是，曾致尧上书言事总是言语刻薄激烈，导致太宗不高兴，下诏说江、淮频年水灾，苏、常特甚，所言刻薄不可行，诏戒曾致尧毋扰。虽然曾致尧的建议未被采纳，但是其拳拳之心仍然得到了老百姓的赞许。所以所到之处，颇有政声。谏议大夫魏庠担任苏州知州时，做了很多违法的事情，但是因为魏庠背景十分强大，无人敢言。曾致尧对魏庠的所作所为实在看不下去，所以就上书弹劾他，得到了宋太宗的赞许，最后宋太宗把魏庠的知州一职给罢免了。这事不久，太宗让曾致尧安抚西川（今四川成都），其回来后被改任为寿州（今山东寿县）知州，又被转任为太常博士。

寿州离都城开封很近，当时不少富商巨贾交结朝臣，影响地方的管理。曾致尧到任后，不畏权贵，秉承"性刚率，好言事"的谏官本色，一改寿州的官场习气，使当地政治清明，百姓安居乐业。所以，曾致尧调离寿州的时候，老百姓再三挽留，以至于好几天他都无法成行，后来只好单独骑马带了两个随从趁着夜色悄悄离开了。

宋真宗即位后，曾致尧担任主客员外郎、三司盐铁判官。张齐贤（时任宰相）举荐曾致尧出任翰林院制诰，但是因为曾致尧性格太过刚直，常常在奏章中言辞激烈，得罪了不少权臣，这项任命遭到很多人的反对，所以只好不了了之。咸平四年（1001），曾致尧升迁为户部员外郎。当时，党项首领李继迁率兵围攻灵州，真宗想把宁夏五州划给党项以安抚李继迁。曾致尧上书认为李继迁反复无常，多次降叛，不能信任，而宁夏是宋朝的西陲，不能轻易放弃，应该派兵进行防守。

这条建议本身没有问题，但是曾致尧在奏章中言辞激烈，用词不当，激怒了宋真宗，被贬为黄州（今湖北黄冈）副使。不过，没过多久又被召回，改为吏部员外郎、京西转运使，先后担任泰州、泉州、苏州、扬州、鄂州知州。景德四年（1007）八月其从泉州被调至苏州任知州，第二年就被调到扬州，前后不到一年时间。大中祥符元年（1008），曾致尧被任命为礼部郎中，后转任户部郎中，于1012年去世，死后被赠为谏议大夫。后因其孙曾布任右相，又赠其为太子太师，封宁国公。

曾致尧一生并没有当过大官，但他在历史上的影响很大，主要原因是其家族尤其是他的子孙名声很大。曾致尧的祖上本是山东人，为孔门弟子曾参的后裔。其八世祖曾略为抚州（今江西抚州）节度使，子孙散居在临川、南城等地。曾致尧的曾祖曾洪立本为南城籍，唐乾符二年（875）为南丰县令，从这个时候起才居住在南丰，死后就葬在南丰，他是南丰曾氏的始祖。

曾洪立定居南丰后，南丰曾氏只是耕读之家，并没有显赫的人物和事迹，但是，从曾致尧开始，南丰曾氏一下子成为显名天下的望族。自从曾致尧于太平兴国八年（983）举进士开始，77年间，曾家出了十多位进士，其中致尧辈7人，曾致尧的儿子易占辈6人，其孙子巩辈6人。此外，曾巩的妹夫王安国、王补之、王彦深等一批人也都是进士出身。曾巩中进士的时候，苏轼、苏辙曾经赠诗："儒术远追齐稷下，文词近比汉京西。"可见其家族儒学渊源之深和家学影响之大。

曾致尧离开苏州后，黄震接任苏州知州一职，而且在苏州任上干了四年，是北宋担任苏州知州时间最长的知州之一（北宋苏州知州中任职四年的只有三个人，柴成务、黄震和秦义，柴成务前面已经介绍过，秦义是黄震的后任者，下文还会专门介绍）。

宋朝有两个叫黄震的人，一个是福建福州人，一个是浙江慈溪人；一个是北宋时期的，一个是南宋期间的。南宋时的黄震，因为在传承理学上做出了很大贡献，所以名气很大，资料也很多。南宋时的黄震于宝祐四年（1256）考中进士后被调任吴县县尉，在整治豪强恶势力上做出了很大贡献，后又担任长洲（今苏州）、华亭县令，都留下了很好的官声。但他并没有做过苏州知府，所以此处不做详细介绍。

北宋时的黄震是建州浦城人，太宗端拱二年（989）考中进士，累迁著作佐郎、遂州（今四川遂宁）通判等职，后被提拔为江淮转运使，然后转任苏州知州。

关于黄震的资料比较少，《宋史》上关于他的条目也只有简单的一百多个字，但就是这一百多个字，也足以说明三点：首先，黄震是一个正直和敢于担当的官员；其次，黄震善于体察民情、怜恤百姓；最后，黄震懂经济、惜农时，在推动地方经济发展上很有一套。

黄震曾经在河南永城县担任县令，永城县在汴河边上，每到冬天河水枯竭的时候，朝廷都会派遣太监到沿河的州县督促地方调集民工疏浚河道。这些太监往往凭着自己的喜怒蛮不讲理地责打民工。这事刚好被黄震遇到了，黄震为此而大怒，把一个太监给揍了。太监都是皇上身边的红人，一般人是不敢去招惹的，没想到被一个小小的县令给揍了，怎么能忍下这口气。这个太监一怒之下丢下差事，一溜烟跑回宫里向皇上告状。真宗问他："黄震为什么揍你？"太监把情况向真宗回禀后，说："黄震说'这是我的百姓，你怎么可以乱打？'"真宗听了事情的经过，不仅没有庇护太监，反而对黄震大加赞赏，当即命令这个太监到黄震那里接受处罚。由此可见，黄震爱民如子，对老百姓非常怜恤。对此，宋人洪炎评论说："士大夫们之所以能够坚持正义，树立气节，不仅仅是他们自己的努力，也是皇上支持和鼓励所促成造就的。"诚哉斯言！如果没有上层的支持，再正直的官员也无法施展自己的抱负。

宋朝地方官在《劝农文》中常常以两浙的农作方式作为其他地区的示范，如陈造在房陵劝农时就说："夫淮、汉之俗，大抵略同。权守，淮人也，亦以农起家，每不自以淮俗为是，而农器之制，必仿诸浙，耕者、蚕者亦取法于浙，故农功日劭，亲旧之见从者日以给足。"当时，黄震在抚州担任知州，也同样借鉴两浙的耕作方式。江浙地区尤其是太湖流域，向来以精耕细作著称，特别是水稻，耕、种、耘等技术已经非常纯熟。黄震在苏州当过四年知州，对这些农业技术非常熟悉，所以在其他地方任职的时候进行推广就在情理之中了。

黄震不仅体恤百姓、重视农业，而且为人正直、敢于担当。黄震曾经受命前往两川给军士发放军饷，到西川的时候发现诏书上只提到给西川军饷，而没有提到给东川，这些军士听说后密谋进行造反。黄震就给领头的说："朝廷岂忘东川邪？殆诏书稽留耳。"然后自己做主马上打开州里的仓库，按照发给西川军士的数额给东川的将士也发了军饷，密谋造反的军士这才安定下来。到了第二天，朝廷发给东川军饷的诏书果然到达州里，由此可见黄震的智慧和魄力。

此事后，黄震被提拔为尚书都官员外郎、提点湖北路刑狱，回朝后判三司磨勘司，后又被提拔为江、淮发运使。当时，有个叫李溥的人，从三司小吏一直做到发运使十多年时间，贪赃枉法，狼藉不堪，但是由于他是丁谓的党羽，没有人敢揭发他。黄震即将出发就任发运使的时候，上书自陈，言辞很是激烈。宋真宗知道黄震的意思是指李溥，就对黄震说："卿当与人和。"黄震回答说："廉正公忠，臣职也。负陛下任使者，臣不敢与人和。"等他到了任上，揭发出李溥贪赃枉法的罪证数十件，结果李溥因罪而废，而黄震也因为这件事情被夺去官职。当时，丁谓擅权，黄震不敢为自己申辩，一直等到丁谓被贬，才被复职，担任饶州（今江西鄱阳县）知州，后又转任广东转运使。当时，广东每年要往汴京运送异花数千株，等运到都城的时候异花十之八九都死掉了，因为路途遥远，运夫苦不堪言，黄震就上书要求取消向汴京运送花木，得到了朝廷的批准。

此外，黄震还是治水能手，在苏州任上对太湖流域的水利设施进行了修缮，为苏州农业经济的持续发展做出了积极贡献。

黄震离开苏州后，秦义接任为知州。

秦义是江宁（今江苏南京）人，世代仕宦江左。秦义的曾祖秦本曾经担任岳州（今湖南岳阳）刺史，祖父秦进远为宁国军节度副使，父亲秦承裕是建州（今福建建瓯）军使，并知州事，可谓是官宦世家。南唐被宋朝平定后，秦义的父亲让他去汴京诣阙送上符印，秦义受到太祖赵匡胤的接见。在应对的过程中，秦义表达不仅详尽，而且言语非常谨慎，赵匡胤非常高兴，就补授秦义为殿直（也就是皇上的侍从，相当于现在的秘书），让他负责督促广济漕船。太平兴国中，南唐时期残余军校马光琏等逃亡到荆楚地区，召集亡命之徒，结徒为盗，为害

一方。秦义受命前去镇压,一举把马光琏给拿下了,并且亲自押送马光琏到京城献给宋太宗,太宗非常高兴,"壮之",也就是称赞秦义的壮举。由于多次立功,秦义被改任为西头供奉官,到淮南各州审理案子。

淳化年间,秦义负责监督洛南采铜。雷有终(时任支盐铁副使、江南岭外茶盐制置使,后改为谏议大夫,当时正是秦义的顶头上司)称赞秦义有计谋,所以就改派他去监督兴国军的茶务。刚好遇到杨允恭(时任京西作坊使)对盐铁法进行改革,就举荐秦义掌管真州(今江苏仪征)榷务,也就是负责真州地区的市场管理。但是时间不长,秦义就被改为负责提点淮南西路茶盐,在任上节余十多万贯,于是朝廷令他和杨允恭一起为江、淮制置,后又提拔其为阁门祗候(宋朝八品官,助理阁门司传宣赞谒之事),兼任制置矾税。

真宗咸平元年(998),秦义受诏回朝汇报工作,真宗当面勉励和慰劳。然后改任秦义为淮南榷盐,两年中间淮南盐税增加了八十三万多贯,为增加朝廷的财政收入做出了很大贡献,所以朝廷又改任秦义为内殿崇班(七品武臣阶官),同时兼制置荆湖路。江南群盗猖獗已久,历任官员没能根治,秦义到任后,"讨捕皆尽"。咸平四年(1001),秦义被任命为发运使,后又被改任为供备库副使,献计每年增加榷酤(宋朝对酒实行专卖制度,朝廷从中收税)十八万缗,刚好遇到当年大旱,真宗下诏免除了增加的税收。景德元年(1004),秦义被任命为供备库使、江陵知府,结果因为他推举的官员情况不实被削去了官职。

大中祥符元年(1008),赋闲了四年的秦义被起用为供备库副使、宿州(今安徽宿州)监军,没多久又被转任为东染院副使。第二年,广州上言澄海兵士因为曾经捕获贼寇而居功自傲,军中没人管得了,就逮捕送到了京城。真宗认为广州是远方大镇,需要派遣有才干的大臣前去镇抚,宰相前后推荐了好几个人,但是真宗都不满意,对宰相说:"秦义可当此任。"所以就任命秦义为供备库使,负责管理广州辖区的事务。后秦义被任命为东染院使、苏州知州,在苏州任上干了四年后,被改为崇仪使,提举在京诸司库务。有一次真宗召见,在对答中秦义提出希望到地方任职,所以就被任命为内园使、泉州知州。天禧四年(1020),任满回朝,结果病死在了路上,享年六十四岁。

《宋史》评价秦义:"义知书,好为诗,喜宾客,颇有士风。历财货之任,凡十余年,精勤练习,号为称职。"这个评价可谓十分中肯。从秦义一生任职的经历看,他确实是理财高手,不管是管理茶盐还是管理市场,都会在任上给朝廷带来很多收入。同时,秦义这人胆识过人,管理地方均有政绩。这样的人到苏州当知州,对苏州的发展同样起到了很大的推动作用。

第七章 悄然崛起
——"苏湖熟"局面的形成

（苏州才子丁谓）

从宋珰到秦义，历十四任知州将近十八年时间。这十四任知州中，除了魏庠等少数不作为、乱作为的官员外，大多是能员干吏，至少在某个方面有突出的才能。正是在这些官员的持续努力下，苏州的经济社会才得到快速发展，苏州悄然崛起为江南大都市。

苏州经济的发展，首先表现在农业的快速发展上。入宋之后苏州的农业得以快速发展，有着多方面的原因，除了环境、气候外，政策的鼓励与支持、品种的改良与推广、技术的改进与使用起着十分关键的作用。

从地理位置和环境气候看，苏州地处太湖流域，属于长江三角洲冲积平原，土地十分肥沃。苏州地处亚热带地区，具有相对充足的光照，而且降水充沛，这样的气候和环境，加上太湖水系的滋润和灌溉，这里具备绝大多数农作物生长的条件，为苏州农业生产的发展提供了较好的保障，"水田之美，无过于苏州"（郏亶《苏州水利书》）。有记载称"吴门之地，最为膏腴，穀粟之出，全浙所赖"（陈造《代平江守王仲衡尚书》）。

从朝廷的政策上看，宋朝一直积极鼓励和大力支持农业生产，各项惠农的财政政策都在东南地区有所体现。《宋史·食货志》记载："江北之民杂植诸谷，江南专种粳稻，虽土风各有所宜，至于参植以防水旱，亦古之制。于是诏江南、两浙、荆湖、岭南、福建诸州长吏，劝民益种诸谷，民乏粟、麦、黍、豆种者，于淮北州郡给之；江北诸州，亦令就水广种粳稻，并免其租。"可见，宋廷以免租的形式，大力推广水稻种植。这为江南水稻种植业的发展，提供了制度上的保障。

从品种和技术上看，占城稻的推广为粮食产量的增加起到了极大作用。占城稻是籼禾，属于耐旱品种，而粳稻却不耐旱，一旦出现旱情，就会减产甚至绝收。占城稻出产于占城国（今属越南），是高产、早熟、耐旱的稻种。当时，福建诸港是对外贸易的主要港口，所以占城稻最早在福建地区种植。为了克服粳稻不耐旱的弊端，增加粮食产量，从宋真宗开始，北宋把原来主要在福建一带种植的占城稻大量引进到江南地区。据《宋史·食货志》记载：大中祥符年间，"帝以江、淮、两浙稍旱，即水田不登，遣使就福建取占城稻三万斛，分给三路为种，择民田高仰者莳之，盖旱稻也。内出种法，命转运使揭榜示民……稻比中国者穗长而无芒，粒差小，不择地而生。六年，免诸路农器之税。明年，诸州牛疫，又诏民买卖耕牛勿算；继令群牧司选医牛古方，颁之天下"。宋廷不仅通过税收优惠引种占城稻，而且还为这些地区提供种植技术，并在农具、耕牛等生产资料上提供帮助。关于占城稻在苏州种植的记载很多，南宋罗愿《尔雅翼》记载："今江浙间有稻粒稍细耐水旱而成实者，作饭差硬，土人谓之'占城稻'。"苏轼也有诗云："吴国晚蚕初断叶，占城早稻欲移秧。"但是，由于苏州一带自然环境优越，水利发达，再加上粳稻种植的产量高、质量好，对耐旱、早熟，以及对农田水肥要求不高的占城稻需求很小，所以限制了这一水稻品种的大范围种植。

此外，吴越国对苏州的水利建设比较重视，入宋以后，历任苏州知州，除少数混吃混喝、吃喝玩乐的以外，大多数都比较重视水利设施的维护和修缮。像前文提到的宋珰、陈省华、梅询、黄震等，在任上都对苏州的水利设施不断进行修缮完善，后来范仲淹担任苏州知州的时候还对苏州的河道进行了全面整修和疏浚。后文还会专门提到。

在以上各种因素的共同作用下，苏州的经济得到快速发展。随着农业的发展，人口也在快速增加。宋初的时候，苏州人口只有三万多户，而到了大中祥符四年（1011），已经增加到了六万六千户，增长了一倍。随着农业生产的发展和人口的增多，赋税也在不断增加，尤其是丁税，地方官以人口增加为由，不断加赋，给苏州人民带来沉重负担。面对丁税不断增加、赋税制度混乱的状况，丁谓提出了改革方案，人丁以景德四年（1007）的户籍为依据，粮赋以咸平六年（1003）的定额为标准。丁谓的方案通过后，地方任意加赋的土政策全部作废，苏州人特别高兴，也非常感谢这位老乡对家乡的贡献，因此就在万寿寺内为丁谓造了一座祠堂。

前文已经几次提到丁谓这个人，这里顺便介绍一下。丁谓是苏州人，淳化三年（992）考中进士，先后做过京官、知府、安抚使等职务。《宋史》评价丁谓说："谓机敏有智谋，险狡过人，文字累数千百言，一览辄诵。在三司，案牍繁委，吏久难解者，一言判之，众皆释然。善谈笑，尤喜为诗，至于图画、博弈、音律，无不洞晓。"由此可见，丁谓确实是一个天才式的人物，而且为官前期也做了很多值得称道的事情，可惜的是，随着官位的升迁，丁谓为了邀功自固，做了太多的恶事，因此而不得善终，成为宋朝奸臣之一。

丁谓机敏聪颖，"书过目辄不忘"，几千字的文章，他读一遍便能背诵。早年，丁谓随做官的父亲丁颢在泾州（今属甘肃泾川）。父亲同僚窦偁见丁谓聪明机灵，颇有才气，称赞道："此儿将来必定做大官。"于是将女儿相许。宋代著名文学家王禹偁曾在平江（今苏州）担任长洲县令，丁谓与好友孙何曾一同以文章拜谒，王县令看了文章大加赞赏，认为"自唐韩愈、柳宗元之后，二百年始有此作"。王禹偁后来曾称他是"今之巨儒"，诗似杜甫。昆山龚颖平时很自负，极少称赞别人，对丁谓的文章却给予很高评价，认为可与唐代韩愈、柳宗元匹敌。丁谓勤奋好学，博闻强记，天象占卜、书画棋琴、诗词音律，无不通晓，可谓是一个全才式的人物。

丁谓考中进士后，任大理评事、饶州（今江西鄱阳）通判。咸平二年（999），峡西路少数民族因为不堪压迫，在边境聚众造反，丁谓受命前去处理。按照朝廷法律和惯例，凡是少数民族不服王化的，就应该进行镇压。但丁谓采取了以抚为主的处理办法，很快就兵不血刃地把事态给平息了。次年，川陕地区王均起兵叛乱，朝廷调集士兵镇压，结果逼迫这些人成为流寇。这些人熟悉山川道路，攻占州县，掠夺男女，与官府为敌。丁谓奉命处置，他一到任就命令罢兵，冒险进入溪洞会见贼寇首领，晓谕朝廷安抚之意，并宣称带有皇帝诏书，一律赦免不杀；赠以锦袍、银帛，使他们感激涕零，流寇纷纷表示愿意世代奉贡朝廷，并将誓言刻录于石柱，竖在边境上，川陕地区从此得以安宁。

丁谓在处理少数民族造反事件的过程中，发现西南地区粮食很多，却缺盐，黔南地区有很多良马，建议朝廷前去做调节和收购工作。这一办法实行后，不仅解决了夔、万诸州军饷之弊，同时也减轻了边民长途解送皇粮的劳苦。景德元年（1004），宋辽发生战争。北方契丹的铁骑南下，民心惊惶，黄河北岸的百姓纷纷抢渡黄河，每天有几千人渡河避难，而船夫邀利，不肯及时渡民过河。丁谓奉命处置，采取果断措施，从监狱中取出死囚数人，假冒船夫，斩首于河上。船夫见官员斩首杀人了，再也不敢胡来，丁谓于是组织人员与船只日夜摆渡，不到三天时间，便使黄河北岸的百姓得以全部渡过黄河。紧接着，他又从难民中挑选年轻力壮的人，在数百里的黄河边将这些人分成若干队，令其全部竖起旗帜，鸣金鼓，击刁斗，百里之外都能听到声音。契丹人不了解内情，以为宋方已有防备，便撤退离去，从此"境内晏然"。

丁谓凡事能动脑筋，办事都有谋略，巧造玉清昭应宫就是一例。大中祥符二年（1009）四月，丁谓负责修建玉清昭应宫。工程规模宏大，规制宏丽。工程除了钱之外还有三个难题：一是盖皇宫要很多泥土，可是京城中空地很少，取土要到郊外去挖，路很远，需要很多的劳力；二是修建皇宫需要大批建筑材料，建筑材料都需要从外地运来，而汴河在郊外，离皇宫很远，从码头运到皇宫还得组织很多人力进行搬运；三是施工现场原有很多碎砖破瓦等垃圾需要清运出京城，同样很费事。经过周密思考，丁谓制订了科学的施工方案：首先从施工现场向外挖了若干条大深沟，把挖出来的土作为施工需要的新土备用，以解决新土问题。其次，从城外把汴水引入所挖的大沟中，利用木排及船只运送木材石料，解决了建筑材料的运输问题。最后，等到材料运输任务完成之后，再把沟中的水排掉，把工地上的垃圾填入沟内，使水沟重新变为平地。一举三得，不仅节约了时间和经费，而且使工地秩序井然，使城内的交通和生活秩序不受施工太大的影响。工程原先估计要用15年时间完工，而丁谓征集动用数万工匠，严令日夜不得停歇，结果只用了7年时间便完工，深得皇帝赞赏。"丁谓造宫"成为系统工程理论的一个典型实例。

丁谓不仅能力突出，而且非常机敏。有一次皇帝问道："唐朝的酒价是多少？"丁谓脱口答道："每斗三百。"皇帝问他怎么知道的，丁谓回答说："有杜甫诗为证，'速宜相就饮一斗，恰有三百青铜钱'。"一天，宋真宗与贵妃一起赏花钓鱼，钓了半天一条鱼也没钓到，心里很不高兴，皱着眉头，一言不发。大臣们不知如何为好，丁谓笑盈盈地跑上去赋诗道："莺惊凤辇穿花去，鱼畏龙颜上钓迟。"宋真宗见他如此聪明，于是喜笑颜开，再三恩赐。

这样的人注定会得到皇上的赏识，大中祥符五年（1012），丁谓晋升为参知政事，天禧元年（1017）改任枢密使，进入最高领导层。此时，真宗已经在位二十年，觉得自己是位了不起的皇帝，就想到泰山去封禅，但又找不到合适的理由。于是，就和宰相王钦若制造了两次神人托梦、天降祥瑞的闹剧。丁谓明知是造假，但是为了固宠，不仅不加谏阻，反而推波助澜，搞得天下处处都是祥瑞。丁谓自称是神仙丁令威（神话人物）的后裔，在自家的园林里专门修建了仙游亭、仙游洞，每天"晨占鸣鹊，夜看灯蕊，虽出门归邸，亦必窃听人语，用卜吉兆"。他好言仙鹤，担任玉清昭应宫使的时候，每次醮祭，即奏报有多少多少仙鹤舞于殿庑之间，被人讥为"鹤相"。宋真宗到亳州谒太清宫时，丁谓特献白鹿一头、灵芝九万五千枚。宋真宗从泰山封禅回到兖州时，丁谓将当地小孩子玩的一只小乌龟，指为瑞物献给皇帝。他操纵女道士刘德妙，拿家里养的一只乌龟说成是太上老君化身，亲自作赞颂。

丁谓还鼓动皇帝大兴土木。宋真宗要营建玉清昭应宫，左右近臣上疏劝谏反对。宋真宗召问，丁谓回答道："陛下有天下之富，建一宫奉上帝，而且用来祈皇嗣。群臣如有阻挠，我愿意与他辩论。"从此便无人再敢劝谏。丁谓又领玉皇像迎奉使、修景灵宫使、天书仪卫副使等职，为皇帝建造了一批豪华宫殿，耗费了大量的民脂民膏。丁谓一味迎合，给皇帝出坏主意，自然会遭到正直之士的反对，寇准对他谄主媚君十分痛恶。丁谓于是怀恨在心，千方百计罗织罪名极力排挤。天禧四年（1020），丁谓将寇准赶出朝廷，贬其为相州（今河南安阳）知州，后又贬其为道州（今湖南道县）司马。乾兴元年（1022），丁谓又勾结宦官，修改"诏书"，把宋真宗病死归罪于寇准，再将他贬到雷州（今广东海康），寇准最后客死贬所。丁谓趁机将朝中凡是与寇准相善的大臣全部清除。

丁谓的所作所为受到上下的一致不齿，却没人能够动摇他的位置，一直到宋仁宗即位后，丁谓才从高位跌落下来。乾兴元年（1022），宋仁宗继位的时候只有十三岁，所以就由太后刘娥垂帘听政。按照惯例，新皇帝登基，次年都要改元，朝廷大臣拟定了几个年号，刘娥都不满意。善于溜须拍马的丁谓揣摩太后的心思，商量出一个年号"天圣"，刘娥没有任何犹豫马上就接受了。后来有人窥破天机，这两个字大有深意：天者，二人也；圣者，帝王也。"天圣"隐喻天下有两个皇帝，可见刘娥的野心有多大。

野心大的不仅是刘娥，已经当上宰相的丁谓同样野心勃勃。丁谓原是刘娥的心腹，真宗驾崩后，丁谓看刘娥和仁宗孤儿寡母，便产生了架空两宫、操弄权柄的念头。于是，丁谓勾结宦官领班雷允恭，规定重要奏章都要先经过自己审阅后再送至内廷，并且提议刘娥、赵祯两宫分处，改两宫五天一朝为十五天一朝。对丁谓的这点小把戏，刘娥心知肚明，但一直隐忍，她在等待一个合适的机会和丁谓摊牌。

刘娥本是四川一个普通的乡村丫头，刚出生没多久就没了父亲，母亲为生活所迫只好带着她回到成都郊外的娘家。到了十五岁后和邻居的一个小哥哥一起来到汴京，在街头摆了一个摊位，靠加工银饰器物糊口。当时,宋真宗赵恒以襄王的身份居住在自己的王府。有一天刘娥到王府送首饰,赵恒正在踱着方步朗读《诗经》,不经意间看见了刘娥,一眼便看上了她,就把她留在了王府。这事没多久就被宋太宗赵光义知道了,赵光义怕赵恒沉湎于酒色,同时也担心刘娥这样的出身影响皇室高贵的血统,就把刘娥给赶了出去。赵恒没办法,就把刘娥安置在了幕僚的家里。刘娥被雪藏期间,闭门幽居,闲来无事,只好以诗书为伴,看了大量的书籍,因此知识面逐渐扩大,眼界也逐渐开阔。

赵恒登基之后,立即把刘娥接进了宫中。这一年,刘娥已经三十岁了,但是,赵恒对她的宠爱丝毫不减。只是,此时在赵光义的安排下,赵恒已经封郭氏为皇后,刘娥只能被封为贵妃。郭皇后一连生了三个皇子,这三个皇子却都没有长大成人。景德四年(1007),郭皇后过早地去世,刘娥的机会也就来了。可惜的是,刘娥自从十五岁进入王府,一直没有生育,这成为她当上皇后的最大障碍。但是,刘娥虽然出身寒微,却胆识过人。刘娥采取"借腹生子"的办法,安排自己的侍女李氏服侍赵恒,李氏不久就怀孕了,生下了一个儿子。刘娥采取偷梁换柱的办法,对外宣称这个儿子是自己生的(这就是后世演绎不断的"狸猫换太子"故事的由来)。有了儿子,晋封皇后也就没了任何障碍,刘娥也就顺理成章当上了皇后。偷梁换柱这事除了皇子赵祯之外,朝中大臣几乎人人皆知。

成为皇后以后,刘娥的聪明才智得到充分展现。刘娥本就长得如花似玉,被雪藏在幕僚家中时又学了很多东西。女人美貌加上聪明,必然无往而不胜。赵恒晚年患上头疼的毛病,这个病大概与他们家族的遗传有关,从赵匡胤开始几乎历任皇帝都会犯这种病。因为赵恒有病,所以刘娥就帮着打理朝政。刘娥在打理朝政的过程中,一方面有意培植自己的势力,另一方面不断打击反对自己的寇准等人,逐渐掌握了朝政大权。宋真宗赵恒去世后仁宗继位,刘娥便以皇太后的身份垂帘听政。

面对丁谓的野心,刘娥一直采取隐忍的态度。刘娥任命丁谓为"山陵使",负责赵恒的墓穴建造和遗体安葬工作,雷允恭协助丁谓,具体负责工程的实施。雷允恭只是一个太监,根本没有工程建设经验,加上胆大包天,竟然擅自更改寝陵的位置,结果导致寝陵渗水。这可是天大的事情,于是,刘娥抓住机会,发动大臣揭露丁谓、雷允恭的罪行,查出他们许多不法行为,最终把雷允恭给处死了,把丁谓贬到崖州(今属海南)。后来,宋仁宗看到丁谓在家书中痛自责备,不禁有些感动,于是就逐渐把丁谓从崖州迁到内地。其实,这封家书是丁谓有意让宋仁宗看到的。1033年,丁谓已经迁到光州(今河南潢川),离京都已经很近了。可惜丁谓的大限已至,不久就病死在了任所,归葬于苏州西华山习嘉原。

丁谓虽然才华出众,但是其所作所为为人所不齿,苏州人也深以这样的人为耻。所以,丁谓被罢相后,专门给他建的祠堂不久就被废为土地庙,他位于丁家巷的旧居也早已不存,南园附近的别墅在南宋初也被毁掉了。

丁谓被罢相后,刘娥重用有才干的王曾和吕夷简,使得朝中出现了蒸蒸日上的新气象。多年之后,刘娥终于走到了自己生命的尽头。刘娥去世后,有好事者急不可待地向赵祯告密:"太后不是你的亲生母亲,你的亲生母亲早就被太后毒死了。"被蒙在鼓里的赵祯听后犹如晴天霹雳,在悲愤交加之余,下令包围刘娥娘家宅邸,等待查明真相。赵祯亲自前往墓地,打开生母的棺椁,一定要揭开母亲去世的真相,结果却出乎赵祯的意料。原来,刘娥抢走了李氏的亲生儿子,心中一直非常愧疚,生前对待李氏一直非常友善,加封李氏为宸妃,而且还把李氏的弟弟找来授予官职。在刘娥去世的前一年,李氏去世,刘娥按照一品的礼仪安葬了她,为她穿上皇后冠服,并且用水银保护尸体,使李氏的容貌保持得如生前一样。赵祯从出生后就一直没有见到自己的生母,现在还能够看到生母遗容,大为感动,对身边的人说:"人言岂可尽信。"于是为刘娥加谥"庄献明肃皇后",封生母李宸妃为"庄毅皇后"。宋代皇后谥号大多都是两个字,从刘娥开始才有四个字,可见赵祯对刘娥的感激。刘娥以其特有的智慧和良善,为自己留下了后路,也为北宋的政局留下了和平,是历史上垂帘听政的太后中少有的智者。

第八章 士风渐变

——尚文之风逐渐兴起(上)

(方仲荀、梅询、陈靖、孙冕、康孝基)

真宗、仁宗在位期间,北宋达到鼎盛时期。宋朝319年历史中,先后有三次兴盛,其中两次是在这两位皇帝在位的时候。

宋真宗继位后,在政治上虚怀纳谏,并废除了断截手足、钩背烙身等残酷的刑罚,在中央设立纠察刑狱司,在地方上设立提点刑狱司,为政令的畅通和法律的公平执行提供了政治保障。真宗在位的前期勤于政事,重用李沆,颁布了针对官吏的《文武七条》,这是一套启迪官吏道德良知的廉政理念,整个官场为之一新。

在经济上,真宗减免了五代十国以来的税赋,重视农业生产,废除了农业税,不征调农民服徭役,徭役改为由士兵负责,这样就大大减轻了农民的负担,保证了农民不误农时。真宗还下令把各种农业书籍颁发给地方官员,并大力推广优质品种和农业技术。同时,还在全国推广"常平仓"制度,对施行禁榷和征收商税做了严密的规定,从而为农业的快速发展创造了良好的条件。

军事上,为了抵御辽国的骑兵,大量采用宋太宗的办法,多开沟渠,多种水稻,这样的地方被称为"塘泊",深的地方不能行舟,浅的地方不能过人,形成了一道"水长城"。同时,大量招募兵士,军队的规模从66万人增加到了91万人,在为宋朝的繁荣提供外部保障的同时,也导致澶渊之盟后宋军冗兵、冗费的现象不断加重,成为后世改革的一个难点和重点。

文化上取得了开创性的成就。真宗把国家政治生活中的重要日子设为节日,并制定详细的活动内容,由中央和地方财政划拨大量经费,保证节日活动的开展。这对后世官员休假制度,乃至现在官方节日的设立都产生了深远的影响。

1004年,辽二十万大军南下,除了在瀛洲遇到了一些抵抗外,基本上没有遇到什么阻力,所以辽军很快抵达澶州城下,直逼汴京。朝野上下主张南下迁都,真宗也惊慌失措没了主意。寇准力排众议,劝说真宗御驾亲征。真宗到达澶州后,士气大振,两军处于僵持状态。宋辽开始议和,于1005年达成协议,史称澶渊之盟。澶渊之盟后,北宋边境贸易红火,税收富足,朝廷的财政收入是唐朝的数倍之多,从此北宋进入了一个政治、经济、文化快速发展的时期。真宗在位期间,全国户口增加416万户,人均财富增加了3倍多。1022年,赵恒驾崩,在位25年,是宋朝开创盛世的第一人,史称"咸平之治"。

真宗驾崩后,由其第六子赵祯继位,是为宋仁宗。当时,仁宗只有十三岁,因此由刘太后垂帘听政,一直到1033年刘太后去世后,仁宗才开始亲政。

宋仁宗是宋朝在位时间最长的皇帝,也是使北宋达到全盛的皇帝。尤其是仁宗亲政以后,北宋进入了一个更加快速发展的时期,逐渐开创了全面鼎盛的局面。

政治上,仁宗善于纳谏,针对日益严重的土地兼并,以及冗官、冗兵、冗费现象,于庆历三年(1043)任用范仲淹等开展了"庆历新政",但由于"庆历新政"触犯了贵族官僚的利益,只推行了一年零四个月就被迫停止,范仲淹、欧阳修等相继被排斥出朝廷,各项改革政策也被废止,新政彻底失败。

经济上,在发展农业的同时,鼓励发展商业,商税大量增加。太宗时商税收入每年只有四百万贯,真宗时增加到四百五十万贯,庆历

时猛增到两千二百万贯,是唐朝税收最多时的数倍。但是,因为庆历新政改革的失败,土地兼并的问题并没有得到解决。

文化上,培养了大批人才,通过"和而不同"的文化方针,将宋词推向了中国文学史的顶峰。

军事上,中期爆发了第一次"宋夏战争",经过三年交战,西夏向宋称臣,双方达成和议,史称"庆历和议",为宋朝赢得了近半个世纪的和平发展局面。在此期间,辽趁机重兵压境,为了维持澶渊之盟的和平协议,北宋被迫增加对辽国的供奉岁币。

仁宗在位期间,冗员问题达到了前所未有的程度,军队规模增加到120万人,军费开支占到税收的70%,成为朝廷的沉重包袱。仁宗于1063年驾崩,在位四十多年时间,政治清明,文化兴盛,科技发达,名臣辈出,加之仁宗不贪图奢侈,为开创盛世提供了各方面的条件。

真宗、仁宗在位的六十多年时间,是宋朝政治最为稳定、经济最为发达、文化最为繁荣的一个时期,开创了北宋的全盛局面。朝局的持续稳定、经济的不断发展,为苏州的繁荣创造了良好的条件,加之历任官员的努力,苏州的士风也在逐渐向好,尤其是范仲淹等名臣干吏在苏州兴学养士、崇文厚德,推动苏州逐渐形成崇文重教的风气,使苏州发展成为北宋南方最为重要的大都会之一。

大中祥符九年(1016),方仲旬接任秦义出任苏州知州。关于方仲旬的资料很少,《宋史》没有传记,《宋史纪事小传补正》中虽有传记,但只有短短几个字,说他是安徽歙县人,咸平年进士。王鏊《姑苏志》说他由尚书屯田员外郎知苏州,同时说他重修《苏州府志》。从这些简单的记载中可以看出,方仲旬虽然在苏州担任知州不到一年,但是重修了《苏州府志》,也算是对苏州的文化事业做出过贡献。

方仲旬离开后,梅询第二次兼任苏州知州。梅询担任苏州知州一年多后就离开了苏州,由陈靖接任。陈靖是兴化军莆田(今福建莆田)人,从小敏而好学,博通古今,秉性慈孝,任事无私而好为惠。陈靖一生精忠报国、建言献策、躬身为公,被后人推为有宋一代三百多年少有的十二名"循吏"之一。

陈靖出身于一个忠君体国的仕宦之家。其高祖陈沆是后汉广州清远县令陈枢的次子，五代后梁开平二年（908）中进士，官至天雄节度使巡官。陈沆知道后梁必乱，所以就以父丧的名义弃官南归，负丧回到莆田。闽王王审知早就听说陈沆有名节，所以想要他出来做官，但是陈沆坚辞不就。宋太祖开宝年间，陈靖的父亲陈仁壁担任清远军节度使陈洪进的泉州别驾，他力主陈洪进审时度势，纳土归宋。宋太祖赵匡胤嘉许他的忠诚，授予检校膳部员外郎、泉州录军参事，并赐予绯鱼袋。太平兴国二年（977），陈洪进率领同僚官吏到汴京觐见宋太宗赵匡义，陈仁壁因为年事已高，就让次子陈靖代其随行，受到宋太宗的赏识。

太平兴国四年（979），游洋人林居裔凭借地形险峻聚众称王，祸害百姓。陈靖徒步前往福州拜谒转运使杨克让，讨求平叛之策，被授予清远军德化县尉，参议军事。暴乱被平息后，陈靖因功入朝赴阙，被授予阳翟县主簿。端拱元年（988）九月，契丹侵犯边境，四面齐进，宋军屡屡失利。陈靖对局势进行了深入分析，派遣从子上书朝廷，请求入朝献策。太宗接到陈靖从子的上书后，就下诏向陈靖问策，陈靖献上五条策略："明赏罚，抚士众，持重示弱、待利而举，帅府许自辟士，而将帅得专制境外。"这些建议，深得用兵之要。太宗视陈靖为异才，改任将作监丞，不久其又担任御史台推勘官。陈靖随即就官吏考核升迁的事情上章言事，建议逐年考察官吏的功过，年终核实材料，评定其等级，然后候旨除授。至于确有奇才异略、博学雄文者，不在这一限制之内。陈靖所提出的建议不乏真知灼见，太宗更加倚重他了，就诏拜陈靖为秘书监。

没过多久，陈靖的父亲陈仁壁去世，因为儿子陈靖在皇帝身边，父以子贵，朝廷赠陈仁壁为太子洗马、尚书礼部员外郎、知制诰王禹偁书写墓志铭，太宗给足了陈靖面子。陈靖回到莆田守丧，课子读书，写下《题燕》送给儿子："秋去春来不倦遥，流莺相伴语交交。儿孙各自飞鸣去，犹拣新泥补旧巢。"以此勉励子孙锐意进取，自强自立。当时，陈靖和孙何、丁谓过从甚密，这两位都是一时文豪，所以陈靖的词风也为之一变。守丧满三年后除服，升任直史馆。

宋朝建立以后，非常重视人才的选拔，但是，其中存在一个很大的弊端，就是特别看重答卷速度。当时，一般都是由太祖赵匡胤亲自主持殿试，谁先交卷，只要卷子合格，名次就排在前面，第一个交卷的就直接被确定为状元，结果造成了"士皆竞浮华，尚敏速"。陈靖认为文思敏捷、下笔千言，虽然是个别举子才华横溢的表现，但是，如果仅仅以文思敏捷来确定名次，显然有失偏颇。这种取士的办法，往往造成举子在考试时在写作速度上下功夫，而忽略了文章的质量，最终形成华而不实的文风，影响十分恶劣，建议"请以文付考官第甲乙，俟唱名，或果知名士，即置上科"。宋太宗大胆采用了陈靖的建议，从淳化三年（992）开始，严格按照陈靖提出的"糊名考试"办法，会考定考三场。从这一科状元孙何开始，不再以答卷的速度来决定名次。这一改革，促使宋代科举考试的规章制度不断得到完善。

淳化四年（993），陈靖出使高丽，回来后任提点在京百司，迁任太常博士。当时，太宗想要兴农事，下诏有司对均田法进行讨论，陈靖建议：法规不能马上变更推行，应该让州县先行核实荒地及逃亡百姓的田产数量，登记在册，招募百姓耕作，并责令州县地方官劝课农桑，鼓励百姓耕作，上交赋税。凡是县管垦田，按照优劣登记予以赏罚，等待数年以后，再全部罢出官府所屯的田地，分给百姓，按照人口授予百姓土地，在此基础上丈量土地，平均赋税。

至道二年（996）七月，陈靖再次上疏太宗，提出："古者强干弱枝之法，必先富实于内。今京畿周环二三十州，幅员数千里，地之垦者十才二三，税之入者又十无五六，国用不充，民食不足。"为此，陈靖建议从京畿周边地区率先进行劝课兴农试点，实行一揽子安民兴农之策。他提出广募游民耕垦，不计赋租；耕桑之外，植树种果，饲养牲畜，营造民房，修订制度。太宗看了陈靖的奏章后，诏令陈靖逐条奏闻，于是，陈靖提出：委托农官核实农民身份，授予田地，建立户籍，不服差役；官府应出借种子、耕牛或者资助百姓生产；划分土田优劣登记，搭配授田；五年后再计算田租，减租免差。这些建议都非常有利于促进农业生产，但是，因为朝廷官员众议不一，太宗并没有实施。不过，太宗对陈靖的建议还是肯定的，所以随即就任命陈靖为劝农使，巡视陈、许、蔡、颍、襄、邓、唐、汝等州，劝农垦田，以大理寺丞皇甫选、光禄寺丞何亮为陈靖的副手。但是，没多久，三司认为劝农使靡费官钱，而且这些地区多水旱，担心有失农时，所以就罢去了劝农使。

宋真宗即位后，于咸平元年（998）诏令恢复并大行劝农法，陈靖提出："国家御戎西北，而仰东南，东南食不足，则误国大计。"因此，建议在京东、京西及河北各州大力推行劝农法，以此来评价州县官吏的政绩，这样每年可以节省江浙、两淮的漕粮百万余石。陈靖还在奏章中建议朝廷下令各州刺史都要施行春耕之礼，县令要劝勉百姓耕种，向那些讲求孝悌、努力耕作的人赏赐爵禄，同时，设置五保，使其相互监督，监察盗贼，登记游民，供给必要的劳役和耕作任务。陈靖提出的厚农薄赋、奖民安土、劝人复本的策略，不仅有利于恢复经济，安定社会，增加国家财赋，而且也有利于官员的政绩考核，显示出陈靖的深谋远虑和对朝廷的忠心。真宗下令三司对陈靖的建议进行议论，但因朝议不一，最终这些建议无疾而终。

咸平三年（1000），陈靖担任度支判官、京畿均田使，转任江南转运使，上奏纵论南唐李后主的时候横征暴敛的事情，一共历数李氏十七件事情。朝廷下诏废除其中盘剥农民最为严重的政策。此后，陈靖出任潭州（今湖南长沙）知州，历任度支、盐铁判官。祀汾阴，为行在三司判官。又出任京西、京东转运使和泉州、越州（今浙江绍兴）知州。景德三年（1006），陈靖接到母亲去世的讣告，泣血京师。有司把这一情况奏报给真宗，真宗派遣中贵前往陈靖家中宣示谕旨，允许陈靖回去奔丧以全礼制，并赐钱十万贯。于是，陈靖回到莆田奔丧，并于大中祥符元年（1008）葬其母于兴化军垒之北崇业乡里桃枝源，除服后回到京师恢复原职。

天禧元年（1017），陈靖以兵部郎中、直史馆出任越州知州兼任两浙东路安抚使，随后兼任苏州知州，后累迁太常少卿，晋升为太仆卿。天禧三年（1019）离开苏州后又以集贤院学士出任建州（今福建建瓯）知州和泉州知州。乾兴元年（1022），丁谓被罢相，因为陈靖和丁谓过从甚密，所以提点刑狱、侍御史王耿上书说陈靖年龄大了，而且

身体不好，不再适合做地方官。于是，朝廷让陈靖以秘书监的身份致仕回家休息。仁宗天圣三年（1025），进封陈靖为颍川郡开国伯，第二年陈靖在家中去世，享年七十八岁。

李俊甫《莆阳比事》说陈靖"事历七郡，凡赋敛害民者，悉奏罢，王称循吏"。陈靖平生多谋划决策，建树颇多，尤其是在农事方面，提出了很多建议。陈靖曾经对自从淳化、咸平以来所陈的多篇表章加以编录，取名为《劝农奏议》，共计30卷，另外还著有《经国集》10卷，其中不少奏议传播后世，被后人冠以"名臣奏议"，成为珍贵的历史文献。这样一位一心为公、勤政廉洁，而又对农业生产十分熟悉、心系百姓疾苦的官员到苏州任职，对苏州的农业发展、社会进步和文化繁荣起到了很大的推动作用。

陈靖离任后，以恤民、惠民出名的孙冕出任苏州知州。

孙冕是临江军新淦人（今江西新干），雍熙二年（985）中进士，官拜秘书丞、直史馆。天禧三年（1019）以大中大夫、尚书礼部侍郎出任苏州知州。

孙冕作为治水能臣，在太宗的时候就已经表现出这方面的才能。至道元年（995），度支判官陈尧叟、梁鼎上疏："唐季以来，农政多废，民率弃本，不务力田，是以家鲜余粮，地有遗利。"所以，建议在恢复均田制之前，先建立用水之法。自汉、魏、晋、唐以来，遗留下来的水利设施依然俱在，孙冕希望皇上选任通晓古事和为政之道的官员，把他们任命为地方州长，"大开公田，以通水利"，就可以恢复当年均田制的盛况了。如果采用这样的方法，两三年后，仓廪必会充实，同时还可以节省江淮漕运的费用开支。

至道二年（996），皇甫选、何亮等人又上疏："先受诏往诸州兴水利，按，郑渠元引泾水，自仲山西抵瓠口，并北山东注洛，袤三百余里，溉田四万顷，收皆亩一锺，三白渠亦引泾水，首起谷口，尾入栎阳，注渭中，袤二百余里，溉田四千五百顷，两渠共溉田四万四千五百顷，今之存者不及二千顷，乃二十二分之一分也。"因此建议征调地方军队，对两渠进行大规模维修和养护。于是，太宗命著作郎孙冕总监三白渠。孙冕在总监三白渠的修护过程中积累了实践经验，为他在苏州治理水患奠定了基础。

进入宋真宗时期，孙冕以秘书丞、直史馆任职荆湖南路转运使。在任职期间，孙冕发现官盐专卖存在诸多问题。当时，商人需要到南中等候交换盐引（也就是卖盐的凭证），然后前往盐场兑换盐，但是川道蜿蜒曲折，交通十分不便，再加上风雨阻滞，盐商从交换盐引到把盐送到江、潭二州，需要两年以上。当时边境军队的粮草需要农夫长途跋涉进行运送，不仅费用巨大，而且农民也十分辛苦。针对这种情况，孙冕上疏建议："茶盐之制，利害相须，若令江南、荆湖通商卖盐，缘边折中粮草，在京纳金银钱帛，则公私皆便，为利实多。"孙冕所说的利，主要表现在三个方面：对国家而言，通过这样的办法，可以充实国库，以此养活数量庞大的边兵；对百姓而言，不用耽误自己的农业生产，节省下劳力用于精耕细作，同时也免除了奔波之苦；对商人而言，"天之道，损有余而补不足；人之道则不然，损不足以奉有余"。政府可以通过缘边折中平衡商人的利润，从而达到多赢的效果。

孙冕做事极有远见。他在任海州（今连云港）知州的时候，转运使准备利用海州靠海的优势，建设三个盐场，却遭到孙冕的坚决反对。转运使的理由是，海州就在海边，就海晒盐十分便利，而且成本低廉。建设盐场，既可以增加朝廷收入，又能促进当地经济发展，是一举两得的事情。但是孙冕认为，建设盐场从短期看，确实能够收到一定的经济效益，增加老百姓的收入，但是，从长远看，海州交通不便，一旦盐场的产量快速增加，就会造成盐货大量积压。如果出现这样的情况，不仅不会增加朝廷的收入，反而会影响当地的社会秩序和百姓生活。所以，孙冕上疏朝廷，坚决反对建设盐场。但是，转运使坚持再三，而且老百姓对孙冕的意见也十分不解。在孙冕的坚持下，这件事情就搁置了下来。然而，等到孙冕离开海州后，"至孙罢郡，卒置三场"。但是，盐场建成后，由于产量大增，三个盐场的盐堆积如山，卖不掉、售不出，导致富商破产、盐工失业、盗匪丛生，社会治安出现很大问题。

天禧三年（1019），孙冕出任苏州知州。到苏州任职的时候孙冕已经六十多岁了，但是，孙冕并没有因为年事已高而懈怠，而是勤于政事，关心民瘼，在自己的仕宦生涯中留下了浓墨重彩的一笔。

孙冕到苏州后，不顾年事已高，深入各地实地调查，发现水利设施年久失修，于是带领百姓兴修水利，"江淮发运副使张纶、督知苏州孙冕疏昆山、常熟等五湖及福山茜泾诸港浦，导太湖水入海，复岁租六十万斛"。由于张纶、孙冕疏通了昆山、常熟等五湖及福山、茜泾等水道，彻底解决了长久以来影响农业生产的水患，促进了苏州农业的长足发展。在兴修水利设施的同时，孙冕还带领农民整修农田，扩大桑蚕种养规模，为苏州丝织业的发展创造了良好的条件。

针对苏州城内部分道路和桥梁年久失修的问题，孙冕还组织力量对其进行了修缮。石岩桥在织里桥的西面，为唐朝苏州刺史白居易所修，原名白头桥。由于年久失修，给人们出行带来诸多不便。孙冕到任后组织力量对其进行了维修加固，大大方便了百姓的日常出行，苏州人因此把白头桥改名为孙老桥。同样的情况还有很多，比如孙君坊船场巷，也是因为孙冕修桥建坊而得名。

孙冕心系百姓疾苦，大力整治社会秩序，为苏州百姓办了很多好事，朱长文在《吴郡图经续记》中称其"治狱不滥，断讼如神。驰张在己，无所吐茹"。正因为孙冕爱民如子，所以当孙冕生病的时候，苏州百姓纷纷到寺庙为他祈福。由于孙冕为苏州老百姓办了很多实事好事，所以老百姓都非常爱戴他，后人把孙冕誉为苏州"五大夫"之一。

孙冕在苏州期间，还有件事情值得一提。前文已经提到，真宗晚年痴迷于封禅一事，为此而弄得天下祥瑞不断，但是，"好祀非鬼、好淫内典"的苏州没有跟风，这主要是孙冕的功劳。其实，当各地纷纷呈报祥瑞、举国若狂的时候，苏州不可能不受到影响，各地也不时有符瑞呈报到州府，比如哪块地长出了佳禾，哪里出了灵芝，哪个井里冒出了清泉，等等，但是，这些符瑞报到州里就没了下文。孙冕十分清楚，所谓的符瑞只不过是弄虚作假、自欺欺人而已，这样的事情自古有之。所以，就来一个不予理睬。

更难能可贵的是，孙冕到了退休致仕的年龄，未等朝廷下诏，就在苏州知州厅堂上挥笔写下《书苏州厅壁》，然后携带一家老小离开苏州。他在诗中写道：

> 人生七十为鬼邻，已觉风光属别人。
> 莫待朝廷差致仕，早谋泉石养闲身。
> 去年河北曾逢李，今日淮西又见陈。
> 寄语姑苏孙刺史，也须抖擞老精神。

当时，宋朝沿袭唐朝官制，"七十而致仕"，当然特殊情况经过朝廷恩准，退休年龄也是可以延长的，像前文提到的乔维岳做到七十六岁病死在任上，陈靖七十七岁才致仕。像孙冕这样的干吏，朝廷一般不会强令退休的，但是孙冕把仕途和权力看得很淡，没有等到朝廷的命令下来就携家眷归隐九华山了。朝廷高其风、亮其节，下诏让他再任，但是，诏书下达后，孙冕竟然不再出来了。

孙冕在苏州任上，可以说是道德、文章、吏能的集大成者，为苏州政风、文风和社会风气的持续好转做出了很大贡献。

孙冕离开苏州后，康孝基接任苏州知州。

康孝基的祖籍是河南扶沟，从康孝基开始定居明州（宁波）。大中祥符年间，明州贼乱频发，无人能平，明州百姓民不聊生。大中祥符二年（1009），康孝基临危受命，以太常博士的身份从河南远赴明州担任节度使，主要任务就是平定乱贼，同时兼任明州知州。康孝基到任后，很快荡平了贼寇，使明州的局面安定下来。康孝基也因此成为明州人心目中的大英雄。因为连年兵荒马乱，使得段塘一带的百姓出现饥荒，康孝基了解灾情后，开仓放粮赈济百姓，使数千饥民渡过饥荒，所以，康孝基在明州落下了清正廉明、爱民如子的好名声，被后人称为"康将军"。

康孝基于天禧五年（1021）四月到任苏州知州，但是十二月就被调离了，在苏州总共只待了八个月的时间。在苏州任上，有关康孝基的政绩没有多少记载，有小说说他在苏州纵情声色，整天大吃大喝，当不足信。不过，康孝基在苏州的这八个月中间，倒是写下了不少诗词，从一个方面证明当时的苏州已经非常繁荣，他在苏州的日子应该是优哉游哉的。他有两首关于苏州的诗比较闻名，一首叫《春游》：

> 行春喜入虎邱山，按辔风和草色间。

>　　寺内翠微松桧里，空中绀宇水云间。
>　　桃花时作翻翻落，苔藓晴留点点斑。
>　　不为白公为太守，霓裳一曲暮回还。

另一首叫《游虎丘》：

>　　虎邱天下名，胜概状难成。
>　　入寺登山险，开门见路平。
>　　云连松色翠，风度磬声清。
>　　好便称居士，安间过一生。

可以看出康孝基在苏州经常游览山水，常常到了晚上才回到府里，日子过得相当滋润。

不过，这样的好日子实在太短，才过了八个月他就被调回京城，仁宗天圣年间官至工部郎中。康孝基活到九十岁去世。他死后葬在了明州茅山，所以他便成了茅山康氏始祖。康孝基去世六七十年后，明州段塘十二堡一千多户人家出资建造了康将军庙，敬康孝基为沙康之神。由此可见，只要是心系百姓的好官，老百姓会世世代代感念的。

第九章　士风渐变

——尚文之风逐渐兴起（下）

（李适、叶参、周实、盛度、黄宗旦、王骏、陆东、朱巽、崔峋）

康孝基离任后，李适接任苏州知州。但是，关于李适的资料非常少，也许是因为唐朝的李适名气太大，北宋的李适就相对暗淡了许多。王鏊《姑苏志》说李适天禧五年（1021）以中散大夫、尚书度支郎中知苏州军州事，兼管内堤堰桥道劝农事，拜上柱国，赐紫金鱼袋。从这些职务和待遇上看，李适深得皇上信任和赏识，应该是一个文武双全式的人物。但因为资料缺乏，无法对其在苏州的所作所为进行详细论述。

李适在苏州任职两年后调到泉州担任知州，叶参接任苏州知州。

叶参是乌程（今浙江湖州）人，北宋名臣叶清臣的父亲。北宋咸平四年（1001）考中进士，被任命为和州（今安徽和县）历阳主簿，后又到泽州（今山西晋城）、清海军任推官，接着在小溪、青城、固始当了三任县令后，先后在宣州、扬州、濠州（今安徽凤阳）三个地方担任通判，然后担任宣州（今安徽宣城）知州，天圣元年（1023）被调至苏州担任知州。在苏州做了两年知州后被调回京城，最后的职务是光禄卿。庆历三年（1043）去世，享年八十。

叶氏一家十分重视教育，先后培养了几代文化名人，除了叶清臣以外，北宋名臣、大文豪叶梦得是叶参的曾孙。

有关叶参在仕途上的记载不多，但是因为出身诗书之家，叶参和当时的名士多有往来，宋代政治家、词人韩琦写过两首诗送给叶参，一首叫《寄叶参兵部》：

> 向宦心难止，遗荣世所稀。
> 谁知怀绶去，便作挂冠归。
> 行锦方为宠，装金已尽挥。
> 官闲同吏隐，身逸晦尘几。
> 山鹤来无怨，江鸥净不飞。
> 雨晴峰嶂活，秋老鲙丝肥。
> 庭玉名方远，陔兰志暂违。
> 倚门休结恋，史笔借光辉。

另一首叫《叶参兵部知湖州》：

> 乡郡分符兔刻银，影缨清晓别枫宸。
> 驷车归邸夸新绶，鹤表还家谢故人。
> 度日客樽盈若酒，经春诗笔赋汀蘋。
> 编民应久歌来暮，棠树成阴即旧邻。

殷殷惜别之情、眷恋之意在诗中得到充分体现。正是由于深厚的文化底蕴才使得叶参子孙文人辈出，为有宋一代文化繁盛做出了很大的贡献。

叶参离任后，周实接任苏州知州。关于周实的史料基本上是空白，《北宋经抚年表》第九十七卷只有简单的介绍，王鏊《姑苏志》记载说周实于天圣三年（1025）六月由右谏议大夫知广州，然后移知苏州，天圣五年（1027）五月以给事中知凤翔府，其他均无记载，所以笔者在此也无法多加议论。

周实离任后，盛度接任苏州知州。

盛度的祖籍是安徽铜陵，出生于杭州余杭瓶窑镇（今属杭州），其曾祖盛珰出仕吴越国，任钱塘令（一说余杭令），因此全家迁居余杭。盛度的父亲盛豫在吴越国钱弘俶的时候任检校太傅，曾随钱弘俶出使宋朝，"纳土归宋"，官至尚书度支郎中。盛豫出使回来后人们看到他不仅没有受到牵连和贬黜，反而被提拔了，所以民心大安，"盛太傅无忧色，吾属安矣"。所以在吴越国被纳入北宋版图的过程中，盛豫以自身的行动起到了安定地方的作用。

盛度自小读书敏而好学。和大多数人一样，盛度走的也是科举入仕的道路。北宋端拱二年（989），二十二岁的盛度考中进士，被任命为济阴县尉，历任封丘主簿、光禄寺丞、御史台推勘官、秘书省秘书郎、直史馆、三司户部判官、尚书屯田员外郎等职。当时，宋辽之间发生交战，契丹趁机侵犯大名（今河北大名），盛度随真宗一起出征大名，数次上疏议论边事，陈述戍边之策。不久后，盛度奉命出使陕西，勘察疆域，参考汉唐时期的地理情况，绘成《西域图》呈现给真宗。真宗询问西域地理形势，盛度详细介绍了酒泉、张掖、武威、敦煌、金城（今甘肃兰州）五郡的形势，绘出《河西陇右图》，标明山川、道路、壁垒、区聚等，以供皇上备览。盛度对答如流，真宗称赞他博学，所以盛度得到不断提拔，先后任知制诰、右谏议大夫、翰林学士、史馆修撰、兵部郎中等职务。

丁谓专权期间，寇准被罢相贬黜，盛度也受到牵连，被贬到光州（今河南潢川）任知州，乾兴元年（1022）又被贬为和州（今安徽和县）团练副使。仁宗继位后，盛度被起用恢复兵部郎中，先后到筠州（今四川筠连）、扬州、苏州任知州，其间加集贤院学士。回京后恢复为翰林学士，迁给事中。景祐二年（1035）任参知政事，景祐四年（1037）知枢密院事，进入最高领导层。他后来受到牵连被罢为尚书左丞，先后到扬州、泰州、应天府（今南京）担任知州、知府。宝元二年（1039）盛度辞官回到家乡，最后以太子太傅致仕。死后被赠为太子太傅，谥文肃。

盛度一生做了很多大事，集中起来讲主要表现在力主边事和改革盐法上。

进入北宋，赵匡胤总结唐朝节度使权力太大、拥兵自重的教训，

对军队实行分权制，结果导致中央禁军的力量空前强大，而边疆的防务却遭到削弱，所以有宋一朝，一直边患不断。针对这种状况，盛度主张重兵镇守边境重地，切中时弊，也得到了真宗的认可。仁宗时，盛度又以边事十条上书朝廷，同样得到了仁宗的赞赏。可惜的是，这些合理化建议，因为涉及宋太祖赵匡胤定下来的国策，所以基本上没有被采纳。

盛度做的第二件大事是改革盐法。宋朝在重视农业发展的同时，鼓励商业，边境贸易十分发达，商税成为政府的重要财源之一。朝廷为了搜刮更多的钱财，对盐、茶、酒等实行专卖制度。盐是百姓必不可少的生存物品，也是北宋政府控制最严的专卖品。但是，食盐专卖导致流通不畅，盐价居高不下，老百姓深受其害，甚至出现了河北地区"以盐比药"、江西地区"人苦淡食"的现象，政府的收入也随之减少。针对这种情况，一直有人提出改革，像前文提到的孙冕等，但是朝廷一直没有大的动作。天圣八年（1030），又有人上书提出："县官禁盐，得微利而为害博，两池积盐如阜，其上生木合抱，数莫可较。宜听通商，平估以售，可以宽民力。"接到这封奏疏后，宋仁宗召见翰林学士盛度、御史中丞王随一起讨论改革食盐专卖制度。盛度经过深入调查研究，上书仁宗，指出允许民间经营盐业的五大好处："方禁商时，伐木造船辇运，兵民不胜疲劳，今去其弊，一利也；陆运既差帖头，又役车户，贫人惧役，连岁逋逃，今悉罢之，二利也；船运有沉溺之患，纲吏侵盗，杂以泥沙硝石，其味苦恶，疾生重腿，今皆得食真盐，三利也；钱币，国之货泉。欲使通流，富家多藏锱不出，民用宜蹙，今岁得商人出缗钱六十余万助经费，四利也；岁减监官、兵卒、畦夫佣作之给，五利也。"盛度上奏后，当年十月，仁宗下诏"罢三京、二十八州军榷法，听商贾入钱若金银京师榷货务，受盐两池"。盛度的盐法改革，核心是让商人进入流通环节，允许商人将钱财或者刍粟运缴京师或者边地，然后在官府指定的地区取盐销售。这种办法虽然不是完全意义上的放开食盐市场，但是从根本上改变了政府对食盐的垄断和专卖，利用民间资本，减轻政府压力，促进了食盐的流通，方便了百姓生活。

盛度为官十分清廉。宋人笔记小说《青箱杂记》中记载,盛度当翰林学士的时候,有个叫孙忭的下属应试官职,跑去给盛度送礼,结果盛度大怒,说:"凡送礼的人都是走歪门邪道。"再三呵责,吓得孙忭惶然失措而退。但考试结束后,盛度见孙忭的文章确实不错,就将其选为三等上,没有埋没人才,由此可见盛度的气度和公允。

不过,出生在杭州的盛度,也有着南方人的精明,喜欢在肚子里做文章。《宋史》说他"性格猜险,虽平居同僚不敢易语"。这个评价是有事实依据的。仁宗的时候,王曾与吕夷简同为宰相,盛度和宋绶、蔡齐同为参知政事,王曾与蔡齐要好,吕夷简和宋绶走得近,唯独盛度和这四个人都很疏远。因为政见不合,王曾和吕夷简都提出辞职,仁宗问盛度何人可以接替他们担任宰相。盛度知道仁宗最忌官员结党,就说:"二人腹心之事,臣亦不能知,但陛下各询以谁可为代者,即其情可察矣。"意思就是说,这两个人心中的事情我也不知道,陛下分开问问他们就知道了。于是,仁宗问王曾,王曾举荐了蔡齐。仁宗又问吕夷简,吕夷简却推荐了宋绶。结果,仁宗大怒,四个人都被贬黜,只留下盛度一人,盛度也终于爬到枢密使的高位。由此可见,说他"猜险"确实不假。

史书上留下的盛度的故事很多,《梦溪笔谈》中记载了有关盛度的很多趣事。盛度曾经负责撰写节神道碑,石参政问:"谁撰?"盛度回答说:"度撰。"结果弄得满堂哄笑。盛度十分肥胖,"丰肌大腹",坐在马上,从前面看好像是在趴着,从后面看又像是在仰着。丁谓十分消瘦,"面如刻削",他和盛度两个人都是南方人。梅询喜欢熏香,每天上朝前都要焚两炉香,罩在衣服里,捏着袖子上朝,等到了朝堂后再把衣服慢慢展开,满室生香。而当时有个叫窦元宾的人,是名家之子,时任翰林院馆职,这个人非常不修边幅,和王安石有一拼,衣服常常满是污垢,很长时间都不洗澡,所以当时的人就叫:"盛肥丁瘦,梅香窦臭。"像这样的故事还有很多,笔者不一一赘述。

盛度非常好学,家里藏有许多书籍,每当公事闲暇,就会埋头读书,可以说是手不释卷。这种好学之风和当时的社会氛围有着直接的关系。从赵匡胤开始,就一直提倡文武大臣多读书,到了仁宗赵祯的

时候，特意下诏建造了两座宫殿专门用于皇帝的讲经设筵，一座叫迩英阁，另一座叫延义阁。第一次在延义阁开讲时，讲课的老师就是盛度，开讲的内容是《旧唐书》，可见盛度在当时的名气之大。

读书人往往都善于写文章，盛度也同样如此，史书说他"敏于为文"，曾奉诏与李宗谔等一起编撰《续通典》《文苑英华》。他还收集了皇帝文书和群臣奏章，编著成《愚谷集》《银台集》《中书集》《枢中集》《中书制集》《翰林制集》《沿韦制置敕》《庸调租赋》等。这样清正廉洁而又好读书、善作文的人到苏州任知州，对苏州的官场风气向好和文化发展起到了积极的推动作用。

盛度离开苏州后，黄宗旦于天圣七年（1029）出任苏州知州。

黄宗旦是福建惠安县人，少有神童之称。黄宗旦出身于簪缨之家，从小禀赋异常，很小的时候就能文善诗。太平兴国四年（979）早春，七岁的黄宗旦和邻居的孩子在村前葆光池边玩耍，他的祖父黄禹锡命他以"早春"为题，赋诗一首。黄宗旦略加思考，随即就口诵一首诗："一望晴川碧水开，葆光池上暖初回。就中喜有龙门客，跃出洪波只待雷。"黄禹锡听了大奇，听到的人也觉得非常了不起。因此，黄宗旦幼年便有神童的美誉。

黄宗旦幼年学习十分刻苦，等学有所成后，就拿着自己的文章上京给寇准、王禹偁等名流看，受到这些人的器重。黄宗旦本来在淳化初考中进士，因为同场的一个考生抄袭了他的文章而得第，虽然这名考生后来被除名了，但是黄宗旦也因此不得入选。淳化末，黄宗旦再次拿着自己的文章晋见寇准，很受寇准的器重，欧阳修也非常欣赏他，称他为"闽中文士"。真宗咸平元年（998），黄宗旦再次参加科举，考中甲科第二名进士，和他同榜的第三名也是惠安人，叫李庆孙，两人文章齐名，被誉为"国朝才子黄宗旦，天下文章李庆孙"。

黄宗旦不仅学富五车，以神童、才子著称于世，而且善于察士举贤，提携后进。同科进士王元之、钱若水都视他为严师。黄宗旦在苏州担任知州的时候，对苏州的士绅非常尊重，礼遇有加，而且勇于改正自己的过错。当时，苏州有一个年轻的官员，名字叫王质，担任苏州通判。这个王质估计是那种比较较真的年轻人，在断案的时候经常和黄宗旦发生争执。开始的时候，黄宗旦认为王质年少轻狂，就想把他调走。有一次，黄宗旦审讯一百多名盗铸铜钱的人，经过审讯后准备给这些人定罪，并且在王质面前炫耀自己断案如神，王质问他："你怎么知道他们盗铸铜钱了？"黄宗旦说："我以均由之术引诱他们供认致罪。"王质反问他："用权术诱人认罪将其置之死地，还感到高兴。仁人处理政事，都是这样的吗？"王质的反问让黄宗旦不知道如何回答，他感觉很是羞愧，就对王质说："你才是真正的君子啊！"此后，他在处理公务时更加谦虚谨慎了，在苏州期间为百姓做了不少好事实事。

在苏州不到一年时间，黄宗旦便回到京师。因为患有眼疾，所有的奏章他都是背诵烂熟再上朝奏读。有一次，同班有人愚弄他，暗中把他的奏章给换掉了，但他依然能背诵出自己的奏本，到家后才发现奏章被人家调包了。所以他力请告老还乡，但是皇上没有批准，而是让他以刑部郎中的官衔出任襄州（今湖北襄阳）知州。在襄州任上，黄宗旦公正廉洁，爱民如子，当地百姓也仰之如父母。黄宗旦离任的时候，缙绅庶民夹道欢送数里，并勒石曰："皇宋御极，斯文开先。星宿孕精，幸降大贤。维贤之才，徽懿童年，魁于天下，其锋孰前。士之望也，华在地而斗在天；国之信也，若闵之中而率雍之然。譬彼明珠兮，则藏媚于渊；譬彼凤兮，则出世安全；勒公之名于石兮，在兹北山之巅；视公之德不朽兮，有如此之坚。"可见当地百姓对他的爱戴程度。

值得一提的是，黄宗旦的儿子黄尧允后来也到襄州当过知州，父子相继在一个地方担任牧守，成为乡里的一段佳话。

黄宗旦在担任苏州知州不到一年后就离开了，王禹偁接任苏州知州。

王禹偁是赵州临城人（今河北临城），七岁丧父。王禹偁这人长得非常帅。他中进士后被授予婺州（今浙江金华）观察推官，等他从婺州回到京城后，宋真宗就特任命他为秘书省著作郎、祁县知县。随后他又任湖州通判，没多久再迁太常博士，提点梓州路刑狱，权三司户部判官，以尚书度支员外郎兼侍御史知杂事，提拔速度很快。在尚书侍御史任上曾上疏："方调兵塞决河，而近郡灾歉，民力凋敝，请罢土木之

不急者。"可见王曙是一个心系百姓疾苦的官员。后来又被改任三司户部副使。当时，枢密使曹利用因为其他事情获罪，王曙和曹利用是同乡，平时受到曹利用不少关照，因为这件事情，王曙也失去了宠信，被任命为湖州知州，然后又被改任苏州知州，在苏州待了两年后回到京师担任三司盐铁副使。

当时，龙图阁待制马季良专权，提出京师的商人常常以低价交易茶盐引（买卖茶盐的凭证），建议官府把茶盐引收上来统一买卖。马季良是章献皇后的亲家，没有人敢忤逆他的意见，唯独王曙认为不可，上疏朝廷说："与民竞利，岂国体耶！"这件事情之后，王曙被提拔为天章阁待制，判大理寺，提举在京诸司库务，后又担任淮南安抚使，权判吏部流内铨，迁刑部。

当时，益、利路出现大旱，朝廷任命王曙为安抚使，以左司郎中、枢密直学士的身份兼任益州知州。王曙到任后，出现戍卒夜里焚烧营寨、屠杀军马、胁迫军校作乱的情况，王曙派遣士兵悄悄地把军营给围了起来，下令说："不乱者敛手出门，无所问。"意思就是说，不想作乱的人就举起手走出门，将不予追究责任。于是，这些士兵全部出来了。王曙命令军校指认作乱的人，结果收捕了十几个，把这十几个人全部给杀掉了。等到天亮的时候，没有人知道这件事情，一场哗变就这么悄无声息地被平息了。王曙为政比较宽容，不苛责下属和民众，所以四川的老百姓都非常爱戴他。

从四川回京后，王曙官拜右谏议大夫、同知枢密院事，相当于副宰相，进入副国级。景祐五年（1038），被任命为参知政事。第二年，又升迁为工部侍郎，知枢密院事。

天圣中，王曙曾经出使河北，路过真定的时候见到了曹玮（北宋名将，家在真定）。曹玮对王曙说："君异日当柄用，愿留意边防。"王曙问："何以教之？"曹玮说："吾闻赵德明尝使人以马榷易汉物，不如意，欲杀之。少子元昊方十余岁，谏曰：'我戎人，本从事鞍马，而以资邻国易不急之物，已非策，又从而斩之，失众心矣。'德明从之。吾尝使人觇元昊，状貌异常，他日必为边患。"王曙听了不以为然，没有当回事，等到他再次进入枢密院的时候，李元昊果然造反，仁宗多次问起边事，但是王鬷回答不上来，等到西征失利，"议刺乡兵"，又很久不能决断，终于惹怒了仁宗皇帝。仁宗一天之内把王鬷、陈执中、张观的职务全给罢免了，让王鬷到河南府担任知府。这个时候王鬷才感叹曹玮的远见卓识。没多久，王鬷得暴疾去世，死后被赠户部尚书，谥忠穆。

王鬷离开苏州后，陆东接任苏州知州。

《宋史》没有陆东的传记，王鏊《姑苏志》说他"通判苏州权管州事"。也就是说他并没有当过苏州知州，只是因为知州暂缺，他以通判的身份暂时管理州务。关于陆东的资料很少，不过，陆东在苏州任职的时候留下了一个在犯人脸上打草稿的故事，倒是非常有趣。

陆东在苏州的时候，有一次断案，判一个犯人流放。按照宋朝的刑罚，流放的犯人是要在脸上刺字的，这个在《水浒传》中说得很明白。陆东让人在犯人的脸上刺上"特刺配某州牢城"几个字，等刺完了，一个幕僚对陆东说："大人，这个不对啊，不能用'特'字。但凡用这个字的都是罪不至此因朝廷一时的旨意而这么判，但是这个犯人罪应发配，不能用这个字的。"陆东一听确实有道理，就赶紧叫人把犯人拉回来，把"特刺"二字画掉，改成"准条"，重新刺字。这件事情在当时广为流传，成为一时笑柄。后来有人向上级举荐陆东，说这个人很有才干，应该得到提拔。结果上面的人说："这个人啊，我知道的，不就是在犯人脸上打草稿的那个家伙吗？"至于是否提拔了陆东，就不得而知了，史书没有记载。

陆东在苏州只是临时负责，所以，一年后朝廷就派朱巽到苏州担任知州。

朱巽是扬州天长（今安徽天长）人，在苏州任职不到一年时间。关于朱巽的生平和仕途情况史书上没有专门的介绍，《东都事略》一百一十七卷虽有《朱巽传》，但是整个传记都是关于他儿子朱寿昌的介绍，只在开头的部分提了一句："朱寿昌，字康叔，扬州天长人也，父巽，真宗时为工部侍郎。"然后就是介绍朱寿昌的任职经历和如何孝敬母亲的事迹。所以，对朱巽在苏州任上的所作所为无法做出详述。朱巽儿子朱寿昌的故事倒是十分感人，值得在这里介绍一下。

朱寿昌的母亲刘氏是朱巽的小妾，朱寿昌幼年的时候，朱巽把这个小妾给遗弃了，只带着儿子在身边，从此，朱寿昌母子分离。朱寿昌长大后，荫袭父亲朱巽的功名出来做官，先后做过将作监主簿、荆南通判、陕州通判、岳州知州、阆州知州等职，却一直未能和母亲团聚，他时时思念自己的母亲，以至于"饮食罕御酒肉，言辄流涕"。

母子分离后的五十多年时间，朱寿昌四处打听母亲的下落，但母亲一直杳无音信。为了表示自己的诚心，朱寿昌天天烧香拜佛，并依照佛法，灼背烧顶，以示虔诚。熙宁初，朱寿昌听说自己的母亲流落陕西一带，已经嫁与农民为妻，又刺血书写《金刚经》，并辞去官职，告别家人，千里迢迢到陕西一带寻找母亲。离开家的时候对家人说："不见母，吾不返矣。"也许是朱寿昌的这份孝心感动了天地，朱寿昌终于在同州（今陕西渭南大荔）找到了自己的生母。母子团聚，其喜何极！当年母子分离的时候，朱寿昌还在幼年，五十多年后母子重逢，母亲已是七十多岁的老婆婆了，而朱寿昌自己也已年过半百，这样的年纪能够重逢，他当时的心情可想而知。

朱寿昌的母亲被朱巽抛弃后，又改嫁党氏，而且生了子女数人。朱寿昌没有嫌弃这些同母异父的弟弟妹妹，而是连同母亲一起把他们全部接到家中供养。这件事情感动了很多人，有人将朱寿昌弃官寻母的事情上奏给了宋神宗，宋神宗听说后令朱寿昌官复原职。这件事情一时传为佳话，名公巨卿纷纷撰文赞美其事。苏轼写诗赞叹道：

嗟君七岁知念母，怜君壮大心愈苦。
羡君临老得相逢，喜极无言泪如雨。
不羡白衣作三公，不爱白日升青天。
爱君五十著彩衣，儿啼却得偿当年。
烹龙为炙玉为酒，鹤发初生千万寿。
金花诏书锦作囊，白藤肩舆帘蹙绣。
感君离合我酸辛，此事今无古或闻。
长陵阇来见大姊，仲孺岂意逢将军。
开皇苦桃空记面，建中天子终不见。

西河郡守谁复讥，颖谷封人羞自荐。

这首诗的题目叫《朱寿昌郎中少不知母所在刺血写经求之五十年去岁得之蜀中以诗贺之》，题目有点长，却把祝贺之意全部表达了出来。

王安石也写了一首名字叫《送河中通判朱郎中迎母东归》的诗表示祝贺：

彩衣东笑上归船，莱氏欢娱在晚年。
嗟我白头生意尽，看君今日更凄然。

帝国需要这样的典型引导社会风气，加上这些大咖的"广告"，朱寿昌弃官千里寻母的故事从此传遍天下，朱寿昌孝子之名闻名遐迩，传颂至今。

据史料记载，朱寿昌的确是个人才，也是个好官。岳州是著名的湖区，水盗特别多，成为危害一方的一大隐患。在岳州当知州的时候，为了缉捕水盗，朱寿昌对民船全部进行实名登记，并在每条船上刻上名字，规定民船出入必须报告去向。如果这些民船被水盗抢劫了，只要检查这些民船的去向，就可以很快找到线索抓捕水盗，因此，当地水盗大大减少，治安状况明显好转。朱寿昌在阆州担任知州的时候，有个叫雍子良的人，多次杀人，却多次逃避了惩罚。后来有一次这个家伙又杀了人，他用非常优厚的条件找人顶包，被朱寿昌给识破了，朱寿昌对顶包的人说："听说雍子良给你十万贯钱，答应娶你女儿做雍家儿媳妇，招你儿子为女婿，然后让你来顶罪，有这个事情吗？"顶罪的人听了朱寿昌的话，面部表情出现变化，朱寿昌观察到这一情况，就继续说："你死了之后，雍子良如果把你女儿降为奴婢，也不让你儿子做女婿，怎么办？"顶罪的人听了后想想确实有可能，就对朱寿昌说了实话，雍子良最终受到了应有的惩罚。

也许是朱寿昌的事迹太过感人，所以后世史家都把注意力和笔墨用在了朱寿昌的身上，关于其父朱巽的生平事迹反而鲜被提及。不过，抛弃小妾的事情也确实让朱巽的名声受到影响，不给其立传也在情理之中，只是给后学者研究历史增加了难度。

朱巽离任后，崔轲接任苏州知州。然而，崔轲的生平史书无一记载，只有王鏊《姑苏志》留下一句话，说他于明道元年（1032）以尚书职方员外郎的身份到任苏州知州，明道二年（1033）改任广西转运使，在苏州只有几个月的时间。崔轲离任后，叶参第二次担任苏州知州，但是也仅有一年时间。接下来就是苏州的大才子、著名的政治家范仲淹出任苏州知州，从此，苏州迈入一个新的发展阶段。

第十章 文教渐摩

——官方办学的兴起

（范仲淹治苏）

　　经过宋朝几位皇帝的重视和历任牧守的不断努力，苏州的经济得到不断发展，"四野无旷土，随意高下悉为田，人无贵贱，往往皆有常产"（范成大《吴郡志》）。随着经济的发展和人民生活水平的不断提升，士风也在不断发生变化，崇文重教之风开始兴起。

　　吴地自古尚武，吴国在七百多年历史中，一直都是在征战中不断走向强大的。从泰伯奔吴"从之者千余家"，到吴王夫差争霸中原成为春秋五霸之一，吴国从偏居一隅的蛮夷小国，成为春秋霸主，靠的就是武力。然而，从勾践灭吴开始，苏州一度沉寂了三百多年，一直到汉朝，苏州才再次进入人们的视野。项羽率领江东父老驰骋中原，虽然最终为刘邦所灭，但是其英名永留史册；孙策、孙坚据有江东，最终成就一番霸业，苏州的英武之气再次让天下人侧目。然而，正是从汉朝开始，苏州进入了漫长的嬗变。

　　从西汉到唐宋的一千多年时间，苏州的文化发生了根本性的变化，尚武之风日减，而崇文之风日兴。这种转变主要来自三个方面的原因：一是经济发展的必然结果。自秦统一六国一直到唐宋,南方基本上保持稳定,但是北方战乱不断,不管是黄巾起义还是三国争雄,不论是安史之乱还是五胡闹中原,战争的地点基本上都在长江以北,虽然南方也时有波及,但是并没有造成根本性的破坏。稳定的环境一方面促进了经济的持续发展,另一方面也为战乱地区百姓逃难提供了场所。三次人口的南迁和经济的持续发展,导致人们的生活方式、价值观念、思维方式发生了根本性的变化,黜武尚文之风渐起,"川泽沃衍,有海陆之饶、珍异所聚,故商贾并凑。其人君子尚礼,庸庶敦庞,故风俗澄清,而道教隆洽,其风气所尚也"(《隋书·地理志下》)。二是"文化士族"的大量涌现。由于北方士民的大量南迁、经济的快速发展和教化政策的实施,自东汉开始,南方士族迅速壮大。这些士族既是官宦豪族,亦是文化名门,奉儒学为正统,讲究经学致用,对士林和百姓具有巨大的影响作用和示范效应,影响整个文化的走向。三是士族心态的逐渐变化。越灭吴之后,江南士族即被视为"亡国之余"(《晋书·周处传》),在政治权益和社会门第上受到北方士族的严厉钳制,这种局面虽然在永嘉南渡之后稍有改变,但是南北士族之间的矛盾一直没有消除,南方士族在多次抗争失败后,不得不另觅它路,选择了"朝隐",知足淡泊的"不竞"之风逐渐滋生蔓延,温文尔雅成为南方士族新的价值取向。

虽然士风在不断变化,在宋朝的前几十年里,文教之风却并没有完全形成,一直到范仲淹出任苏州知州、兴办州学开始,苏州的崇文重教之风才渐渐兴起,为两宋苏州的全面繁荣和明清苏州达到鼎盛奠定了基础。范成大在《吴郡志》上说,"本朝文教渐摩之久",才有后来的"吴下全盛时,衣冠所聚,士风笃厚"。

范仲淹的事迹太多、名气太大、影响太远,所以,对他的研究也甚深、甚广、甚丰。笔者没有能力对其进行全面评价和深入研究,只想对其生平和其对苏州的主要贡献及三起三落之事做些介绍,在于让读者了解范仲淹的主要事迹和历史贡献,尤其是其对苏州文化繁荣所做的基础性、奠基性工作。

范仲淹(989—1052)出身于官宦之家,他的祖父范赞出仕吴越国，做到了秘书监的位置。他的父亲范墉随钱弘俶一同归宋，然后到各地做官。范仲淹两岁的时候父亲去世，家里一下子就陷入贫困无依的境地。没办法，范仲淹的母亲只好带着他一起改嫁淄州长山（今山东淄博）一个姓朱的男人，范仲淹也改姓朱。幼年的时候，范仲淹到长白山僧舍苦修，后来又到南京（今商丘）应天书院读书，从小就通读六经。二十七岁的时候，范仲淹考中进士，而且被礼部选为第一。开始的时候，范仲淹任广德军司理参军，就把母亲接回苏州供养，并在苏州会见了一众亲戚。天禧元年（1017），范仲淹出任亳州节度推官，奏请真宗皇帝批准，改回原来的范姓。天禧二年（1018），转任谯郡（今亳州）从事。第二年回到京城，任校书郎。天禧五年（1021），负责监泰州西溪盐仓。

仁宗继位后，范仲淹于天圣元年（1023）在西溪上疏，要求对寇准被诬蔑的事情进行平反。当时，刘太后垂帘听政，并不愿意使好不容易从丁谓手中夺回来的权力旁落，所以并没有及时召寇准回京。同年，范仲淹出任兴化县令。当时，后来担任宰相的富弼正值弱冠，跑来拜谒范仲淹。范仲淹见到富弼后，觉得这个小伙子目光远大，就加以勉励，后来二人成为庆历新政的主力军。天圣二年（1024），范仲淹回京任大理寺丞。天圣三年（1025），范仲淹上疏皇帝，要求纠正文风之弊，恢复武举，重视三馆之选，奖赏敢于直谏的官员，改革扩大恩荫范围的"延赏"制度等，深得皇上赏识。但是由于恩荫制度由来已久，这项建议无疑会触及权贵的利益，是很难实行的。所以建议虽好，仁宗也只能搁置不用。

天圣四年（1026），由范仲淹领头倡议，泰州知州张纶发起通、泰、楚、海四州百姓修筑捍海堰。大堤修成后，给当地百姓带来了很大的好处，被百姓称为"范公堤"，"州人感之，为立生祠"。天圣五年（1027），因母亲去世，范仲淹丁忧在家，居住在南京应天府（今河南商丘）。丁忧期间，范仲淹掌管府学，"训督学者，皆有法度，勤劳恭谨，以身先之，由是四方从学者辐辏"。这一年，范仲淹还提交了《上执政书》，要求择郡守，斥游惰，去冗僭，谨选举，敦教育，养将材，保直臣，使朝廷无过，生灵无怨。天圣六年（1028），再次上疏议论朝廷得失。这说明范仲淹虽然丁忧在家，但是一直心系朝廷、心怀天下，不然也不会写出"先天下之忧而忧，后天下之乐而乐"的名言了。

天圣六年（1028）十二月，范仲淹守孝期满，除服后担任秘阁校理。第二年，上疏请刘太后还政于帝，但是并没有被采纳，仁宗一直到刘太后去世后才亲政。这件事之后，范仲淹被任命为河中府通判。天圣八年（1030），范仲淹上疏建议罢去宫观建设，减少木料之类的使用数量，免除积累下来的负担，以彰显皇上的圣恩。同年四月，范仲淹回京城担任殿中丞。六月，上疏建议减少郡邑的数量，以平衡各地的差役。天圣九年（1031），改任太常博士，迁任陈州（今河南淮阳）通判。

明道二年（1033），范仲淹被召回京师，任右司谏、管勾国子监。八月，因为江淮地区发生水灾，范仲淹受命安抚江淮。每到一个地方，范仲淹就打开粮仓，赈济百姓，同时，禁止淫祀之风，还上疏要求免除庐（今合肥）舒（今舒州）折役茶、江东丁口盐钱，全部得到了仁宗的批准和赞许。景祐元年（1034），范仲淹担任睦州（今桐庐）知州，兴建严先生祠堂，褒扬东汉隐居名士严光，并写下了著名的《萧洒桐庐郡十绝》，"萧洒桐庐"从此名扬天下，至今这四个字仍然是桐庐最知名的宣传语。

景祐二年（1035）六月，范仲淹出任苏州知州。在苏州任上开立州学，兴修水利，做了很多事情。第二年，范仲淹被提拔为吏部员外郎，权知开封府，在开封决事如神，京城秩序焕然一新。景祐三年（1036），范仲淹因为直言，被贬为饶州（今江西鄱阳）知州，兴建郡学。宝元元年（1038），改任润州（今江苏镇江）知州。同年十一月，转任越州（今浙江绍兴）知州。康定元年（1040），范仲淹任天章阁待制，知永兴军（驻地在今西安），还没到任，就被改任为陕西都转运使。上任后，范仲淹上疏提出守边、充实关中的对策，建筑青涧城，恢复承平、永平已经荒废的营寨。庆历元年（1041），宋朝与西夏之间发生战争，范仲淹坚守城池，不轻易出兵。四月，范仲淹以陕西经略副使的身份兼任延州知州，迁任耀州（今陕西铜川）知州，再转庆州

（今甘肃庆阳）知州，修筑大顺城，击退了西夏李元昊的侵犯。庆历二年（1042），范仲淹与韩琦等分别领陕西四路都部署，经略安抚与沿边招讨使，采取积极防御的政策，与李元昊进行了多次对决。范仲淹在边关经营三年，训练士卒，构筑工事，恩信大洽。当时军队中有"军中有一范，'西贼'闻之惊破胆"之语。

庆历三年（1043）八月，范仲淹任参知政事，上疏提出改革方案，史称庆历新政，但是因为遭到大官僚、大地主的强烈反对，庆历新政最终破产。范仲淹、富弼等改革派只好请求外派地方任职，庆历五年（1045），范仲淹以参知政事、资政殿学士的身份出任邠州（今陕西彬州）知州。同年，要求罢去参知政事，专任邠州知州。十一月，转任给事中、邓州知州，受滕子京之托，写《岳阳楼记》。庆历八年（1048），皇上下诏要他到荆南府任知府，但是邓州百姓强烈要求他留任，仁宗只好同意他留任一年。皇祐元年（1049），转任杭州知州，设置范氏义庄。第二年，吴中出现饥荒，范仲淹开仓济民，留下万世美谈。皇祐三年（1051），以户部侍郎的身份出任青州（今山东半岛中部）知州，充任淄、潍等州安抚使，设法减轻青州农民运送粮食之苦，青州百姓十分感激，为他立像祠。皇祐四年（1052），转任颍州（今安徽阜阳）知州，走到徐州的时候，病逝在了路上。死后赠兵部尚书，谥文正，葬在河南洛阳万安山下。

回顾范仲淹的一生，他可以称得上是一个伟大的政治家、军事家、教育家和文学家，是万世之楷模，也是苏州人一直以来的骄傲。

范仲淹在苏州任职仅有一年时间，却做了许多的好事、实事，其中最主要的是两个方面：一是兴修水利，二是兴办学校。在治水方面，范仲淹采取修围、浚渠、置闸三管齐下的办法，妥善处理了蓄水与排水、挡潮与排涝、治水与治田的矛盾，保障了人民的安全、生产的稳定，为苏州经济的长期繁荣做出了自己的贡献。这方面研究的材料很多，不做详细介绍。

相对于兴修水利而言，范仲淹兴办学校对苏州的影响更大、更远，也更带有根本性。在范仲淹之前，苏州地方官员也有办学的零星记载，但都是昙花一现，不能持久。从范仲淹开始，苏州办学才走上正规化的道路。范仲淹刚到苏州，便应苏州人朱公绰（朱长文的父亲）等人的请求，张罗兴办州学。苏州本就是范仲淹的老家，他对苏州有着特殊的感情，兴办州学本就是他的心愿，何况还有当地的乡绅提出要求，这正合范仲淹的心意。所以，范仲淹就向朝廷打了一个报告，请求在苏州兴办州学，得到了朝廷的批准，"诏苏州立学，仍给田五顷"作学校经费之用。

范仲淹本就有着丰富的办学和教书经历。天圣五年（1027），范仲淹为母服丧，居住在南京应天府（今河南商丘），被时任应天府守的晏殊聘为府学主管。因此，从天圣五年（1027）到天圣六年（1028）的守丧期间，范仲淹一直在应天学院做管理工作。这段经历让他初步积累了办学经验。还有资料说早在宋真宗大中祥符八年（1015）到天禧元年（1017），范仲淹在广德任广德军司理参军的时候，就兴办地方教育，聘请了三位名士作为老师，使当地读书风气越来越盛，不断有人考中进士。但对此笔者有点怀疑：范仲淹当时是初次任职，而且是负责刑狱诉讼的，并不负责当地教育，应该没有这个能力兴办学校，最多也是协助地方官办过教育。他之后在饶州、润州、越州都有办学的事迹，但都是在苏州任职以后。

苏州兴办州学的提议得到朝廷批准后，地点成了问题。当时，范仲淹在南园买了一块地，准备安家。一位风水先生说："先是公得南园之地，既卜筑而将居下焉。阴阳家谓必踵生公卿。"范仲淹听后说："吾家有其贵，孰若天下之士咸教育于此，贵将无已焉。"意思就是说，我在这里安了家，只我一家富贵，不如在此建个学舍，让吴中子弟都来受教育，大家都富贵。于是，他在这块地上建起了一座规模宏大的州学，请胡瑗"首当师席"，著名学者纷纷来苏讲学。因为州学刚刚开办，学生只有二十人，范仲淹就让自己的儿子范纯佑、范纯仁带头到州学学习，以后慢慢人就多了起来。范家一直关注苏州州学的建设，元祐四年（1089），范仲淹的儿子范纯礼以兵部侍郎制置江淮六路漕运事，路过苏州的时候，发现州学斋室不庇风雨，讲习没有地方，就上奏朝廷建议进行重修，宋哲宗下诏以度牒十纸充作费用。当年的州学就是现在的江苏省苏州中学，在约一千年的时间里，一直教书育人，为国家培养了一代代人才。对此，范仲淹的首创之功不可遗忘，而后世的传承接续也很令人感动。正是因为范仲淹在苏州兴办州学，苏州的教育才从此走向正规，苏州的文教事业也从此步入大发展的阶段，这为苏州日后的文教兴盛、人才辈出奠定了坚实的基础。

范仲淹为政的一项重要经历就是推进庆历新政，而在这次改革以前，范仲淹已历经多次沉浮。

范仲淹在丁忧期间于天圣五年（1027）写了一道奏章，名字叫《上执政书》，要求改革朝政。第二年，他又上疏议论朝廷得失，这使垂帘听政的刘太后很是不爽。然而，令人没想到的是，范仲淹守孝期满回到朝廷不久，又提出来要求刘太后还政于仁宗，终于惹怒了刘太后，被贬到河中府任通判。这是范仲淹第一次被贬。

明道二年（1033），刘太后死后，范仲淹被召回京城，出任右司谏，管勾国子监。亲政后的仁宗皇帝闹出了废后的事情，范仲淹等朝中大臣纷纷谏诤，仁宗恼怒之下把参与反对废后的大臣纷纷外贬，范仲淹被贬到睦州（今浙江桐庐）担任知州，一直到第二年才被召回京城，出任吏部员外郎，权知开封府。

两次被贬的范仲淹并没有"接受教训"，在开封府干得好好的，政绩也非常出色，却悄悄地对每个官员的升迁进行了调查统计，绘制成了《百官图》，于景祐三年（1036）郑重其事地呈送给仁宗，并对仁宗说："臣用了大半年的时间调查绘制了这幅《百官图》，从中可以看出有些官员的升迁不合乎程序。"仁宗问："爱卿到底想说什么？"范仲淹说："陛下身为天子，不觉得奇怪吗？您都亲政四年了，但是随意提拔、滥用官员的现象仍然在发生，您赋予宰相的权力太大了。"仁宗这才明白范仲淹的意思，安慰范仲淹说："两年前你因为郭后的事情被贬，和吕夷简之间的疙瘩还没解开啊。"范仲淹说："这不是我和宰相之间的私人恩怨，臣的所作所为都是为了国家！"吕夷简担任宰相已经十五年了，虽然有一些瑕疵，但是总体上是不错的，仁宗心里也非常清楚，所以不愿意在这个问题上纠缠，也不愿意轻易去得罪吕夷简，就对范仲淹说："这只是你的一面之词，我要听听吕夷简怎么说。这样吧，明天在朝堂上你和吕夷简进行质辩，让大臣们一起评评理吧。"

第二天上朝后,范仲淹拿着《百官图》质问吕夷简,说他任人唯亲、结党营私,吕夷简为自己辩解说:"人非圣贤孰能无过?我任用的官员太多了,真正有操守的官员很难找到。"范仲淹说:"有操守的人多了,像你这样的奸佞之人,有操守的人不愿意与你为伍罢了。"吕夷简指责范仲淹"越职行事,荐引朋党,离间君臣"。辩论结束后,仁宗让大臣们选边站队,结果可想而知,除了富弼、欧阳修、尹洙等范仲淹年轻的追随者外,其他人全部站到了吕夷简一边。

输掉辩论的范仲淹再次被贬到饶州(今江西鄱阳)担任知州,御史大夫韩渎痛心疾首地说:"范知府啊范知府,你怎么就不接受教训呢?第一次你因为进谏章献皇后还政被贬,第二次你因为诤谏郭皇后被废一事被贬,真是太年轻了啊!"仁宗和吕夷简听了不是滋味,吕夷简赶忙接过话头说:"仲淹迂阔,务名无实。"意思是说范仲淹过于看重自己的名声,而为人行事却不切实际。

范仲淹虽然被贬,却无损他的声誉,反而拥护他的人越来越多。欧阳修给知谏院高若讷写了一封信,指责高若讷作为谏官,不敢在朝堂上声援范仲淹,实在是君子之贼。在一封题为《与高司谏书》的信中,欧阳修毫不畏惧地说:"我就是范仲淹的朋党,你拿着信去告我吧。让天下人都知道,谏官也是驱逐范仲淹的帮凶。"结果,如欧阳修所愿,他也被贬到夷陵县担任县令去了。范仲淹到饶州后,朋友们纷纷来信表示同情,范仲淹写了一首诗表明自己的心迹:"心焉介如石,可裂不可夺。"

到了宝元三年(1040),因为西北战事吃紧,担任陕西安抚使的韩琦向仁宗推荐了范仲淹,仁宗知道范仲淹和吕夷简之间的矛盾,犹豫再三无法决断,征求吕夷简的意见,吕夷简说:"范仲淹是贤能之人,不能仅仅恢复旧职,一定要重用。"于是,范仲淹被任命为陕西都转运使。仁宗想化解范仲淹和吕夷简之间的矛盾,就对范仲淹说:"你这次起用,宰相没少为你说话。吕宰相长你十多岁,你应该主动冰释前嫌。"范仲淹回答说:"我和吕宰相之间争论的是国事,没有个人恩怨。"嘴上虽然这么说,但是范仲淹的心里还是感激吕夷简的,所以临行前给吕夷简写了一封信,讲了唐朝郭子仪和李光弼之间的故事。当年，郭子仪和李光弼之间矛盾很大，互不理睬，但当安禄山造反的时候，二人握手言和。意思是把自己比作李光弼，把吕夷简比作郭子仪，希望二人不要计较个人的矛盾。

到了庆历四年（1044），吕夷简已经致仕居住在郑州，而范仲淹也出任参知政事主持庆历新政，但是新政推行并不顺利，遭到了权贵们的激烈反对和犀利攻击，权贵们指责支持改革派的官员为"朋党"，夏竦（时任中书门下平章事，判大名府）还指使婢女学习石介的字体，篡改了石介给富弼的书信，信上说要废掉仁宗另立新君，夏还到处传播这样的谣言。当时，石介为新政打气，给富弼写了一封信，鼓励他们尽心辅助皇上，"行伊、周之事"。夏竦之前已经做了不少功课，搜集了很多石介的字让婢女练习，看到石介的这封信，大喜过望，马上让婢女在中间改了一个字，变成了"行伊、霍之事"，一字之改却有天壤之别。这是带有谋反性质的文书，虽然仁宗是支持和相信范仲淹他们的，但是，作为当事者，范仲淹和富弼有口难辩，也很难再把改革推进下去，"不能自安于朝廷"，唯一的办法就是逃离这个是非之地。时值辽、夏之间发生战争，为范仲淹离开朝廷提供了一个契机。

庆历四年（1044）五月初，辽决定讨伐西夏，遣使把这一决定告诉宋朝，并且派人到宋朝河东境内的宁化军（今山西宁武）、岢岚军（今山西岢岚）探测进攻西夏的进军道路。接到这一情况后，范仲淹提出辽、夏双方聚兵于河东路境外，万一双方联合南下，河东路将被攻占，并故意夸大事态的严重性，坚决要求亲自前往处理。没办法，仁宗只好同意了范仲淹的请求。六月下旬，范仲淹出任陕西、河东路宣抚使，路过郑州的时候，特意去看望吕夷简，并逗留数日，二人尽释前嫌。这时的范仲淹才认识到，也许吕夷简比自己更能适应这个社会，自己虽然正直，可以做到出污泥而不染，但是水清无鱼、钢硬易折，而吕夷简有着知人善任的能力和度量，有许多值得自己学习的地方。二人分别没多久，吕夷简就走完了自己的一生，范仲淹特地写了《祭吕相公文》以示哀悼："得公遗书，适在边土。就哭不逮，追想无穷。心存目断，千里悲风。"对吕夷简的敬重之情溢于言表。针对这次战争，富弼则强调辽军如果攻宋，必定会重点进攻河北路，要求前去练兵备战，也于八月份顺利离开了朝廷。两个人虽然仍然保留参知政事、枢密副使的官职，但是实际上已经不再参与朝政。

当年十月，宋夏之间达成议和协议。到了十一月，王拱辰、宋祁、张方平等借助一些小事攻击杜衍的女婿苏舜钦和其他一些改革派的官员（后文还将重点写），江休复、宋敏求等11人因此被降职或罢免，以致王拱辰宣称改革派被他一网打尽。庆历五年（1045）正月，仁宗认为天下已经太平，参知政事范仲淹、枢密副使富弼同日被罢，专心出任地方官，守旧派代表贾昌朝、陈执中接替杜衍、章得象出任宰相，这次史称庆历新政的改革最终以失败告终。庆历新政虽然失败了，但是改革的呼声并没有停止。范仲淹等人提出的改革方案，总体上符合时代潮流，有利于政权巩固和经济社会发展。这次改革为王安石变法奠定了基础，也提供了经验教训。

第十一章　向学日盛

——崇文重教传统的形成（上）

（陆若冲、李宋卿、蒋堂、柳植）

自范仲淹在苏州兴办州学开始，苏州的教育得以飞速发展，从此以后，苏州名人辈出，崇文重教的传统逐步形成。

接任范仲淹出任苏州知州的是陆若冲。关于陆若冲的资料基本上查不到，王鏊《姑苏志》说他于景祐二年（1035）八月从湖北转运使转任苏州知州，景祐四年（1037）五月以尚书工部郎中、直史馆兼任扬州知州。但是，作为副部级官员，《宋史》却没有传记，笔者有些奇怪，估计其政绩不是太突出。陆若冲是接任范仲淹的，范仲淹在任上做了很多实事，给后任者打下了很好的基础。所以，从一定意义上讲，陆知州是个坐享成果的人，在苏州就算没什么作为，也照样能够过着优哉游哉的生活。

陆若冲离任后，朝廷任命蒋堂担任苏州知州，蒋堂虽然五月份就被任命了，却一直到第二个月才到任，所以这段时间就由时任苏州通判的李宋卿暂时代理苏州知州一职（王鏊《姑苏志》："以通判权管勾州事。"）。李宋卿是福建龙溪人（今福建漳州、龙海），历任太子中舍、郑州通判、殿中丞等职。

《邵氏闻见录》记载："州监军病悲思，其子迎赫允治之,允告其子曰:法当甚悸即愈。时通守李宋卿御吏严甚,监军内所畏也。允与其子请于宋卿一造,问责其过失,监军惶怖汗出。"郝允是北宋博陵(今河北定县、蠡县一带)著名的医生。当时该州监军因忧愁思虑过度而病,家人延请郝允诊视,郝允诊断了病情后对他的儿子说:"要治疗你父亲的病,就得想办法促使他心中产生强烈的恐惧感才行。"该州当时主要官员李宋卿,为人十分严厉,监军素来畏惧他。了解这一情况后,郝允随病人的儿子一道前去请求李宋卿到监军家中去,责问他的过失。监军感觉祸事临头,极其惶恐,惊出一身冷汗,病因此而痊愈。从这段记载可以看出,李宋卿为人十分严厉,部下都十分惧怕他。这样的人在苏州担任通判而且还兼管了一段州务,应该对苏州的社会治理大有裨益。

另外,史书上留有李宋卿的诗文,能看出其意境高远,让人有一种身临其境的感觉,说明李宋卿有一定的文采。当时的苏州因为范仲淹兴办州学,兴学向文之风正在兴起,李宋卿这样一个有才华、严官风的人在此任通判并且兼管州务,对苏州的发展应当是有利的。只不过,代理知州一个月后,蒋堂到任苏州知州,李宋卿去职。

《宋史》评价蒋堂:"为人清修纯饬,遇事毅然不屈,贫而乐施。好学,工文辞,延誉晚进,至老不倦,尤嗜作诗,有《吴门集》二十卷。"这段话对蒋堂的评价可以说非常高,说他不仅人品好,而且性格坚毅,自己贫困却乐善好施,尤其喜欢奖掖后进学者,是一个道德文章俱佳,堪称官场、文坛楷模的人。

蒋堂是常州宜兴人(今无锡宜兴)。宋真宗时考中进士,被任命为楚州(今江苏淮安)团练推官(相当于现在的法院院长)。任满一年后被吏部召见问答,也就是考核其在任期间的情况。真宗对这些任满的地方官的考绩内容进行审阅时,认为蒋堂很不错,就特授其大理寺丞、临川知县。临川县有一个姓李的富人,做了很多不法的事情,但是以前的县令都没办法治他。蒋堂到任后对他进行警告和训诫,但是他仍然不思悔改。蒋堂上报州里,带着兵士去搜查他的家,结果搜出了很多僭越的器物,直接下令杀了他,临川从此上下肃然。

从临川离任后,蒋堂又先后到眉州(今四川眉山)、许州(今河南许昌)、吉州(今江西吉安)、楚州(今江苏淮安)担任通判,然后以太常博士的头衔出任泗州(今安徽泗县)知州。离开泗州后,蒋堂回到京城担任监察御史,刚好遇到宫中发生火灾,有司请求追究引起火灾的原因,牵连到许多宫人,皇上就交代把这些宫人交给有司处理。蒋堂对皇上说:"火起无迹,安知非天意也?陛下宜修德应变。有司乃欲归咎宫人,以之属吏,何求不可?而遂赐之死,是重天谴也。"意思就是说:大火燃烧起来之前并没有什么迹象,怎么知道不是天意呢?陛下应该修养德行以应对变化。有司竟然要归罪于宫人,把他们交给执法部门,以他们的手段,什么样的口供得不到呢?如果因此把他们赐死,这是加重天谴。皇上因此下诏宽宥了这些宫人。

当时,刚好遇到仁宗的皇后郭氏被废的事情,蒋堂也上疏议论,结果受到缴罚金的处罚。郭氏是宋仁宗的正宫皇后,却是刘太后所选。天圣二年(1024),宋仁宗刚即位的第二年,刘娥为刚刚十五岁的仁宗选定皇后。当时,已故左骁骑卫上将军张美的曾孙女张氏与郭氏一同进宫选秀,宋仁宗看上了张氏,但无奈刘太后非要选郭氏为后,仁宗虽然百般不愿意,但是胳膊拧不过大腿,最后也只好同意了。郭氏成为皇后之后,仗着刘太后为她撑腰,专权后宫,跋扈异常,甚至不把仁宗当回事,不允许他和其他嫔妃亲近。虽然宋仁宗非常恼怒,但是因为刘太后的原因,仁宗也无可奈何。

明道二年(1033),刘太后去世后,宋仁宗这才长长舒了一口气,从此把郭氏晾在了一边,转而宠爱杨德妃和尚充仪。被疏远和冷落的郭氏醋意大发,多次跑到杨德妃和尚充仪的宫里破口大骂。这天,仁宗来到尚充仪的寝宫,尚充仪便吹起了枕边风,数落郭皇后的种种不是,正好让赶过来的郭皇后听到了。作为后宫之主,郭皇后虽然不受皇上待见,但也不能容忍一个充仪在背后说三道四。郭皇后一怒之下一巴掌就向尚充仪甩了过去。后宫争宠十分正常,仁宗对此也早就习以为常,所以平时也都是当个和事佬,只要不过分也就睁只眼闭只眼。但是当着自己的面动手打人,这事就不能容忍了。看到郭氏要动手,仁宗赶忙起来阻拦,但是不巧的是,郭氏的巴掌正好打在了仁宗的脖子上,长指甲将仁宗的脖子划出几道血印,十分明显。仁宗龙颜大怒,决定废掉她。但是,古

往今来，皇后掌掴皇帝的事情还没有发生过，仁宗不知道该怎么处理，所以就把宰相吕夷简找了过来。正巧，吕夷简也和郭皇后之间有过节，正想找机会整治她。听说这件事情后，吕夷简就让谏官进言，自己在一边附和，建议仁宗废了郭皇后。

废后可是天下大事，尽管仁宗早就对郭氏不满，但是真要废后还是要谨慎的。当时，虽然吕夷简等人在一边煽风点火，但是范仲淹等人极力阻止，所以，仁宗一时也拿不定主意。不过，吕夷简好不容易逮到这样的机会，岂肯轻易放过？所以就不断游说宋仁宗。在吕夷简的操纵下，仁宗最后还是颁布了废后诏书。在废后的问题上，群臣争议很大，蒋堂就是反对者之一，所以受到了处罚。

虽然宋仁宗以强势的态度在废后问题上赢得了胜利，但是，在册立新皇后的事情上，仁宗还是未能如愿。废后不久，宋仁宗得了一场病，头晕眼花，眼歪口斜，四肢麻木，是典型的中风症状。于是，群臣纷纷上言，一口咬定是"色欲之症"，说皇上纵欲过度。朝廷内外为此沸沸扬扬，最后杨太后亲自出面，要求仁宗把尚、杨两位美女赶出宫去。仁宗虽然不舍，但也无法和所有人作对，只好忍痛割爱。皇后废了，美人没了，仁宗倍感寂寞，所以就想另立皇后。仁宗看中了一位姓陈的茶商的女儿，却遭到了皇宫内外的一致反对，就连身边的太监也委婉劝他："如果立这样出身的人做皇后，传出去会被人笑话的。"没办法，仁宗只好按照杨太后和大臣们的意见，册立曹氏为后。曹氏是曹彬的孙女，出身和容貌、修养都没问题，无奈仁宗无论怎样都爱不起来，一直到死都对曹氏存有芥蒂，甚至还闹出了"皇后谋大逆"的事情。不过，此事与本文关系不大，所以就不再赘述。

废后事件之后，蒋堂迁任侍御史、判三司度支勾院，出京担任江南东路转运使，兼管江、淮发运事。当时刚好废除了发运使，上书言事的人多次提出没有发运使实在不便。蒋堂说："唐裴耀卿、刘晏、第五琦、李巽、裴休，皆尝为江、淮、河南转运使，不闻别置使名。国朝卞衮、王嗣宗、刘师道，亦止为转运兼领发运司事，而岁输京师常足。"当时，朝廷虽然采用了他的建议，但是最终还是恢复了发运使。蒋堂在江、淮期间，每年都要向吏部举荐两百多人，有人对他说："一有谬举,且得罪,何以多为?"蒋堂说:"十得二三,亦足报国。"

当时,吴遵路升任工部郎中,因对蕲州王蒙正原部吏犯下死罪一事失察,被降为洪州(今江西南昌)知州。蒋堂也因此受到牵连而被降为越州(今绍兴)知州。越州的鉴湖是东汉时会稽太守马臻所修,可以灌溉八千顷田地,使上万户人家受益。蒋堂之前的知州,任凭豪门大族侵夺。蒋堂到任后专门上奏朝廷,恢复了鉴湖原来的面貌。

在越州担任知州没多久,蒋堂就转任苏州知州,待了不到一年就回京入判刑部,转户部勾院,历任户部、度支、盐铁副使,安抚梓夔路,然后被提升为天章阁待制、江淮制置发运使。蒋堂接任发运使之前,上一任发运使上奏朝廷,建议建造几十艘大船,运送江、湖两地的物产入京送给权贵,蒋堂说:"吾岂为此,岁入自可附驿奉也。"意思就是说:这样的事情岂是我所能做的,每年的入贡完全可以交给驿站供奉。在蒋堂的坚持下,此后的五年,没有一艘大船运送物产到京师。

离任江淮制置发运使后,蒋堂又被任命为河东路都转运使,但是还没有成行,就改任为洪州(今江西南昌)知州,后改做应天府知府,再迁左司郎中、杭州知州,以枢密直学士担任益州(今成都)知州。庆历初年,仁宗下诏天下建立学馆。汉代建造的文翁石室就在孔子庙中,蒋堂对其进行了扩建,增加房舍后作为益州学馆,并且挑选下属官员到学馆教导生员,得到益州士人的一致称赞。

杨日严曾经在益州担任转运使,后来因为贪腐被欧阳修弹劾罢职。杨日严在益州留下了能干的名声,但是蒋堂一直不喜欢他。蒋堂到益州后,省俭游宴,减少供应过客的食宿和车马费用,政务上实行宽松的政策,很快就改变了杨日严的奢侈之风。同时,还修建了铜壶阁,其设计规模十分宏大,但是因为建筑材料准备不够充分,建到一半的时候材料不够了,于是就在蜀先主惠陵、江渎祠砍伐乔木,还毁坏了后土和刘禅祠,惹得蜀人渐渐不高兴,诉讼案件也逐渐增多。时间长了,有人告他私养官妓,所以他就被调到河中府担任知府,后来又转任杭州、苏州知州,最后以尚书礼部侍郎的职衔退休。去世后特赠吏部侍郎。

蒋堂在担任杭州知州的时候就在苏州的灵芝坊(今侍其巷)造了

园子，名字叫"隐圃"。园子中建有亭、台、山、峰、水榭、溪馆，园中还有花木禽鸟，景观"皆极登临之胜"（龚明之《中吴纪闻》）。蒋堂工作之余和退休之后就住在这里，日与宾客宴会赋诗为乐于此。在苏州的时候，蒋堂写下了很多诗词，其中有名的有《望太湖》《泰伯庙》《虎丘山》《吴淞江》《吴江桥》等。《虎丘山》是一首长诗，全诗有四十句，对虎丘山的气势和景色进行了全面描述，因为太长，此处不做详细介绍。这里将其他几首比较短的记录下来，以飨读者。

《望太湖》：

> 杳杳波涛阅古今，四边无际莫知深。
> 润通晓月为清露，气入霜天作溟阴。
> 笠泽鲈肥人鲙玉，洞庭柑熟客分金。
> 风烟触目相招引，聊为停桡一楚吟。

《泰伯庙》：

> 泰伯何为者，不以身为身。
> 逊避天下位，奔走句吴滨。
> 隐德昭来世，遗祀传斯民。
> 吁此廉让国，合生廉让人。

《绝句》：

> 归来深隐太湖滨，天与扶持百岁身。
> 虽是浮云隔双阙，丹心爱戴在君亲。

其他还有很多涉及苏州的诗词，就不一一抄录了。

蒋堂在苏州待了五个月不到就离开了，柳植于景祐四年（1037）九月接任苏州知州。

柳植是真州（今江苏仪征）人，小的时候家里很穷，但他发奋读书，顺利考中了进士，而且取在甲科。中进士后，被任命为大理评事、滁州通判，然后升迁为著作郎，直集贤院，出任秀州（今浙江嘉兴）知州。从秀州任上卸任后以三司度支判官的官衔担任宣州知州，然后被提拔为修起居注，知制诰。这个官虽然在皇帝身边，但是只是负责抄抄写写的活，没多大意思。所以，柳植就找了个机会要求到苏州担任知州。当时的苏州已经发展成为江南的大都会，只要官员出任地方，苏州经常是首选。不过，柳植在苏州只待了十个月，就被调任到杭州担任知州。地方虽然变了，但是柳植的升迁步伐没有停，先后被提拔为尚书工部员外郎。从杭州知州任上离开后，柳植回到京城，担任翰林学士，后又升迁为谏议大夫、御史中丞。因为身体不好，柳植提出申请要求辞去谏议大夫和御史中丞的职务，所以就改为侍读学士、邓州知州，然后又转任给事中、颍州（今安徽阜阳）知州。

柳植一生先后两次被贬官。一次是他担任京西安抚使的时候，张海、郭邈山叛乱，攻掠县镇，同时光化军士卒邵兴也带领一帮人起兵作乱，驱逐官吏，从府库中取走兵器后逃逸。因为柳植没能及时发觉和处理，结果以"坐贼发部中不能察"被降为右谏议大夫、黄州（今湖北黄冈）知州。柳植在黄州任上做了很多年才官复原职，结果又因为举荐张得一［担任过贝州（今河北武城）知州，是北宋著名的酷吏，因贪腐成性引起王则起义］不当再次被免职，但是没多久就恢复了原职，在寿州、亳州、蔡州（今湖北枣阳）、扬州几个地方担任知州，在西京任上致仕。

《宋史》评价柳植："平居畏慎，寡言笑，所至官舍，蔬果不辄采，家无长物，时称其廉。"可见柳植这个人一生不仅谨慎小心，而且非常廉洁。这样的人到苏州这一逐渐走向繁荣的地方，对官风民风都是有正面影响的。只是柳植在苏州任上只有十个月的时间，所以关于他在苏州任上的所作所为并没有多少记载。

第十二章 向学日盛

——崇文重教传统的形成（下）

（张亿、柳灏、富严、吕溱）

柳植离开苏州后，张亿接任苏州知州。《宋史》中没有张亿的传记，王鏊《姑苏志》也只有简单的几句话，说他宝元元年（1038）六月以尚书刑部员外郎、直史馆的身份到任苏州知州，第二年（1039）三月转任庐州知州，前后任职九个月的时间。其他史书也只有一些简单的事迹介绍，且大多是因其他事情而有所涉及。比如《续资治通鉴长编》卷一百零九记载："仁宗天圣八年八月戊申，度支员外郎、秘阁校理、户部勾院王夷简为契丹正旦使，西染院使窦处约副之；开封府判官、侍御史张亿为契丹后正旦使，礼宾副使张士宣副之。"卷一百一十一记载："（二月）丙寅，诏淮南大饥，有聚为盗者，其令转运使张亿经画以闻。"卷一百二十三载："宝元二年（1039）三月，丙辰……知庐州、兵部郎中、直史馆张亿兼提举庐寿蕲光舒濠州、无为军兵甲巡检公事。"

历朝历代对官员的出勤都有严格的考核，宋朝也不例外，但是不管哪个朝代，"捣糨糊"的人总是难免的。对糊弄上级、不遵守纪律的人进行揭发的人也大有人在。据《续资治通鉴长编》记载，仁宗天圣二年（1024），右巡使（相当于中央纪委干部）张亿一口气弹劾户部郎中、史馆修撰石中立等三十三人托词生病不赴朝会。仁宗下诏警告百官，对于那些动辄称病缺席旷职者，朝廷要派医官检验核实。除了史书记载，宋濂在《游琅琊山记》中有一句话也提到张亿："泉出山罅中，乃唐李幼卿所篆铭。铭已亡，张亿书三字碑亦断裂，卧泉下。"

从以上这些零星记载可以看出，首先，张亿的任职经历十分丰富，而且官也当得不小，做过右巡使、开封府判官、侍御史、转运使、兵部郎中、直史馆等职，已经是厅级官员了，但在《宋史》中没有专门的传记，不知为何。其次，张亿这人非常正直，一口气可以弹劾三十三人，可见这个人很有胆识，而且敢于直言。最后，张亿这人很有才气，至少书法是一流的，不然其字也不可能被刻在石碑上流传千古。这样有能力、有胆识，而且字写得很好的官员到苏州任职，对苏州经济社会的发展和文化的繁荣一定能够起到积极的推动作用。可惜找不到关于他更多的史料，笔者也只能简单做些介绍。

张亿离任后，柳灏接任苏州知州。关于柳灏的生平，史书上基本查不到，王鏊《姑苏志》说他于宝元二年（1039）十二月以京西路转运使的身份到苏州担任知州，康定元年（1040）二月改为尚书兵部员外郎，仍然兼任苏州知州，庆历元年（1041）二月转任京东转运使。有资料说《宋史新编》有其传记，但是笔者查阅《宋史新编》发现只有柳开的传记，并无柳灏的资料，不知道是笔者查阅不够认真，还是有些学者弄错了。因史料缺乏，无法对其生平事迹进行详细介绍。

柳灏离任后，富严接任苏州知州。

富严是处州（今浙江丽水）青田人，于宋真宗大中祥符四年（1011）考中进士，仁宗庆历元年（1041）以刑部郎中的身份出任苏州知州，此后转任泉州、越州（今浙江绍兴），嘉祐四年（1059）以秘书监的身份再次出任苏州知州。富严为官清廉，治郡有方，深得苏州百姓的爱戴。范成大在《吴郡志》中说富严"致仕未曾造私邸，以耆德称。所居坊，人以德寿目之"。老百姓为了褒扬富严的功德，被奏准在他居住之地的东面巷口建立牌坊，名曰"德寿坊"，南宋时改名为

"好礼坊",此巷后来也改名为"富郎中巷",即由富严的名字和官职而得名。现在的"德寿坊"是民国十四年(1925)由学者沈瓞民所修缮,坊门上还有当年中共苏州独立支部书记叶天底设计的红色五角星。国学大师沈瓞民的故居就在富郎中巷的东端。沈瓞民是浙江杭州人,出身书香世家,后来考入浙江大学堂,毕业后留校任教。沈瓞民于民国二十一年(1932)购买了德寿坊寓所后定居苏州,此后潜心著述,在哲学、文学、史学、古地理学、经学等方面都有很深的造诣。

富严不仅为官清廉,一身正气,而且爱好诗词,留有《游虎丘》一首流传至今:

> 缭绕禅关锁翠微,游人到此便忘归。
> 古今不尽春风恨,一剑清泉浸落晖。

富郎中巷虽然是因为富严的官职而得名,但是机缘巧合,到了民国的时候,这条巷子里却搬来了许多郎中,像顾允若、顾乃大、宋爱人、陆子安等,也算是一段佳话。

富严于庆历三年(1043)离开苏州后,吕溱接任知州。但是吕溱接任的时间存在争议,富严离任的时间是庆历三年(1043)十月,而吕溱到任的时间是同年二月,中间有八个月的重叠,显然不可能。所以王鏊在《姑苏志》中说:"按此与富严移任交代年月不合,姑因之。"史书无法弄清楚的事情,我们当然无法考证,只能按照以前的说法记录下来,以待有心人去考证。

吕溱是扬州人,状元及第,先后当过亳州通判,直集贤院,出任蕲、楚、舒等州知州及龙图阁直学士、开封知府等职,五十五岁去世,可谓英年早逝。

吕溱中状元,可以说既是必然,也是偶然。吕溱的父亲叫吕士元,《岩镇志草·文苑传》记载吕士元"游学四方,贯江陵籍。咸平二年(999),擢明经,为醴陵尉。历彭原、四会、太和、陇城县令。为人刚介有节,长于为政。入仕三十余年,以一县令之禄,食其族四十余口,生渊、溱、浚、湛兄弟四人。渊登进士第,尝为秘书丞。溱又贯扬州籍,登景祐五年进士第一"。从这段记载看,吕溱的父亲没有当过什么大官，却非常能干，以一个县令的职务，养活全家四十多口。虽然宋朝的地方官待遇不错，但是靠一个县令的工资和职田的收入养活这么多人恐怕还是有难度的，他可能不会十分清廉。当然，这和吕溱没有关系。笔者想说的是，吕溱出身的家庭虽然不是大富大贵之家，但是家风家学都是很好的，他的大哥也中了进士。

吕溱中状元也包含一定的运气成分。吕溱进京赶考的那一年，刚好遇到了陈尧咨的儿子同科参加考试，而正是因为陈尧咨等权贵儿子的参加，给出身并不显赫的吕溱带来了机遇。

当时范镇参加四川省省试，获得第一名。以范镇的实力，在随后的殿试中，即便不能拿到第一，名次也不会太差。可惜的是，他因为和翰林学士陈尧咨等朝臣权贵过从太密，加上皇上有意抑制权贵结党营私，结果在这次考试中遇到了麻烦。

北宋为革除唐朝权贵操纵科举、营私舞弊的沉疴，从宋太祖开始，就在科举考试中加强了对权贵子弟的监督和限制。乾德三年（965），翰林学士陶谷的儿子陶邴考中了进士，列为第六。宋太祖在翻阅进士名单时看到了陶邴的名次这么靠前，觉得十分纳闷，就问主考官："听说陶谷的家教甚差，他的儿子怎么能考中第六名呢？"于是，下令对陶邴等人进行复试，并规定日后官僚子弟考中进士的必须一律进行复试。雍熙二年（985），宋太宗在殿试前还故意取消了已经通过省试的四川大臣子弟的殿试资格。按照唐宋以后的官制，考中进士便可以做官，考试的名次越靠前，升迁就会越顺利，做大官的可能性就越大。北宋之所以对权贵子弟如此苛刻，就是因为怕他们利用科举制度发展家族势力，甚至威胁皇权。

陈尧咨的次子陈博古、参知政事韩亿的四个儿子也参加了这年的科举考试。宋朝本就不想让权贵子弟的名次太过靠前，所以，作为权贵子弟本来就应该低调。可是，陈尧咨的儿子陈博古不仅不低调，还在考试后"嘲谤籍籍"（《续资治通鉴·宋纪四十一》），公开散布对朝政不满的言论，结果惹怒了宋仁宗。仁宗一怒之下，颁布密诏，指示主考官丁度在殿试时，对于陈博古、韩亿四子，包括陈家门客范镇的试卷，一律不予评阅。好在丁度这人比较正直，委婉地向仁宗进谏，

反复说明范镇确实有真才实学，早就名声在外，并不是攀龙附凤、拉关系走后门的无能之辈。在丁度的反复进谏下，宋仁宗才收回成命，但是仍然指示丁度必须降低范镇的名次。

后来，宋仁宗亲自主持殿试，大名鼎鼎的范镇只得了二甲第七十九名，这个名次已经非常靠后了。不过，是金子总会发光的，范镇虽然殿试的名次非常靠后，但是其才气还是在后来得到展示，最后成为北宋著名的政治家、文学家、史学家。因为范镇及权贵子弟被皇上有意压制，给吕溱这样的普通学子创造了机会，这一科的状元桂冠幸运地落到了吕溱的头上。

吕溱高中状元后，先到亳州担任了几年通判，然后被调回朝廷当了集贤院长官兼修起居注。但是，没多久就因为参与了进奏院的宴会而遭到弹劾，被逐出了朝廷。进奏院是一处向各州传达朝廷文件、向朝廷投递各州奏报的机构，最早是由各州常驻京城的进奏官组成的类似于现在各地驻京办事处的机构。这样的机构宴请京城各个衙门的官员是稀松平常的事情，吕溱参与吃喝也没犯什么大忌。因为这件事情遭到弹劾，可见吕溱这样出身于一般低级官员家庭的人并没有多少保护伞，不然也不会因为这件小事而被逐出京城。

吕溱到地方后，先后在蕲州（今湖北蕲春）、楚州（今江苏淮安）、舒州（今安徽潜山）担任知州，之后才回到京城，担任修起居注的旧职。庆历三年（1043），范仲淹、韩琦、富弼等人在仁宗的支持下开始推行庆历新政，欧阳修参与革新，成为改革派的干将，上书仁宗极力举荐"素有文学"（《举吕溱自代状》）的吕溱，理由是"闻其论议，服其度量"，请求放其为外郡主政官员。因此，吕溱以秘书省著作左郎、直集贤院的身份到苏州担任知州，在苏州当了一年零一个月的知州后，回到京城担任三司度支判官。

后来，吕溱晋升为知制诰，出任杭州知州，三年期满后回到朝廷担任翰林学士。当时，陈执中担任宰相已达八年之久，却没有什么政绩，苏轼称之为"俗吏"。陈执中年过花甲，却仍然贪恋富贵，不肯去职，想方设法保住自己的官位。朝臣王洙（北宋著名的目录学家）、宦官石全彬等人，因为给仁宗的爱妃张贵妃大办丧事而得宠。陈执中为了巴结他们，把王洙提拔为翰林学士，把石全彬封为观察使。陈执中的卑劣行为，激起了许多朝臣的强烈不满。御史中丞孙抃率领属官集体论奏，吕溱也上疏谴责陈执中是彻头彻尾的"奸邪"，言辞十分激烈。仁宗皇帝看了后，怕他因此而得罪陈执中，就把奏疏还给了吕溱，但是吕溱并不买账，对仁宗皇帝说："以口舌论人，是阴中大臣也。愿出以示执中，使得自辩。"意思就是说，只是口头说说，那是暗地里中伤大臣，并非磊落人士所为，我愿意把奏疏拿给陈执中看，给他一个自我辩解的机会。可见吕溱这个人十分倔强，而且光明磊落。

　　在大臣们的不断弹劾下，陈执中不久就被罢去了宰相职位，吕溱也以侍读学士的官职离开朝廷出任徐州知州。侍读学士负责为皇帝进读史书、讲解经义，是皇帝的老师，一般由学术修养较高的翰林学士担任。让吕溱担任侍读学士，说明仁宗对吕溱这个状元出身的人还是非常重视的，但是又让他离开朝廷出任地方官，说明仁宗并不想重用他。临行前，仁宗特地在资善堂赐宴，并对吕溱说："这顿宴席是特意为你准备的，你可以开怀畅饮，一醉方休。"

　　在徐州任满后，吕溱出任成德军知军，结果与河北都转运使李参关系搞得很僵。吕溱这个人在处事风格上具有明显的两面性，一方面马虎苟且，过得去就可以了，另一方面又果敢精干，做事情雷厉风行。《宋史·吕溱传》说他"豪侈自放，简忽于事"。因为和李参闹得很僵，以至于吕溱返回朝廷任判流内铨之后，李参仍然上疏弹劾他，罗列吕溱擅自借官曲造酒、私下派人到河东（今山西）地区做买卖，以及收受贿赂等种种罪状。因为事关重大，朝廷命令大理寺立案审查。吕溱极力为自己辩解，大理寺查来查去也没有发现吕溱受贿的真凭实据，但是朝廷内外沸沸扬扬地传说吕溱犯下死罪。好在宋仁宗对吕溱还是非常关照的，及时出面保护了吕溱，只是把他降职，安排他到和州（今安徽和县）担任知州。但是，几个御史认为对吕溱的处分太轻，仍然不断上疏弹劾，迫使宋仁宗收回成命，让吕溱分司南京（今河南商丘），给了他一个闲差。

　　宋英宗即位后，再次起用吕溱出任杭州知州，却遭到弹劾。据魏泰《东轩笔录》记载："治平中，英宗再起吕溱知杭州，时张纪为御史，因弹吕溱昔知杭州时，以宴游废政，乞不令再往，其诰词有'朝朝只在湖上，家家尽发淫风'，尤为人所笑。"因此，吕溱不仅没有被重用，反而再次遭到贬黜。欧阳修、刘敞等认为吕溱的过错很轻，但是处分太重，因此多次找台谏据理力争。直到宋神宗即位后，吕溱才恢复集贤院学士一职，并加龙图阁直学士，调任开封知府。

吕溱本来是个开朗敏捷的人，十分擅长议论，所以一直被欧阳修等名流所推许。但是，经历了两次打击之后，吕溱一改过去的作风，很少发表议论，与人交往也很少说话，接待宾客有时自始至终说不上几句话，成了一个典型的"闷葫芦"，因此有人给他起了一个绰号"七字舍人"。可见官场的挫折对他的打击之大。

开封是帝都，"帝都多近臣"，大官比比皆是，在这里当地方长官，没有强硬的后台是很难立足的，所以在京城担任知府的人往往谨小慎微，一般都没什么作为，像包拯那样在史书上留下威名的人很少。也许是为了感激宋神宗对他的器重，也许是想借此机会展示自己的才华，以雪两次被贬的耻辱，吕溱到任后勤于职守，兢兢业业，辩讼断案雷厉风行，严格执法不避权贵，时间不长就使开封的社会治安发生了明显变化，以前横行街头巷尾的豪恶势力纷纷敛迹。然而，此时的吕溱已经走到了生命尽头。

有一天，吕溱上朝向宋神宗汇报工作，开封府推官周约随他一同前往。奏事完毕，宋神宗忽然关心地问他："爱卿近来身体可好，没有得病吧？"这句话让吕溱有点摸不着头脑，就回答说："臣没病啊。"过了一会，宋神宗又问："爱卿果真没病吗？还是赶紧去找郎中看看吧。"吕溱笑着说："臣真的没病，怎么敢隐瞒陛下呢。"吕溱回答完了后就退到一边，宋神宗又叫住周约问道："你看吕知府身体怎么样？"周约回答说："臣整日与吕知府共事，确实没看出他有什么病。"回到开封府后，吕溱很是疑惑，特意洗了洗脸，照着镜子反复端详，并且拉着周约问："你仔细看看我是不是真的有些异样。"周约打量再三，也没看出吕溱有什么问题，就说："大人容颜红润，神态安详，的确是健康的模样，大人尽可宽心。就是不知圣上为何一再询问，我也觉得纳闷。"

吕溱也就没当回事，也没有按照宋神宗的建议去看病，然而，没过几天，吕溱果然罹患急症，一病不起。宋神宗一面派御医前去诊治，一面晋升他为枢密直学士，提举醴泉观使。不久，吕溱病逝，年仅五十五岁。宋神宗对吕溱之死深表哀悼，特意下诏："溱立朝最孤，知事君之节，绝迹权贵，故中废十余年，人无言者。方擢领要剧，而奄忽沦亡，家贫子幼，遭此大祸，必至狼狈。宜优给赗礼，官庀其葬，以厉臣节。"追封吕溱为礼部侍郎，并敕令他的内兄护送灵柩归葬家乡。可见，宋神宗对吕溱不仅非常了解，而且也关心备至，吕溱英年早逝也可以瞑目于天了。

第十三章　园林初起

——两大才子的到来

（林潍、赵概、苏舜钦和柳永）

吕溱离开苏州后，林潍接替他为苏州知州。林潍是福建宁德人。史书上记载林潍的资料很少，只在其父林特的传记中有一段话："（特）子潍、洙。潍亦有吏能，历官至三司盐铁副使，以秘书监致仕，卒。洙，官至司农卿、知寿州，临事苛急，鼓角将夜入州廨，拔堂槛铁钩击杀之。"这段话提到林潍只有二十几个字，我们完全没办法从中了解林潍的全貌，但是，我们可以通过其父亲林特的为人为官情况，结合林潍的一些点滴资料对其进行解读。

林特从小就十分聪颖，十岁的时候拿着自己写的文章去拜谒南唐国主李璟，李璟看了之后非常惊奇，就叫他作一篇赋，林特顷刻之间就写成了一篇赋，李璟对林特的才华十分欣赏，授林特兰台校书郎。江南被平定后，林特把自己的文章装在袖子里去拜见宋太宗，被太宗任命为长葛县尉。从此，林特在官场上如鱼得水，不断得到提拔。真宗的时候，梁鼎"制置陕西青白盐，前后上议异同"，真宗推选林特和知永兴军张咏一道商量其中的利弊，林特的意见非常符合真宗的意思，被升迁为尚书祠部员外郎、户部副使，并且被特诏赴内朝。三司副使是没有资格进入内朝议事的,但是,从林特开始打破了这一限制,可见真宗对林特的重视。

真宗北征的时候,命令林特同知留司三司公事,迁司封员外郎。真宗拜谒皇陵时,林特为行在三司副使,真宗下诏要林特和刘承珪、李溥比较江淮茶法。林特裁定新制,每年可以增加税收一百多万,林特也因此升迁为祠部郎中。真宗去泰山封禅、到汾阴祭祀的时候,林特都是作为行在三司副使跟在真宗身边。这两件事情之后,林特被提拔为右谏议大夫、权三司使、修玉清昭应宫副使。真宗将要祭祀太清宫,派遣林特储备各种上供的器具,林特被任命为行在三司使。祭祀结束后,又任命林特为修景灵宫副使兼修兖州景灵宫、太极观。昭应宫落成后,林特被提拔为尚书工部侍郎,拜三司使,成了部级干部。寇准对真宗说,林特这个人奸邪,希望不要重用他,而且寇准多次与林特发生争执,结果寇准被贬黜,林特的地位却丝毫没有被撼动。

当然,寇准被罢职贬黜并非林特一个人的原因,而是宰相王钦若和丁谓等一起谗言的结果。当时,真宗想去泰山封禅,就弄出了符瑞的闹剧,王钦若和丁谓在一边煽风点火,故意迎合真宗。林特这个人也"天性邪险,善附会",所以丁谓始终对林特十分友善。这几个人狼狈为奸,把朝局弄得乱七八糟,被称为"五鬼"(《王钦若传》)。宋仁宗即位后,丁谓被贬,林特也被降职,到许州(今河南许昌)担任知州。后来林特又回到京城,以户部尚书知通进银台司、判尚书都省、勾当三班院。《宋史》评价林特"精敏,喜吏职,据案终日不倦。真宗数访以朝廷大事,特因有所中伤,人以此惮焉"。

从林特的经历可以看出,林特这个人很聪明,天分很高;很能干,做出了不少政绩;很圆滑,事事都能迎合皇上的心意;很会附会,和王钦若、丁谓等权贵走得很近。所以,林特一直官运亨通。出生在这样的家庭,林潍不可能不受到影响,而实际上,林潍也是一个既能力出众又善于附会的人。《宋史·窦卞传》中记载了这样一件事情:窦卞担任汝州通判的时候,林潍在那里担任知州。秦悼王赵廷美死后葬在汝州,皇族中很多亲戚都到汝州参加葬礼,而且还动用了五千个役兵。林潍担心这么多人在汝州会引起动乱,就以汝州与其家乡较近为借口,让兵丁将粮草及铁石等防卫器材运送到他的家里，引起了吊丧人群的愤怒，他们密谋要杀掉林潍。林潍一到晚上就把大门紧闭，秦悼王宗室的人见达不到目的，便带领军营的士兵密谋造反。窦卞开启大门，并开导他们说："你们这些人是因为喝醉了酒狂呼罢了，不要恐慌。"大家这才安定下来。然后，窦卞派遣士兵悄悄把首恶分子关押起来，请示朝廷如何处理，皇上下诏让林潍退休，然后把所有参与叛乱的人发配流放，这件事情才得以圆满解决。

还有一件事情可以说明林潍这人善于附会。仁宗景祐年间，王尧臣出任户部郎中、代三司使，宦官张永和向朝廷建议增加京城民房费的十分之三，用于扩充军费，当时林潍担任度支副使，增加费用正好是他职责范围的事情，但是，因为惧怕张永和，对这项明显是害民的政策，林潍不仅没有反对，反而附和并支持张永和的建议。王尧臣奏明朝廷，认为张永和的建议是"衰世之事"，会引起百姓动乱，不利于国家稳定。王尧臣的建议得到朝廷认可，林潍也因此被罢官。

从以上两件事情可以看出，林潍完全继承了其父亲的一些特点：圆滑、世故、善于权变。但是，林潍没有他父亲的运气和才华，所以一辈子并没有多少作为，不然《宋史》也不会没有他的传记了。

林潍在苏州待了两年后转到庐州担任知州，由赵概接任苏州知州。

赵概是南京虞城（今河南商丘虞城）人。赵概出身于官宦之家，年少的时候笃学自立、器量宏大、见识宏远，被当时的名士所称许。中了进士后，先被任命为海州（今江苏连云港）通判，任满后调任集贤校理、开封府推官。有一次在殿中奏事，因为才华出众，得到宋仁宗的赏识，被当面奖励金银锦帛，并被任命为洪州（今江西南昌）知州。洪州西南靠近章江，一旦有洪水，河堤就有被冲毁的风险。赵概到任后，组织力量修筑了一条长二百丈、高五丈的河堤，章江的水患从此得以消除。赵概到洪州之前，洪州的属官郑陶、饶奭把持郡里事务，行不法之事，前任知州对他们毫无办法。洪州归顺的士兵，以前都是强盗，和郑陶、饶奭一道在州里为非作歹。饶奭编造谎言说："士兵得到的饷米都是陈旧腐烂之米，士兵有怨言，如果不更换好米，士兵就会生变。"郑、饶的目的就是要从中贪腐，但是赵概不予理睬。没多久，有从容州（今广西北流）驻地逃回而违禁夜行的士卒，赵概就把这些士卒给杀了，并趁机抓捕了郑陶和饶奭二人进行抵罪，洪州上下为之惊惧，社会秩序明显好转。

在洪州任满后，赵概被任命为直集贤院、青州（今山东潍坊下属县级市）知州，但是因为举荐渑池县令张诰不当而被免职，六年时间都没有得到起用。后来被召回朝廷，负责编修起居注。赵概担任修起居注的时候，朝廷想破格提拔欧阳修回来做这件事情，但是赵概已经在任，不好越过赵概任用欧阳修。赵概知道这件事情后，就主动要求外放担任地方官，于是，朝廷任命赵概为天章阁待制，负责纠察在京刑狱，欧阳修也顺利被任命为知制诰。一年多时间以后，赵概才接替欧阳修的官职。仁宗郊祀的时候，赵概因有功应该被任命为更高级别的官员，并晋封爵位，赵概请求不予提拔，只要能够恩封其母亲为郡太君就可以了。宰相对他说："你被提拔为学士后，你的母亲不久也会被晋封的。"赵概说："我母亲今年已经八十二岁了，我希望现在就能够封她为郡太君，让母亲以此为荣。"于是，朝廷答应了赵概的请求，并且从此之后就以赵概作为孝的典范。

当时，苏舜钦等人聚众宴饮而被罢免（罢官这件事情其实是受到庆历新政的影响，并非宴饮这么简单，后文还会专门介绍），赵概说："参加宴饮的都是馆阁名士，如果把他们全部罢免，会让士大夫们因心生不满而产生怨恨，此非国家之福。"即便赵概如此直言劝谏，但苏舜钦等人最终还是受到严厉处罚，敢于在那种情况下为苏舜钦等人说话，也足以证明赵概的正直和胆识。

这件事情之后，赵概请求到苏州担任知州，在苏州待了五个月，因为母亲去世而丁忧回到老家。守孝满三年后，赵概入京担任翰林学士，受命出使契丹，正好遇到契丹王会猎，请赵概作赋一首。赵概马上赋了一首《信誓如山河诗》，契丹王大喜，亲自斟酒给赵概，并且授给使臣刘六符素扇，让其将赋写于其上，然后将这把写有赵概赋的扇子藏于袖中，对赵概可以说礼遇有加，甚为器重。

从契丹回朝后，赵概兼任侍读学士。遇到谏官郭申锡因为议论朝政忤逆了仁宗的旨意，仁宗要治他的罪，赵概出面对仁宗说："陛下当初还当面训斥郭申锡，要他不要表面顺从，现在却要罢免他，这不是违背皇上自己的圣明吗？以后陛下还拿什么来向天下人解释呢？"仁宗因此而取消了对郭申锡的处罚。其后，赵概以龙图阁学士的身份担任郓州（今山东菏泽）知州、应天府知府，回京后代替韩绛为御史中丞。韩绛因为奏议张茂实不应主持宿卫一职而被罢免，赵概上任后首先奏议这件事情，张茂实最终未能担任宿卫一职。

后来，赵概被提拔为枢密使、参知政事，进入最高领导层。因为年纪大了，所以赵概多次要求致仕，却没有被皇上批准。熙宁初年，赵概被拜观文殿学士，兼任徐州知州。然后自左丞转任吏部尚书。由左丞转任吏部尚书从来没有先例，赵概却打破先例。赵概最后以太子少师的身份致仕。退休十五年，赵概收集古今谏诤之事，编成《谏林》一百二十卷献给皇上，神宗赐诏曰："因年老辞官回家的官员，一般都是以不让自己的说辞、议论等传到朝廷为高，唯卿有志爱君，即使退处山林，也未曾一日忘君。我当把这本书放在座右，不时拿来审视阅览。"元丰六年（1083），赵概去世，享年八十八岁。死后获赠太子太师，谥康靖。

《宋史·赵概传》评价他说："概秉心和平，与人无怨怒。虽在事如不言，然阴以利物者为不少，议者以比刘宽、娄师德。"刘宽是东汉时的名臣，娄师德是唐朝时期的名相，他们都是历史上赫赫有名的人物，《宋史》把赵概与这两位历史人物进行类比，足见其影响之大。以上为赵概任职的经历，我们还可以从以下几个方面分析一下赵概的成就。

首先，赵概是一个十分严于律己的人，在历史上留下了"赵概投豆"的典故。赵概在家里准备了两个瓶子，一天里如果做了好事，或者起了善念，就把一粒黄豆投入其中一个瓶子；一天里如果做了不好的事情，或者起了恶念，就把一粒黑豆投入另外一个瓶子，到了晚上把豆子倒出来数数。刚开始的时候，黑豆往往比黄豆多，赵概就深刻反思其中的原因，发现自己修身律己还不够，于是严格要求自己，刻苦磨炼。因为时时反省和对自身的磨砺，瓶子中的黄豆渐渐多了，黑豆渐渐少了。经过这样严格的修身，赵概终于成为一个道德高尚的人。

其次，赵概是一个清正廉洁、一心为公的人。在涟水任太守期间，境内发生灾荒，数以万计的黎民百姓处于饥寒交迫之中。赵概带头捐献俸禄赈济百姓，救活难民不计其数。他在洪州任职的时候，也做了很多好事，前文已经介绍过，这里不再赘述。

再次，赵概是一个敦厚持重、秉性和平的人。赵概平时表面上沉默寡言，为人十分低调，但是实际上为别人做了很多好事。除了让位于欧阳修外，还为欧阳修说了不少好话。欧阳修当政期间，以赵概没有什么文采为由，把赵概贬出京城。但是，赵概并没有因此而忌恨欧阳修。后来，欧阳修的外甥女与人淫乱，忌恨欧阳修的人借题发挥，以此事污蔑欧阳修。皇上知道后大为震怒，没有人敢为欧阳修说话。这时，赵概上书给皇上说："欧阳修因为文采出众才成为皇上的近臣，那些人不能因为其外甥女的事而诬蔑他，他对我不太好，但我关心的是朝廷的大体。"皇上看到赵概的奏疏后很不高兴，也没有采纳赵概的建议，欧阳修仍然被贬官滁州。有人问赵概："你不是和欧阳修之间有矛盾吗？"赵概说："因私废公，我不能做这样的事情。"赵概守孝期满回到朝廷后，被授予翰林学士，再次上书给皇上，说欧阳修是被仇人诬陷的，不能让天下法律因为判罚不当而被人抱怨，要求为欧阳修恢复官职。欧阳修因此得以脱困，也从此开始叹服赵概是一个长者，对其十分佩服，两人从此成为莫逆之交。

最后，赵概是一个济贫扶危、侠肝义胆的人。赵概一生所做的善事数不胜数。赵概曾经因为举荐张诰不当而被免职，闲居六年才被起用。但是，赵概并没有因为张诰的事情而有所抱怨，张诰死后，赵概依然对其家人关怀备至。赵概在郓州担任知州的时候，属官查出来他的前任冯浩侵吞公家的钱达三十万，按照规定冯浩应当以职田租偿还。赵概知道冯浩家里非常穷，就拿出自己的俸禄代替冯浩还掉了他侵吞的钱款。

像这样一个能力出众、清正廉洁、有情有义的人到苏州任职，当是苏州百姓的福分。可惜的是赵概在苏州只待了五个月就因为母亲去世而丁忧回家了。

也就在吕溱、林濰、赵概在苏州担任知州期间，大名鼎鼎的苏舜钦来到了苏州，沧浪亭——这座跨越千年、举世闻名的园林得以建成，从此，苏州园林成为苏州古城乃至苏州文化的靓丽名片。

苏舜钦，字子美，出生于河南开封，祖籍铜山（今四川中江）。苏舜钦出身于官宦之家、书香门第。苏舜钦的祖父苏易简，天资聪颖且才华横溢，刚到弱冠就中了进士，并且"常居雅善笔机，尤善谈笑，旁通辞典，所著《文房四谱》《续翰林志》《文集》二十卷，藏于秘阁"。苏舜钦的父亲苏耆，非常有才名，曾经担任过工部郎中、直集贤院，并且爱好收集历代名画作品藏于家中，不时拿出来欣赏把玩，其中不乏珍贵书迹，如王羲之的《兰亭序》《快雪时晴帖》、怀素的《自叙帖》等。米芾在《跋快雪时晴帖》中说："右军此帖见张彦远《法书要录》，本朝参知政事苏公太简家故物。"曾纡在怀素《自叙帖》墨迹本后，有一段题跋："藏真《自叙》世传有三——一在蜀中石阳休家，黄鲁直以鱼笺临数本者是也；一在冯当世家，后归尚方；一在苏子美家，此本是也。"可见苏舜钦家学渊源十分深厚。

父辈的才学和丰厚的家藏，为苏舜钦创造了良好的学习氛围，也让他从小养成了倜傥不羁、潇洒飘逸的性格。二十二岁的时候，苏舜钦因为父亲的官职被荫封为太庙斋郎、荥阳（今属河南）县尉。景祐元年（1034），二十七岁的苏舜钦考中进士，被任命为光禄寺主簿、亳州蒙城县县令，任满后转到长垣县担任县令，回京后担任大理评事。

苏舜钦不仅才华横溢，而且胸怀报国之志，为人骨鲠忠贞。虽然苏舜钦的官职不大，但是他屡屡越级上疏，痛陈时弊，为民请命，先后向仁宗皇帝呈上了《乞纳谏书》《论西事状》《诣匦书》《乞用刘石子弟》《上范公参政书并咨目七事》等多篇激浊扬清、振聋发聩的奏章，四川后人以巨石镌刻"苏公笔"以示敬仰。

苏舜钦是北宋初期诗文革新的先驱者之一，年轻的时候就和穆修等一起提倡古文，比尹洙、欧阳修等开始提倡古文运动的时间还要早。在苏舜钦、尹洙及后来的范仲淹、欧阳修、梅尧臣等人的积极推动下，宋代文风发生了积极的变化。苏舜钦还是北宋词坛早期写政治题材的词人之一，在开拓词境上功不可没，其词风格雄健，感情奔放，叙写直率自然。欧阳修一直非常推崇两个人：一是苏舜钦，二是梅尧臣，他在《六一诗话》中说道："子美笔力豪隽，以超迈横绝为奇；圣俞覃思精微，以深远闲淡为意。"苏、梅二人虽然文风迥然，却共开宋诗先河，不作"西昆之诗"，矫正了西昆体错彩镂金、雕琢浮艳的弊病。可惜的是，这么一个才情四射、骨鲠忠贞的人，最后却成了政治斗争的牺牲品。

庆历四年（1044），范仲淹、杜衍、富弼等人开始延揽人才，准备实行新法。苏舜钦在政治上本就倾向于以范仲淹为首的改革派，加之他又是杜衍的女婿，所以就被范仲淹推荐为集贤殿校理、监进奏院。然而，这次被称为庆历新政的改革很快就以失败而告终，作为改革派领头人之一杜衍的女婿，苏舜钦也成为打击的对象。

庆历四年（1044）秋冬之际，按照传统，朝廷各部门要举办赛神会，各行各业祭祀神灵，以求保佑事业兴旺、工作顺利。进奏院是主管朝廷文件往来、官方新闻发布的部门，各路、州向朝廷报告工作、呈递文件都要经过进奏院，进奏院相当于现在的机要局。进奏院敬祀"仓王"，仓王就是传说中创造文字的仓颉。苏舜钦带着大家祭拜完仓颉后，就安排大家在单位大摆筵席，开怀痛饮。以前聚餐都是每个人掏钱凑份子买酒买菜，但是那年苏舜钦把所拆奏封的废纸卖掉，将得到的四五十贯钱充当酒资。因为卖的钱比较多，苏舜钦就把朝中关系好的王洙、王益柔等十多个年轻官员一起叫了过来聚餐。

聚会结束后，苏舜钦叫本府的官员先行回去，和朝中朋友继续推杯换盏。为助酒兴，他们从青楼里招来两名歌妓，簇拥杂坐，奏乐欢歌。当时王益柔即兴赋诗，诗中有"欹倒太极遣帝扶，周公孔子驱为奴"两句，意思是喝醉了后让皇帝给自己当拐杖，把周公和孔子当作奴仆进行差遣。一帮年轻人正当意气风发，而且都是好朋友之间的聚会，谁也没有意识到这两句诗实在是大逆不道。这时，一个叫李定的官员从进奏院门口经过，听说朝中青年才俊都在这里娱乐，就想加入。但是，李定是恩荫得到的官职，这帮进士出身的才俊看不起他，不仅拒绝他参加，而且出言不逊。结果惹得李定恼羞成怒，一气之下就向御史中丞王拱辰告发了他们。王拱辰正在寻找理由打击改革派，得到这个消息后大喜，立即进宫面奏仁宗。仁宗一改以前优柔寡断的毛病，下令连夜缉拿嫌犯。

苏舜钦等人的罪行主要有三条,一是公款吃喝,此是小事。史书上大多只把这一条作为王拱辰整治苏舜钦的理由,是不准确的。仅靠这一条还不足以起到打击改革派的作用。二是官衙狎妓。把妓女叫到衙门游戏,确实有失形象,但是在当时也不是什么大问题,宋朝官员狎妓是稀松平常的事情。三是诋毁圣贤,这才直击命门。所以,当第二天仁宗召集两府和御史台商议如何处置的时候,御史张方平先举了两个例子:一是孔融被杀的事情。当时孔融对曹操说:"父亲跟儿子有什么可亲近的?父亲不过是当时为了发泄情欲罢了。儿子为什么要孝敬母亲?就像把东西寄养在瓶中,取出来后跟瓶子就没有关系了。"曹操认为他诋毁孝道,就把他给杀了。二是当时嵇康玩世不恭,诋毁典谟,司马昭同样把他给杀了。张方平的意思就是辱没圣人和皇上的人,论刑就该杀掉。在场的很多人也都跟着附和,只有枢密副使韩琦为这些青年求情说:"王益柔年少轻狂,并不代表无君无父、不忠不孝,应该给年轻人改正错误的机会。"大家争论不下,仁宗斟酌之后说:"祖宗之法,不杀士大夫,能宽就宽吧。"朝中大臣斟酌后,把苏舜钦除名,王益柔降级外放,参加宴席的其他人也基本上都被贬出了京城。

苏舜钦被削职后,在京城处处遭白眼,老家也没有什么亲戚故旧,所以就离开了京城,来到苏州。其妹夫韩维曾经写了一封信,责怪苏舜钦不够成熟,兄弟们都还在京城,不留下来"尽友悌之道",却一个人跑到苏州自寻烦恼。对此,苏舜钦写了一封信说:"此语去离物情远矣,岂当出于持国之口邪!"意思是说没想到你韩维还能说出这样的话来。然后又说:"当急难之时,不相拯救,今又于安宁之际,欲以义相琢刻,虽古人,所不能受。"意思是说当时我倒霉的时候,你出面拯救过吗?现在我安顿好了,你来跟我说什么理性、正直之类的话,你觉得你的格调很高吗?在这封叫《答韩持国书》的信中,苏舜钦说他被削职为民后,在京城处境很差,心情很坏,"不敢犯人颜色,不敢议论时事,随众上下,心帜蟠屈不开",而且"被废之后,喧然未已,更欲置之死地然后为快","故闭户,或密出,不敢与相见,如避兵寇……偷俗如此,安可久居其间"。当时,连范仲淹和富弼这样身处高位、天下闻名的大人物都纷纷逃离京城，何况苏舜钦这样的小官。苏舜钦也不得不离开京城这个是非之地。

离开京城之后到底去哪？这对苏舜钦来说又是一个难题。苏舜钦最终选择在苏州安居，其中的原因专家分析有三个方面：首先，苏舜钦以前去过苏州，苏州给他留下了很好的印象。北宋之前，苏州的经济、文化虽然也在不断发展，但是苏州在全国的地位并不高。唐朝最繁盛的城市首推东、西二京，也就是现在的西安和洛阳，而州、县之中则以广州、扬州、益州、楚州（今淮安）、洪州（今南昌）、泉州、明州（今宁波）最为繁盛，唐人称"扬一益二"，就是说扬州第一，益州第二，苏州被远远抛在后面。但是，到了宋代，苏州承接钱氏近百年的和平局面，得以稳步发展，逐渐成为南方第一大州，经济发达，城市繁荣，人民富裕。在这样的地方安居乐业，当然是不二选择。只是当时苏舜钦是路过苏州，所以抱着过客的心态写下了一首《过苏州》：

东出盘门刮眼明，萧萧疏雨更阴晴。
绿杨白鹭俱自得，近水远山皆有情。
万物盛衰天意在，一身羁苦俗人轻。
无穷好景无缘住，旅棹区区暮亦行。

可见当时苏舜钦已经有退隐的想法，而且感叹这么好的风景无缘居住。苏舜钦在《答韩持国书》中也说："泛小舟，出盘阊，吟啸览古于江山之间。渚茶野酿足以销忧，莼鲈稻蟹足以适口，又多高僧隐君子，佛庙胜绝。"他被削职后首选之地就是苏州。

其次，苏州有他的亲戚。苏舜钦的婶母是昆山人，是后来写《中吴纪闻》的龚明之的姑奶奶。这多少让苏舜钦在苏州有心理上的依靠。

最后，范仲淹是苏州人。范仲淹是苏舜钦的长辈，也是他的同党。苏舜钦选择苏州，也许还有范仲淹指点的成分在内。

苏舜钦刚到苏州的时候，"始僦舍以处"，也就是租了一处房子住了下来。有一天，苏舜钦信步来到苏州城南，看到了孙氏废园，便"爱而徘徊"，于是就花了四万贯给买了下来，建起了自己的别业。这里本来是孙承祐的别业，孙承祐于978年吴越国归宋之后仍然做过刺史等职务。但是，几十年过去后，孙园已经荒芜，却并没有完全废弃，苏舜钦在《沧浪亭记》中说"遗意尚存"，于是就在孙园的基础上建起了新的园子，取名为"沧浪"。

"沧浪"一词早已有之。《尚书·禹贡》注：漾水流至武都为汉水，再流至江夏为夏水，再东流至荆州以下谓之"沧浪"。《地说》曰："水出荆山，东南流为沧浪之水。是近楚都，故渔父歌曰……"所谓渔父歌，是指春秋战国时期，流传于湖北、湖南一带的民谣，"沧浪之水清兮，可以濯我缨；沧浪之水浊兮，可以濯我足"。这两句歌谣屈原在《渔父》中引用过，是渔父唱给屈原听的。屈原怀才不遇、被贬谪放逐的心情和苏舜钦被削职为民、处处被为难的心情十分契合。渔父歌同样也被《孟子·离娄上》引用过——"有孺子歌曰：'沧浪之水清兮，可以濯我缨；沧浪之水浊兮，可以濯我足。'孔子曰：'小子听之，清斯濯缨，浊斯濯足矣，自取之也。'"有学者据此认为苏舜钦把自己建的园子叫"沧浪"，是源于孟子，但是笔者认为，更可能源于屈原。

可惜的是，被苏州人誉为三贤之一的苏舜钦，并没有因为沧浪亭的建成使他那颗伤痕累累的心有所安慰。庆历八年（1048），苏舜钦终于被起用为湖州长史，然而，此时的苏舜钦因为一直郁郁不乐，生命已经走到了尽头，他还没去上任就溘然长逝，年仅四十一岁。

苏舜钦生命虽然短暂，但他所修建的沧浪亭成了苏州现存古典园林中历史最为悠久的一座。至于沧浪亭后来的历史，《苏州园林史》等书籍多有介绍，此处不再重复。

就在苏舜钦到苏州的时候，北宋著名词人、婉约派代表人物柳永也来到苏州。

这不是柳永第一次来苏州，多年前他曾经路过这里。当时，柳永从家乡武夷山赴京赶考，路过杭州的时候为西湖美景着迷，就想拜访当时的杭州知州孙何，却苦于无人引荐，他找到当时杭州最负盛名的歌妓楚楚，专门填了一首词，要她中秋节到孙府演唱。这就是流传千古的《望海潮》：

> 东南形胜，三吴都会，钱塘自古繁华。烟柳画桥，风帘翠幕，参差十万人家。云树绕堤沙，怒涛卷霜雪，天堑无涯。市列珠玑，户盈罗绮，竞豪奢。
>
> 重湖叠巘清嘉，有三秋桂子，十里荷花。羌管弄晴，菱歌泛夜，嬉嬉钓叟莲娃。千骑拥高牙，乘醉听箫鼓，吟赏烟霞。异日图将好景，归去凤池夸。

孙何是北宋第一个连中三元的才子，也是前文提到的被王禹偁称赞的难得人才。孙何与丁谓齐名，当时二人一同应考，结果孙何得了第一，丁谓很不服气，宋太宗幽默地说："甲乙丙丁嘛，既然姓丁，中第四名也不冤枉，有什么好抱怨的。"

鼎鼎大名的状元，对词的好坏自然一看便知，所以中秋过后就专门宴请柳永。从此柳永流连于杭州的花街柳巷，在孙何的关照下过着浪漫不羁的生活，一直到景德元年（1004）孙何奉旨入京，柳永这才依依不舍地离开杭州，这已经是几年后的事情了，可见柳永对杭州的喜爱。

离开杭州后，柳永沿着运河一路北上，首先来到苏州，写下了《双声子·晚天萧索》：

> 晚天萧索，断蓬踪迹，乘兴兰棹东游。三吴风景，姑苏台榭，牢落暮霭初收。夫差旧国，香径没、徒有荒丘。繁华处，悄无睹，惟闻麋鹿呦呦。
>
> 想当年、空运筹决战，图王取霸无休。江山如画，云涛烟浪，翻输范蠡扁舟。验前经旧史，嗟漫哉、当日风流。斜阳暮草茫茫，尽成万古遗愁。

然后又到扬州，就这么走走停停，一直到景德四年（1007）才到开封，柳永这才静下心来准备应考。然而，命运实在不够眷顾这位浪荡诗人，几次考试他都名落孙山。考场失意的柳永就在全国到处流浪，靠给歌妓们填词生活，一直到景祐元年（1034）仁宗亲政特开恩科，对历届科场沉沦之士放宽录取标准，柳永这才得以考中。年过半百的柳永被任命为睦州团练推官。仁宗十分喜欢柳永的词，而柳永也刻意写一些歌功颂德的词呈送给仁宗，这个时候柳永的仕途还算顺利，先后当过余杭令、泗州判官、西京灵台山令等，后来被调回京城任著作郎。

然而，柳永因词而名，也因词而获罪。庆历二年（1042），柳永又给仁宗送上了一首词，名字叫《醉蓬莱》，其中有"宸游凤辇何处"和"太液波翻"两句，前一句与当年真宗挽词的意思接近，而后一句中的"翻"字仁宗最不喜欢。从此之后仁宗再也不欣赏柳永的词了，柳永的仕途也到此为止。

因为惹怒了仁宗，柳永被外放为苏州通判。这是柳永第四次到苏州。柳永去睦州（今杭州淳安）上任的时候曾路过苏州，当时范仲淹任苏州知州，柳永拜访了范仲淹，并作词进献。柳永担任余杭令的时候也在苏州停留过，就是这次路过，柳永认识了谢玉英，与谢玉英一见钟情，并在担任余杭令期间写下了许多表达思念之情的诗词，其中最著名的就是《蝶恋花》：

伫倚危楼风细细，望极春愁，黯黯生天际。草色烟光残照里，无言谁会凭阑意。拟把疏狂图一醉，对酒当歌，强乐还无味。衣带渐宽终不悔，为伊消得人憔悴。

对柳永是否在苏州做过通判是有争议的。不过，据史料记载，庆历六年（1046）他确实来过苏州，当时，滕宗谅出任苏州知州，柳永还写了词送给滕宗谅，说明柳永确实对苏州情有独钟。只是他一生仕途坎坷，最大的官也只做到太常博士，退休后定居在润州（今镇江），于皇祐年间去世。

第十四章　渐趋繁荣

——一个新时代的到来（上）

（滕宗谅、胡宿）

苏舜钦被削职为民来到苏州的时候，也正是苏州逐渐崛起的时候。虽然此时的苏州还没有达到鼎盛时期，但是发展的势头已经不可阻挡。此后的几十年，虽然历任知州任职时间都非常短暂，却都做出了自己的贡献。当然，其中也不乏平庸之辈和贪官污吏，但是从总体上讲，多数官员还是勤于政事，对苏州的发展起到了积极的推动作用。

赵概在苏州待了不到一年就因为奔母丧而离职，接任他的叫滕宗谅。滕宗谅就是大名鼎鼎的重修岳阳楼的滕子京。宗谅是他的名字，而子京是他的字。

滕子京是河南洛阳人，大中祥符八年（1015），与范仲淹同科举进士，二人志趣政见相投，交游甚笃。滕子京虽然才华出众，却一生仕途坎坷。

考中进士后，滕子京被任命为泰州军事判官。范仲淹任西溪（今江苏东台）盐官时，建议泰州知州张纶修筑捍海堤堰，举荐滕子京给张纶当助手。在修堤的过程中，滕子京吃苦耐劳，也充分展示了自己的才干，备受张纶称赞。此后，滕子京先后到安徽当涂、福建邵武担任知县。范仲淹升任京官后，将其召入试学院，天圣中滕子京又改任专管审核刑狱案件的大理寺丞。

天圣七年（1029）六月，京城雷电交加，导致皇宫燃起了大火，一夜之间，玉清昭应宫变成了一片瓦砾。垂帘听政的刘太后听闻后勃然大怒，传旨将守宫官员全部抓进监狱抵罪。枢密副使范雍、中丞王曙、司谏范讽等纷纷上言，说大火"是天意，与人无关，不当置狱穷治"。刘太后无奈，便借机将多次劝阻她得到皇权礼遇的宰相王曾以"兼领玉清昭应宫使管理不严，因而发生火灾"为由，罢免了官职，贬为青州（今山东潍坊）知州。灾后，范仲淹、滕子京等众多官员纷纷奏请刘太后放弃垂帘听政，将军国大权交还仁宗，结果刘太后大怒，将范仲淹等高级官员逐出朝廷任地方官，将中低级官员也一一贬至边远州县。滕子京于天圣九年（1031）由大理寺丞被贬至福建邵武。这是他第二次到邵武任知县。滕子京并没有因为被贬而气馁，在一年多的时间里，建学堂、访民苦，为当地百姓办了很多好事，《闽书》称他"复知邵武军州事，自任好施予，喜建学，为人尚气倜傥，清廉无余财"。

明道元年（1032），滕子京奉调入京，任掌管皇帝衣食行等事的殿中丞。然而，滕子京实在有点时运不济，这年八月，内宫再次发生火灾。大火刚起的时候，小黄门王守规最先发现，把从皇帝寝宫到后花园的门锁全部砸开，带着仁宗逃到了延福宫。得以脱险的仁宗十分恼怒，对执政大臣们说："非王守规引朕至此，几与卿等不相见。"下诏追查起火原因。滕子京作为殿中丞，是首当其冲被追查的对象。他和秘书丞刘越分别上书进谏，认为宫中屡屡起火的原因是规章制度不严，未能做到防患于未然，但是根本原因是太后垂帘听政，妇人柔弱，朝纲不整，政失其本。所以建议"修政以禳之，思患以防之"，"倘能如此，需请太后还政"，"庶灾变可销，而福祥来格也"。仁宗听从他们的建议，罢诏狱。明道二年（1033）三月，垂帘听政了十一年之久的刘太后终于一命呜呼。刘太后死后，劝太后还政的人基本上都得到了升迁，滕子京任左司谏，秘书丞刘越虽然病故了，但也被追赠右司谏。

但是刘太后的死并没有给滕子京带来什么好运。没多久，有人告滕子京所奏宫中失火原因不实，滕子京本人也有推卸不了的责任。景祐元年（1034），滕子京被降为尚书祠部员外郎、信州（今江西上饶）知州。后来又因为和司谏范讽交往过密，范讽因事被贬，滕子京也受到牵连，被降为监管酒业专卖的池州监酒，在池州一待就是好几年。

宝元元年（1038），滕子京调任江宁（今南京）府通判，不久转任湖州知州，在湖州大办学校，花了不少钱，也成了被攻击的原因。康定元年（1040）九月，西夏国王李元昊大举兴兵侵宋，滕子京被调任刑部员外郎，直集贤院，任泾州（今甘肃泾川）知州，开始了长达四年的防御西夏侵掠的军旅生涯。庆历二年（1042）九月，李元昊举兵进犯泾原，渭州（今甘肃平凉）马步军都部署、经略安抚招讨使王沿命令副都部署葛怀敏率军抗击，但是葛怀敏不听都监赵询的建议，命诸军分四路向定川寨（今宁夏固原）进攻，结果在定川寨被西夏军包围，水源被切断，葛怀敏等战死，宋军近万人被西夏军俘虏。葛怀敏兵败，引起周围郡县震动。西夏军趁机进攻渭州，渭州距滕子京驻守的泾州只有120里（60千米）。滕子京沉着应战，动员数千百姓共同守城。同时，又招募勇敢之士，侦探敌军情况，并檄报邻郡使之做好准备。范仲淹率一万五千人前来解危，滕子京积极准备粮草，确保了战争所需的一切物资。在范仲淹的领导下，最终击退了李元昊的进犯。在保卫泾州的战役中，滕子京立下了汗马功劳。战争结束后，滕子京大设宴席，犒劳羌族首领和士兵，又按照边疆风俗，在佛寺为在定川战役中战死的士卒祭神祈祷，并安抚死者家属，目的是笼络少数民族民心，借以求得民心安定和边疆稳定。

因为在这次战争中功劳巨大，在范仲淹的积极举荐下，滕子京被提拔为管理宫廷藏书的高级文官天章阁待制，出任环庆路都部署，接任范仲淹庆州知州一职。然而，命运再次跟滕子京开了一个玩笑，就在他就任新的职务不久的庆历三年（1043），驻扎在泾州的陕西四路马步军都部署、经略安抚招讨使郑戬告发滕子京在泾州滥用官府钱财，监察御史梁坚对其进行了弹劾，指控他在泾州花费公使钱十六万贯。朝廷随即派遣中使对滕子京进行审查。滕子京害怕株连其他无辜者，就将被宴请、安抚者的姓名、职务等材料全部烧毁。其实，所谓十六万贯公使钱是每个月各军的供给费用，滕子京用在犒劳羌族首领及士卒的费用只有三千贯。在参知政事范仲淹和监官欧阳修等人的极力辩白和营救下,滕子京被降了一级,贬为凤翔府(今陕西宝鸡)知府。但是,御史中丞王拱辰等仍然抓住不放,认为滕子京"盗用公使钱止削一官,所坐太轻"。因此,庆历四年(1044)春,滕子京又被贬到岳州巴陵郡(今湖南岳阳)。

滕子京到巴陵郡后,不计个人荣辱得失,勤政为民,扩建学校,修筑防洪长堤,不到两年时间,巴陵郡就发生了很大的变化,出现了"政通人和、百废俱兴"的局面,"治为天下第一"。于是他重修了岳阳楼,并在重修之后写信给范仲淹,请求范仲淹作记,共襄这一盛事。随信还送了一幅《洞庭秋晚图》,供范仲淹参考,说是"涉毫之际,或有所助"。当时,范仲淹因为庆历新政失败,已于庆历五年(1045)被贬为邓州知州。范仲淹此时并没有亲自到岳阳楼参观,但是范仲淹作为苏州人,对太湖等南方湖景并不陌生。范仲淹母亲改嫁后,他又随继父到洞庭湖畔的安乡县读过书,对洞庭湖的风景也非常熟悉。同是天涯沦落人的范仲淹,接到同窗好友的书信后,借楼写湖,凭湖抒怀,规劝好友"不以物喜,不以己悲。居庙堂之高,则忧其民;处江湖之远,则忧其君","先天下之忧而忧,后天下之乐而乐"。可谓用心良苦。同时,范仲淹深知重修岳阳楼肯定花了不少钱,担心有人借此攻击滕子京,所以在文章开头就说"政通人和,百废俱兴"。这既是对他政绩的肯定,对他遭受不白之冤的辩解;同时,也是告诉其他人,重修岳阳楼是他干出政绩后才做的事情,目的就是要堵住那些企图借机整滕子京的人的口。

庆历六年(1046),滕子京由于治理巴陵郡政绩突出,被调到江南名郡苏州任知州。滕子京是八月被任命为苏州知州的,但是不知何因到庆历七年(1047)正月才到苏州升任。然而,长期的仕途蹉跎,加上鞠躬尽瘁,滕子京到苏州不到一个月就去世了,终年五十八岁。滕子京去世后先葬在苏州,后来其子孙按照其生前"君昔有言,爱彼九华书契"的意愿,将其迁葬到青阳县城南金龟源。明清两朝敬仰滕子京的青阳人,在九华山云外峰下建造了滕子京书堂,供子孙后代瞻仰凭吊,可惜的是书堂遗址今已无迹可觅。

滕子京一生仕途坎坷，历经磨难，最高的官职也只是天章阁待制，文学上也没有大的名气，但是其为人豪迈自负，是一位有抱负、有才干的政治家，苏舜钦称他"忠义平生事，声名夷翟闻。言皆出诸老，勇复冠全军"。《宋史》评价滕子京说："宗谅尚气，倜傥自任，好施予，及卒，无余财。所莅州喜建学，而湖州最盛，学者倾江淮间。"尤其是在巴陵郡的时候，因为"治为天下第一"，重修了岳阳楼，请求范仲淹撰写《岳阳楼记》而闻名天下，也让滕子京的大名至今响彻华夏。可惜天不假年，不然，以滕子京这样的干才，一定会给苏州百姓带来实实在在的好处。

滕宗谅去世后，胡宿接任苏州知州。

胡宿是常州晋陵（今江苏常州）人。天圣二年（1024），胡宿中进士乙科，被任命为真州（今江苏仪征）扬子县尉。满一年后调往庐州（今合肥）任主簿，后经宰相张士逊推荐，召试学士院。明道元年（1032），被任命为馆阁校勘。景祐元年（1034）四月，与宋祁、张环、张宗复校《南北史》。景祐三年（1036），与稽颖重校地理书，并于该年升迁太常博士。宝元二年（1039），与王洙、范镇等修纂字书《类篇》。后改集贤校理，通判宜州。康定二年（1041），出任湖州知州。庆历三年（1043）八月，母亲去世，丁忧回籍。庆历七年（1047）五月，以三司盐铁判官、判度支勾院出任苏州知州；庆历八年（1048）正月，升迁为两浙转运使。没多久被召回京城，修起居注，并以本官知制诰。同年八月，任契丹国母生辰使，出使契丹。皇祐四年（1052）九月，拜翰林学士。嘉祐元年（1056）八月，知审刑院。嘉祐二年（1057）十月，任回谢契丹使，出使契丹。嘉祐四年（1059）正月，权知贡举。嘉祐六年（1061）闰八月，升迁为谏议大夫、枢密副使。治平元年（1064）闰五月，出任礼部侍郎。治平三年（1066）四月，免去枢密副使，拜为尚书礼部侍郎、观文殿学士，出任杭州知州。治平四年（1067）五月，以太子少师衔致仕，六月去世，享年七十三岁。

《宋史》评价胡宿："宿为人清谨忠实，内刚外和。"欧阳修在《赠太子太傅胡公墓志铭》中评价胡宿说："公为人清俭谨默，内刚外和，群居笑语欢哗，独正容色，温温不动声气；与人言，必思而后

对。"从这些评价和其为官做人经历看,胡宿有以下几个特点:

首先,胡宿这人严守自律,刚正不阿。胡宿"内刚外和"的性格,表现在做官为人上,往往就会"慎重不辄发,发亦不可回止",也就是说,他要么不说,一旦说出来了就绝不后悔。胡宿一生有两件大事被后人所称道,从这两件事中可以看出胡宿的这一性格特征。一个是"封还词头"。据《续资治通鉴长编》载,皇祐元年(1049),有一名卫士夜晚进宫禁偷窃,惊动了仁宗皇帝,案件牵连到都知杨怀敏,杨怀敏因此而被贬出京城到下面知州任都监。杨怀敏在宫里任职时间很长,关系很多,被贬黜后,疏通关节准备被召还官复原职。当时,胡宿任知制诰,掌管起草诏令。他接到皇帝的谕旨后,"封还词头",把皇帝召还杨怀敏的谕旨给退了回去,拒不起草诏令,对仁宗说:"卫士入宫偷盗一事,根据线索追查,牵连到杨怀敏,不彻底追究将其处以死刑他已经很幸运了,怎么能让他还待在皇上身边呢?"宰相文彦博也引用前代故事支持胡宿的做法,仁宗皇帝最后只好放弃了召还杨怀敏的打算。第二个是"白首不欺"。据《续资治通鉴长编》载,嘉祐元年(1056)胡宿知审刑院的时候,推荐了两个人补官缺,其中一个人曾经监税河北,因水灾有所亏欠,同僚认为这样的小过错不足以告诉皇上,以免让有用之才无法得到重用。胡宿却坚持将这一情况呈报给仁宗皇帝,仁宗并没有因为这个人的小过错而不予任用。这件事情发生后,同僚讥诮胡宿说:"万一此人真的因为小过而没有得到任用,岂不是很可惜?"胡宿回答说:"宿以诚事主,今白首矣,不忍丝发欺君,以负平生之节,为之开陈,听主上自择耳。"同僚听后感叹道:"某从公久,乃不知公所存如此。"

其次,胡宿这人务实笃行,惠政为民。胡宿不管到什么地方任职,基本上都留下了比较好的名声。据《宋史·胡宿传》记载,胡宿刚进入官场被任命为扬子县尉的时候,正好遇到县里发大水,老百姓被淹死了不少,县令不能拯救,胡宿带领公家和私人的船只救活了数千人。任宣州通判时,有一个杀人的囚犯将要被处死,胡宿怀疑判决有误,就重新对这个案子进行审讯。案犯害怕受刑,不敢翻供。胡宿就让周围的人退出大堂,反复追问之下,案犯才说:"我早上正要往田里去干活，县吏就把我抓到了这里，我也不知道为什么。"胡宿反复对案卷进行审查，又多方查找证据，才发现是一个妇女与奸夫一起密谋杀害了自己的丈夫，县官没有详细审查，就把这个民夫抓来顶罪。胡宿最终为这位民夫洗清了冤屈。到湖州担任知州的时候，前任知州滕宗谅为了兴办学校，耗费了几十万贯钱。滕宗谅离任后，下属官员怀疑他有贪污行为，却不肯如实记录欠款的使用情况。胡宿责问他们说："你们辅佐滕宗谅很久了，如果他有过错，为什么不早点指出来，却要等他离开后才指责他，这难道是批判指责人的准则吗？"这些属官听后觉得很惭愧。胡宿在滕宗谅修建学校的基础上，继续大办教育，为湖州的文教兴盛做出了积极贡献。同时，胡宿还修筑石塘百里，用以抵御水患，老百姓称之为"胡公塘"。为了感念胡宿为湖州百姓做的好事，湖州人还为他修建了生祠。

再次，胡宿这人谨慎恭俭，守旧法古。胡宿不仅十分谨慎，而且思想比较保守，对各项革新政策十分审慎。胡宿曾说："变法，古人之难，今不务守祖宗成法而徒纷纷，无益于治也。"又说："祖宗成宪，勿轻改易，庶几幸门塞而天下安。"抱着这样的态度，他自然对变法和改革不会支持。所以，对范仲淹等人推行的庆历新政，胡宿基本上不参与，而对于一些取得成效的改革举措，胡宿则称之为"侥幸"。对此，有人认为这是"顾惜大体"，并非迂腐，更非保守，体现的是大局视角下的高瞻远瞩和敏锐的政治眼光，体现出了政治家的眼界和胸襟。对此，笔者认为这不过是溢美之词，恰恰相反，这些正反映了胡宿的谨慎、保守和迂腐。胡宿长期任职馆阁翰林，对典章制度十分熟悉，因此，只要是不符合祖宗成法的做法，胡宿都会拿出这些典章制度加以反对。如此做法，怎么能用一个"顾惜大体"来概括呢？当然，这样的人有个好处，就是不大容易犯错。试想，一天到晚按照既有的典章制度做事，而且为人十分谨慎小心，这样的人基本上不会有大的毛病，也很难犯下大的错误。胡宿一生仕途十分顺利，基本上是稳步上升。如果我们把胡宿任职的经历画成一条线的话，这条线就会呈现出像斜坡一样笔直往上的趋势，没有任何的波折。这样的人在宋朝乃至于整个封建王朝都是很少见的，所以，胡宿这个人无论是做官还是为人，还是有很多值得称道的地方的。

最后，胡宿学问渊博，才华出众。史书称胡宿"学问该博"，其言不谬。胡宿在中央的职务主要包括馆阁校勘、知制诰、翰林学士等，都是馆阁文职，这些职务基本上都需要一个前提才能担任，就是学养浑厚。胡宿能够长期担任这样的职务，说明胡宿的学问一定十分出众，不然不可能在这样的位置上长期待下去。同时，也正因为长期担任这样的职务，反过来又为胡宿学问的增厚创造了条件。胡宿曾多次参与编书、校书工作，长期在典籍中浸淫，这使得胡宿的学问更加渊博。不仅如此，胡宿还精通阴阳五行、天人灾异之说，并且常常以此劝谏郊祀和政事。据《宋史·胡宿传》记载，庆历六年（1046），京东、两河地区发生地震，登州、莱州尤为严重，胡宿上疏说："明年丁亥，岁之刑德，皆在北宫。阴生于午，而极于亥，然阴犹强而未即伏，阳犹微而不能胜，此所以震也。是谓龙战之会，其位在乾。若西北二边不动，恐有内盗起于河朔。又登、莱视京师，为东北少阳之位，今二州置金坑，多聚民凿山谷，阳气耗泄，故阴乘而动。宜即禁止，以宁地道。"他把地震的发生归咎于开挖金矿，建议禁止开矿采掘。而对于皇祐五年（1053）皇宫发生的火灾和皇祐六年（1054）出现的大旱，胡宿则认为是郊祀二帝并配之制所致："五行，火，礼也。去岁火而今又旱，其应在礼，此殆郊丘并配之失也。"并因此建议恢复迭配的古制。

胡宿不仅学问渊博，而且文采出众，被称为"西昆后进"。西昆体是宋初诗坛上声势最盛的一个诗歌流派，它以《西昆酬唱集》而得名。《西昆酬唱集》是以杨亿为首的17位宋初馆阁文臣互相唱和、点缀升平的诗歌总集，西昆体诗人中成就较高的有杨亿、刘筠、钱惟演等。西昆体是晚唐五代诗风的延续，艺术上大多师法晚唐诗人李商隐，片面发展了李商隐追求形式美的倾向，其诗雕润密丽、音调铿锵、辞藻华丽、声律和谐、对仗工整，呈现出整饬、典丽的艺术特征。但是从总体上看，西昆体诗的思想内容是比较贫乏的，脱离社会现实，缺乏真情实感。胡宿少年就有才名，八岁的时候就写了《惜花》诗："试步向栏杆，奇花正好看。乾坤增著力，风雨莫无端。彩笔题诗易，金刀下剪难。十分方吐半，犹喜夜来寒。"整首诗语意浑成、纯熟天然，很难想象是出自八岁的幼童之手。胡宿中了进士后，名气更加响亮，西昆体鼻祖杨亿读了其诗后感叹道："吾恨未识此人！"并将胡宿的诗题于秘阁。关于胡宿的诗歌，有专著进行过论述，此处不再赘述。

　　胡宿在苏州知州任上待了不到一年［庆历七年（1047）五月到任，庆历八年（1048）正月离任］，虽然以其谨慎守旧的个性，他不可能做出轰轰烈烈的大事，但是以其务实笃行、惠政为民的执政风格，他对苏州的发展应该做了不少实事，只是史料没有什么记载，笔者也不好无端臆测。

第十五章　渐趋繁荣

——一个新时代的到来（中）

（梅挚、蒋堂、王琪）

胡宿离开苏州后，梅挚接任苏州知州。梅挚是成都新繁（今四川新都）人，于仁宗天圣五年（1027）考中进士，从此走出成都，踏入北宋历史舞台。梅挚三入朝堂、六任州府，官至龙图阁大学士，世称"梅龙图"。

在宋朝的历史上，梅挚的名声并不显赫，他既没有值得夸耀的大功奇节，也缺乏轰动朝野的文采风流，然而，就是这么一个不显眼的人物，立于朝堂则敢于建言献策、纠弹时弊，治理郡县则体察民情、措置得力，留下很好的政声。欧阳修在嘉祐六年（1061）写给韩缜的信中说："公仪云谢，礼闱唱和，已失二梅，可叹可叹。"公仪是梅挚的字，当时梅尧臣刚刚于前一年去世，而梅挚也于嘉祐四年（1059）离开人世，所以欧阳修才有"已失二梅，可叹可叹"的感慨。能够和梅尧臣并称"二梅"，可见欧阳修对他的评价之高。《东都事略》评价梅挚："资性纯厚，不为矫厉之行，平居未尝问家业。"《宋史·梅挚传》也评价说："挚性淳静，不为矫厉之行，政迹如其为人。"在封建社会能够获得这样的评价实属不易，而从梅挚一生的为人、为官、为文情况看，被称作"循吏"也确实恰如其分。

梅挚中进士后，先被任命为大理评事，然后到蓝田、上元两个县担任知县，再转任到昭州（今广西平乐）任知州，后又从昭州知州转任苏州通判。庆历新政后政事日新，梅挚被提拔到朝中担任殿中侍御史，然后被调到开封府担任推官，转任判官。从开封离任后改任度支判官，又被提拔为侍御史，然后以户部员外郎兼侍御史，知杂事，权判大理寺，后又被提拔为户部副使。至此，梅挚的仕途一直比较顺遂，然而，后来因为一件偶然的小事他被降职。

当时，仁宗在紫宸殿宴请契丹使臣，按照惯例和规定，三司副使应当坐在大殿东边的廊庑下，但是排位的时候司仪把梅挚的座位安排在了殿门的外面，梅挚很不满意，干脆不坐了，和刘湜、陈泊直接离开了大殿，结果他因此被贬为海州（今江苏连云港）知州，庆历八年（1048）正月转任苏州知州。这是梅挚第二次到苏州任职，在苏州待了整整一年时间后，皇祐元年（1049）正月被调入京城担任度支副使，后又被提拔为天章阁待制、陕西都转运使。从陕西回京后被任命为吏部流内铨，晋升为龙图阁学士、滑州（今河南滑县）知州。从滑州回京后，担任勾三班院，并于嘉祐二年（1057）同知贡举，与欧阳修、王珪等一起主持具有重大意义的科举考试（后文将专门介绍）。这次科举考试后，梅挚主动要求外放，"请知杭州"。为了褒奖梅挚为官三十年的兢兢业业、尽职尽责，宋仁宗亲自赋诗一首为他送行。这种殊荣在整个封建时代都极为罕见，因此在当时和后世都成为记述极广、影响轰动的美谈。梅挚本人也十分激动和高兴，他到杭州后立即建造了一座厅堂，取仁宗赐诗的首句将其命名为"有美堂"，并请欧阳修撰文、蔡襄书写，刻石以作纪念。从杭州离任后，梅挚被提拔为右谏议大夫，但他并没有进京上任，而是在三年的时间里先后到江宁府、河中府任职，于嘉祐六年（1061）去世。

梅挚为官、为人、为文，有着明显的三个特点。

首先，梅挚直言敢谏，敢于直陈时政、纠弹时弊。他在苏州任通判的时候，正值江浙饥荒，官府以粮种贷给百姓解除饥荒。这本来是一件好事，哪知道官府不久之后就催逼百姓偿还。梅挚对这种加重百姓负担的做法十分不满，于是就上奏朝廷，请求让百姓缓期偿还。这是梅挚走上官场后所做的最轰动的一件事情，所以《东都事略》和宋元两朝江浙的地方志都有记载。被调入京城后，面对连年的灾异，梅挚依据《尚书》《周易》等儒家经典学说，认为"日食于春，地震于夏，雨水于秋，一岁而变及三时"，"伊、洛暴涨漂庐舍，海水入台州杀人民，浙江溃防，黄河溢埽"，如此等等皆源于"天意以陛下省职未至，而丁宁戒告也"，"陛下宜躬责修德，以回上帝之眷佑"。这种依据儒家经典学说直接劝诫皇上的做法，表现出了梅挚的胆识和担当。在开封担任推官和判官期间，梅挚要求依法严惩已被开释的勾结宫人的和尚常莹、醉酒殴打巡卒的郑玉，更显出了他的正直和勇敢。作为御史，梅挚还敢于对皇亲国戚李用和、张尧佐的不当职务升迁提出反对意见。在朝政方面，梅挚提出过"减资政殿学士员"（就是减少冗员）、"召待制官同议政"（就是扩大参与议政的范围）、"复百官转对"（就是恢复百官定期汇报制度）等建议，仁宗不仅基本上都予以采纳，而且对大臣们夸奖"梅挚言事有体"。可见，梅挚敢于直陈时弊，与仁宗的虚怀若谷和善于纳谏是分不开的。

其次，梅挚清正廉洁，勤政爱民，留下了很多体察百姓疾苦的故事。在滑州任职时，每年的修河护堰工程浩大，原来都由百姓承担，梅挚到任后，以驻守在滑州的兵丁代替百姓，减轻了百姓的负担。有一次遇见暴雨导致河水猛涨，为了保障老百姓的生命和财产安全，梅挚昼夜带领部下在现场督修河堤。仁宗听说后，专门下诏嘉奖梅挚的功劳。梅挚为官三十二年，六次出任州府，所到之处皆有建树。在他曾经任职的昭州（今广西平乐），人们建有"梅公亭"以感谢和怀念梅挚革除弊政、一心为民。在他的家乡成都新繁县东湖，南宋建炎年间建有"三贤堂"，将梅挚与王安石的父亲王益、唐代著名宰相李德裕并祀其中。

为了警戒世人，梅挚专门写了一篇《五瘴说》。瘴就是瘴气，是在我国南方热带潮湿地区流行的恶疾，人一旦染上往往会死掉。但是，在梅挚看来，瘴气固然可怕，但欺上瞒下、刑狱不公、奢侈享乐、假公济私、作风不正五种官场瘴气更为可怕，官员染上其中一种，便会引起"民怨神怒",遭到历史惩罚。梅挚《五瘴说》仅有120个字,但是高度概括了为官从政者必须恪守谨遵的规矩。《五瘴说》一出就很快流传开来,成为中国历史上著名的反腐檄文。人们为了纪念梅挚,将这篇文章镌刻在山水秀丽的桂林龙隐崖、杭州吴山上的"有美堂"、成都新繁县东湖的"三贤堂"。古往今来,无数文人名士赋诗吟诵。19世纪新加坡在制定廉政法规时,从中汲取了很多内容。1963年郭沫若在游桂林时,写下了"榕树楼头回壁深,梅公瘴说警人心"的名句,可见其影响之大。

最后,梅挚才智敏捷、博学多闻,其文学成就很受时人关注。刘攽《中山诗话》称赞过他在江州琵琶亭题咏白居易的诗,叶梦得《石林诗话》叙述过他与欧阳修、梅尧臣、范镇、王珪、韩绛的唱和活动。南宋张敦颐的《六朝事迹编类》、葛立方的《韵语阳秋》也都引用过梅挚的诗。梅挚在任地方官的时候,喜欢在公务之暇流连风景,常常于治所附近建设园、亭、堂、阁,邀请友朋赋诗作文。景祐初,梅挚以殿中丞出任昭州知州,曾建亭两座,一座在城内光孝寺门侧,其将所赋《昭潭十爱》诗刻石立在这里,因此此亭名"十爱亭";另一座在府治东北的凤凰山上,"以昭州所为诗及《五瘴说》刻石,嵌于壁",人称"梅公亭"。梅挚曾两次到苏州任职,写了很多关于苏州风景、物产的诗词,比如《北轩欹枕》《题南园》《过白头桥》等,都是描写苏州风光的名诗,《海仙花》《新橘》等则是描写苏州特产的诗。他在《题南园》之一中写道:"长洲茂苑足珍材,剩买前山活翠栽。客土不疏承帝力,几多臣节共安来。"在赞美苏州风景的同时,借景抒怀。他在《过白头桥》中写道:"白头桥奈白头何,旧德如存故老歌。不特与梁起遗爱,大都才美服人多。"范成大在写《吴郡志》的时候,把梅挚有关苏州的诗词全部收录其中。作为后来者,我们之所以能够欣赏到梅挚的诗词,正是因为很多地方志把他的诗词收录其中。

值得一提的是,梅挚不管是在京城做官还是到各地做官,始终喜欢以诗会友,无论是文士词臣还是达官显贵,他都与之唱酬不辍。他在任职苏州时作过《北池十咏》的组诗,继任的蒋堂就写有和诗《和梅挚北池十咏》。皇祐初,梅挚出任陕西转运使的时候,与文彦博交往密切，文彦博《潞公集》中就保存有15首与梅挚赠答的诗作。梅挚到滑州任职的时候，王安石曾赋《送梅龙图》诗赠给他。需要专门介绍的是，嘉祐二年（1057），梅挚以龙图阁学士、勾当三班院的身份，与欧阳修、韩绛、王珪、范镇、梅尧臣共同主持贡举考试，在"锁院"的五十多天里，"六人者相与唱和，为古律歌诗一百七十余篇，集为三卷"，这就是著名的《礼部唱和诗集》。苏轼、苏辙、曾巩等在中国文学史上留下鼎鼎大名的人物，都是通过这次考试而进入士大夫阶层的。苏轼致信梅挚表示感谢，称其为"骨鲠大臣，朝之元老"，说自己能够考中，是梅挚"欲抑浮剽之文，故宁取此以矫其弊"的结果。可见梅挚等人在这次考试中发挥的作用。也因此，这次考试在中国文学史上留下了深刻的影响，被称为"千年第一榜"。

梅挚离开苏州后，蒋堂第二次出任苏州知州，就是在这次来苏州之前蒋堂在苏州建造了隐圃，隐圃也是继苏舜钦的沧浪亭之后苏州又一处园林，只是其规模和名气都没有沧浪亭那么大，所以了解的人不多。

蒋堂在苏州当了两年知州后就退休了，王琪接任苏州知州。

王琪是四川华阳（今四川成都）人，是王罕的儿子、王珪的从兄，北宋政治家、文学家。

王琪天资聪颖，从小就能赋诗。考中进士后被任命为江都主簿。天圣三年（1025）上《时务十二事》，请求建义仓，置营田，减度僧，罢鬻爵、禁锦绮、珠贝、行乡饮、籍田、复制科、兴学校，得到仁宗皇帝的嘉许，被命试学士院，调入京城担任馆阁校勘，授予大理评事、馆阁校勘、集贤校理。

王琪少有才名，所以非常狂傲，有点不知天高地厚。据宋人魏庆之《诗人玉屑》记载，有一天，王琪到花园去玩，看见一片竹林，竹子绿油油的，王琪心有所动，就写了一个联句：叶垂千口剑，干耸万条枪。王琪觉得这个联句写得不错，就拿给朋友们看，大家都夸他写得好。王琪美滋滋地把对联贴在屋里墙上，并且夸下海口："谁要是能改一个字，我白送他十两金子！"可见其狂傲。过了一段时间，大学士苏东坡到他这儿串门，看见了对联，但是什么话都没讲。王琪觉得纳闷，就装模作样地问苏轼："我写的这两句，请学士指教。"苏东坡微微一笑，对王琪说："联句比方得还算不错，可惜就是十根竹子才一片叶儿！"王琪仔细一想，可不是嘛，自己写的是"千叶""万干"，叶子少、竿子多，平均十根竹子才一片叶子。所以，王琪就一个劲地向苏东坡道谢。从此开始，王琪谦抑很多，老老实实做学问，这才在文坛上有了自己的一席之地。

这个故事说得有鼻子有眼，但是经不起推敲。王琪和苏轼并不是一代人，前文已经介绍，苏轼到嘉祐二年（1057）才考中进士，和王琪整整差了三十多年，苏轼中进士的时候王琪已经垂垂老矣，王琪年轻时根本不可能与苏轼有交集。即便两个人认识，也是苏轼到开封之后的事情，这个时候王琪已经是前辈和诗坛名耆了，怎么可能会受到苏轼的指点呢？可见，这个故事戏说的成分更大，只不过是为了说明王琪年轻的时候有点狂放而已，但也从另一个方面说明王琪确实有才。

王琪在担任集贤校理的时候，有一次仁宗在太清楼设宴，命馆阁各位大臣作《山水石歌》，只有王琪一个人得到奖赏，可见其才华出众。事后，仁宗下诏让王琪到舒州（今安徽安庆）担任通判，王琪到任后刚好遇到当年发生饥荒，王琪奏请开仓救民，还没来得及上报，就先要求用公家的租税去救助百姓，但是，知州以下的官员没人敢担这个担子，王琪只好挺身而出。离开舒州后，王琪到复州（今湖北沔阳）担任知州。在复州任满后，王琪回到京城，先后担任开封府推官、直集贤院、两浙淮南转运使、修起居注、盐铁判官、判户部勾院、知制诰。仁宗对王琪十分满意，有一次王琪在皇宫偏殿向仁宗汇报工作，仁宗对他说："卿雅有心计，若三司缺使，当无以易卿。"可见对王琪的器重。

然而，三司使的官职并没有落到王琪的头上。当时，王琪奉命出使契丹，但是在契丹染上了疾病，就提前回来了。仁宗怀疑他是假装的，就把他贬到信州（今江西上饶）担任团练副使，过了很久才让他以龙图阁待制的官衔出任苏州知州，在苏州待了一年零两个月后又转任润州（今镇江）知州。在润州期间，转运使想疏浚常州、润州之间的漕河，王琪觉得疏浚这段河道有诸多不便，就没有同意。但是后来

在转运使等官吏的坚持下,还是对这段河道进行了疏浚,并且把原来的古城、古涵道都给拆除了,结果河面反而变窄,船不能顺利通过,于公于私都不方便。

离开润州后,王琪出任江宁知府。王琪到江宁之前,府衙经常发生火灾,有人说是闹鬼,不敢深究。王琪到任后,把巡逻的士兵叫了过来,告诉他们怎样缉拿纵火者,没多久就把纵火的人给抓住了,从此以后,府衙再也没有发生火灾。

从江宁回到京城后,王琪恢复知制诰,加枢密直学士衔,出任邓州知州,又转任扬州知州,然后入判太常寺,出任杭州知州,再到扬州和润州担任知州,以礼部侍郎的官衔致仕,七十二岁去世。

《宋史》评价王琪:"性孤介,不与时合。数临东南名镇,政尚简静。"《明一统志》称他在润州时"临事精敏,有讼立决,民甚怀之","知邓州,政尚简静,时人称之"。《劝肋编》对王琪及其家世也有简介:"王琪字君玉,其先本蜀人,从弟珪、瓘、玘,皆以文章名世。世之言衣冠子弟能力学取富贵,不藉父兄资荫者,唯韩亿诸子及王氏而已。时翰林学士彭乘不训子弟文学,参军范宗韩上启责之曰:'王氏之琪、瓘、玘,器尽璠玙,韩家之综、绛、缜、维,才皆经纬,非荫而得,由学而然云。'"由此可见,王琪虽然出身官宦世家,但是他进入仕途是靠自己的才能。当时,宋朝恩荫十分普遍,多数高干子弟都是依靠父辈的官职而得到恩荫进入官场的,这也是范仲淹庆历新政的主要改革对象。王琪的从弟王珪身居宰相之位,他却并没有因为王珪的关系而走恩荫的道路,而是靠自己的本事进入官场,以自己的能力干出了政绩。

不仅如此,王琪这人十分有才,在文坛上也小有名气,一生写了很多诗词。《宋史·艺文志》记载"王琪诗二十卷",今存《漫园小稿》一卷,在《两宋名贤小集》中有存。《全宋诗》收录王琪的诗十五首,《全宋词》收其词十二首,《全宋文》收其文五篇。王琪在文坛上出名和文坛宗主晏殊有着直接的关系,叶梦得《石林诗话》记载:"晏元献公留守南郡,王君玉(王琪字君玉)时已为馆阁校勘,公特请于朝,以为府签判,朝廷不得已,使带馆职从公。外官带馆职,自君玉始。宾主相得，日以饮酒赋诗为乐，佳时胜日，未尝辄废也。尝遇中秋阴晦，斋厨夙为备，公适无命，既至夜，君玉密使人伺公，曰：'已寝矣。'君玉亟为诗以入，曰：'只在浮云最深处，试凭弦管一吹开。'公枕上得诗，大喜，即索衣起，径召客治具，大合乐。至夜分，果月出，遂乐饮达旦。前辈风流固不凡，然幕府有佳客，风月亦自如人意也。"由此可见二人的关系。晏殊是北宋的文坛领袖，能够得到他的提携和赏识，王琪在文坛上立足也就不足为奇了。

王琪在苏州期间写了大量的诗词，其中最有名的就是《望江南》，一口气以"望江南"这一词牌写了十首。"望江南"这一词牌的常名叫"忆江南"，原是唐朝李德裕为名妓谢秋娘而作，所以本名叫"谢秋娘"，后来因为白居易的词而被改为"忆江南"，又因为温庭筠的词"梳洗罢，独倚望江楼"而被改名为"望江南"。王琪以"望江南"这一词牌，写了江南柳、江南酒、江南燕、江南竹、江南草、江南雨、江南水、江南岸、江南月、江南雪，十首词意象鲜明，情韵悠远，流畅活泼，清丽自然，全方位展现了江南的一幅幅美丽画面。

在苏州期间，王琪还做了一件大事，就是刊刻《杜工部集》。王琪刊刻《杜工部集》，最初的动因是弥补挪用的公款。王琪到苏州任职后，对州衙进行了修建，挪用了几百万公款。这笔钱未能得到转运使的批准，还款的任务就落在了王琪自己头上。一筹莫展的王琪只好拿出自己珍藏的王洙刊刻的《杜工部集》，对其进行了增订，撰写了《后记》后进行官刻出版，以 1000 钱每部的价格拿到市场上销售。当时，恰逢杜甫深受宋朝文人青睐，市场上的珍藏本又脱销了，所以"士人争买之，富室或买十许部"。卖得十分红火，获利几百万，正好填补了挪用官府的空缺。当时，刊刻书籍售卖利润很高，据近代学者叶德辉考证，南宋绍兴十七年（1147），黄州（今湖北黄冈）刊刻王禹偁自编的《小畜集》，正文 448 页，售价 3850 文，利润率达到 415%，可谓是暴利。正因为有这么高的利润，所以王琪在欠了几百万的情况下，仅靠刊刻一本书就弥补了亏欠，也算是为苏州做了一件好事。

第十六章　渐趋繁荣

——一个新时代的到来（下）

（李仲偓、邵饰、吕居简、唐询、王琪、富严）

王琪离开后，李仲偓接任苏州知州。

李仲偓是陇西（今属甘肃）人，是南唐中主李璟的孙子。李璟本名景通，后来改为璟。为了避周庙讳，又改为景。李景的父亲叫李昪，李昪是杨行密的大将徐温的养子，所以李昪也姓徐，名知诰。李景十岁的时候，随着父亲一起出任驾部郎中、诸卫将军。后唐天成二年（927），徐温死后，吴国的政权落在了李昪的手中。李昪将要出镇地方，想把国事托付给李景，所以就任命李景为兵部尚书、参知政事。李昪镇守金陵的时候，又升任李景为司徒、平章事、知内外左右诸军事，可以说是将军国大权全部交给了李景。没多久，李景也到了金陵，被任命为中外诸军副都统。李昪逼迫吴国把皇位禅让给自己后，改国号为大齐，定都金陵。李昪当上皇上后，对下属说，自己是唐朝宗室建王李恪之后，下令恢复李姓，改国号为唐，封李景为吴王、诸道元帅、录尚书事，后又改封齐王。李昪在位七年后去世，李景继位为南唐皇帝，史称南唐中主。李景去世后，他的第六个儿子李煜继位，这就是南唐后主。南唐被北宋平定后，李煜被封为违命侯，同时被授予光禄大夫、检校太傅、右千牛卫上将军等虚衔，李煜的儿子和弟弟全部被封为将军，并且各被赐给住宅一座。

南唐被平定后，李仲偃的父亲李从谦随李煜一起到了开封，被授予右领军卫大将军，后改为右龙武大将军，先后担任过随州（今湖北随县）、复州（今湖北沔阳）、成州（今甘肃成县）知州。后来因为家贫，要求外放，所以就被任命为武胜军行军司马，月俸三万贯钱。当时，被并入北宋的各国的皇帝及其后代，虽然都被进行了安置，而且都被授予了一定的官职，但是，因为这些人过惯了锦衣玉食的生活，平时开支很大，加上所授予的官职只是虚衔，并没有什么实权，所以时间一长等到积蓄花光的时候，生活必然会陷入困境。宋太宗即位后，改封李煜为陇西郡公，李煜专门给宋太宗上书，说自己很穷，生活拮据，宋太宗下诏给他增加俸禄，并且赐给三百万贯钱。李煜死后，宋太宗赐给他的儿子李仲寓别墅一座、白金五千两，但是，李仲寓家一百多口人，这些钱远远满足不了需要，所以他就上书给宋太宗，太宗非常可怜他，就任命他为郢州（今湖北武昌）刺史，以解决他的家用供给。可见，这些过惯了奢侈生活的贵族，在南唐并入北宋以后基本上都经历了一个由富到穷的过程。

李仲偃出生的时候（982）南唐早已并入了北宋，家道渐衰、世道炎凉的滋味他是亲身经历过的，所以李仲偃就把主要精力放在了读书上。李仲偃于大中祥符八年（1015）考中进士，先后到蕲春、会稽担任县令，然后升迁到真州担任知州。从真州回到京城后，拜为侍御史，出任淮南提名刑狱，然后再以三司度支判官出任两浙转运使、苏州知州，最终的官职是淮南转运使。

李仲偃在地方任职的时候，广泛搜集民间藏书，先后收藏图书一万多卷，并且全部亲自加以校正，对那些珍奇之书，亲自动笔或者由书童代为抄写，所以他的藏书中很多都是手抄本，他也被后世称为著名藏书家。李仲偃一生写了不少诗文，有文集十卷。难能可贵的是，李仲偃虽然出身官宦世家，但是因为经历了人间炎凉，所以非常同情弱者。他居官四十年，所得到的俸禄，除了用于买书外，大多用在了赈济族中贫困的人家。

作为一个爱读书、爱藏书的人，待在苏州这样的地方再适合不过。苏州当时已经渐趋繁荣，而且宋朝地方官的俸禄和待遇都不错，在这样的地方当知州可以衣食无忧。苏州从范仲淹时，向学崇文之风开始兴起，加之毕昇印刷术的发明，使得苏州刻书藏书之风渐起，像前文提到的王琪刻印《杜工部集》就是例证。这为李仲偃搜集图书提供了便利。当然，就藏书而言，苏州名士朱长文要比李仲偃更为出名，下文还会专门介绍。总之，李仲偃在苏州任上虽然政绩没有留下多少记载，但是作为大藏书家，对苏州文教的兴盛应该是起到示范和导向作用的。

　　李仲偃到两浙担任转运使的时候，王安石写过一篇文章送行，题目叫《上李仲偃运使启》："伏念某得邑海濒，寄身节下，操舟取道，持版过庭。自顾下寮之愚，敢扳先子之雅？坐蒙高义，曲借善颜。载惟恩私，有过分愿。去离门守，来造署居，取芘自今，驰情无远。要之蚤莫，唯是旷官之忧；庶也始终，不为爱己之负。岁时回薄，气候沍寒，明贤之姿，休福所向。伏惟顺节自寿，副人所瞻。"可见二人的关系不一般。

　　李仲偃在苏州待了两年后，邵饰接任苏州知州。

　　据《京口耆旧传》记载，邵饰是丹阳人，邵家曾一门七进士，而且全部在朝中为官，堪称是科举仕宦之家。邵饰考中进士后，最初出任福建福清县尉，然后到星子县（现为庐山市管辖）担任知县，到处州（现浙江丽水）担任通判，后又担任通州（今江苏南通）知州、福建转运使、潭州（今湖南长沙）知州等职。至和元年（1054）以尚书考功郎中、宣州知州改任苏州知州。他在苏州仅仅待了三个月，就被改任为明州（今浙江宁波）知州，随后就致仕了。史书上对邵饰的记载很少，《宋史》也没有传记。

　　邵饰离任后，吕居简接任苏州知州。

　　吕居简是洛阳人，是北宋著名宰相吕蒙正的儿子。吕氏这个姓氏起源很早，周朝的时候有个诸侯国叫吕国，春秋初年被楚国给灭掉了，吕氏子孙就逃散到附近的郑、晋、齐、鲁、卫等国。到了宋朝，吕姓涌现出许多政治家、思想家，而其中最著名的莫过于"三世四人"的吕蒙正家族。

据《宋史》记载，吕蒙正出身于洛阳一个官宦家庭，但是幼年的时候和生母一起被赶出了家门，寄住在洛阳郊区的寺庙里。吕蒙正在一座山洞里苦读十年，于宋太宗太平兴国二年（977）考中状元。数年后，吕蒙正被宋太宗任命为宰相。但是他因为多次直言进谏而触怒皇帝，因此三次遭到贬黜，又三次复任宰相。

吕蒙正有十一个儿子，其中九个儿子传衍了下来，有孙子二十五人，曾孙三十一人，不少人在朝中为官。真宗有意要提拔他们，但是吕蒙正却称"诸子皆不可用"，只有侄子吕夷简是"宰相才"。吕蒙正"荐侄不荐子"的做法，在当时被推为公正无私的典范。吕夷简后来果然当了宰相，而且在真宗死后、刘太后垂帘听政时，一方面要小心翼翼地约束刚愎自用的刘太后，另一方面还要辅佐教导年幼的宋仁宗，使"朝中无事，四海晏然"，可谓鞠躬尽瘁。

吕夷简的第三子吕公著，在宋哲宗时期官居宰相，与司马光一起同心辅政，在位期间四海承平；吕夷简的次子吕公弼与吕公著同朝为官，官至枢密使。吕家可谓是名人辈出。

相较于吕夷简和吕公著、吕公弼，吕居简的名头就要小得多，但是也做到了龙图阁直学士的位置。

吕居简因为父亲的官职而被恩荫补授为奉礼郎、出监许州（今河南许昌），然后转到南京（今商丘）东茶库、汝州（今河南临汝）、襄城、开封等地担任小官。后来被赐进士出身，出任潞州（今山西长治）通判、仓草场提举、密州（今山东诸城）知州，然后升迁为尚书屯田郎。庆历二年（1042）迁提点东京刑狱。从提点东京刑狱离任后，吕居简升迁为三司盐铁判官，转太常少卿。至和元年（1054）改度支判官、光禄卿，出任苏州知州。在苏州干了三年知州后，以右谏议大夫衔入集贤院学士，出任梓州（今四川梓潼县）知州。从梓州回京后，升任同勾当三班院，再迁大理寺观察使，兼南京（今河南商丘）留守，后又转工部侍郎、同知审官院，知通进银台司兼门下封驳事。后来因为和司马光产生矛盾，以东京转运使、龙图阁直学士衔出任广东东路经略使，从广州回京后以兵部侍郎衔判京西御史，最后出任殿中丞，

七十二岁去世。

吕居简经历了仁宗、英宗、神宗三位皇帝，而且长期在地方任职，做了不少实事。据《宋史》《续资治通鉴》等史书记载，吕居简一生影响比较大的有三件事。

一是力阻开棺。庆历五年（1045）十一月，徐州有人密告孔直温利用妖法邪术诱惑当地士兵反叛朝廷，京东转运使不相信这是事实，因为告密者压根儿没有提供有力的证据，所以就没有理睬。没办法，告密者又迅速到京东提点刑狱吕居简处告状，吕居简与转运使官员合计后，派兵逮捕了孔直温等人。此案经过审理后，孔直温等人被杀掉。在搜查孔直温家的时候，搜出了石介寄给孔直温的书信，还搜到了国子监直讲孙复的诗文。石介是北宋初学者、思想家，宋理学先驱。庆历新政的时候，石介认为报效国家的时候到了，说："此盛事也，歌颂吾职，其可已乎！"兴奋之余就写了一首赋《庆历圣德颂》，赞革新派，贬保守派，指责反对革新的夏竦等人为大奸。石介的行为使夏竦等人深深衔恨在心，自此夏竦等人便视之为死敌。颂刚脱稿，孙复就对石介说："子祸始于此矣！"夏竦为解切齿之恨，拿石介开刀，他命家中女奴模仿石介笔迹，伪造了一封石介给富弼的信，内容是革新派计划废掉仁宗另立新君。范仲淹等人有理也说不清，只好请求外放，变法遂告失败。庆历五年（1045），范仲淹等人被保守派诬陷搞朋党活动，革新派相继被罢职，石介也在朋党之列，成了众矢之的，被外放到濮州任通判，未到任所旋即于庆历五年（1045）七月病死在家中，终年四十一岁。此时从孔直温的家中搜出了石介和孔直温的来往书信，夏竦如获至宝，借此大作文章，向仁宗说石介其实没有死，被富弼派往契丹借兵去了，富弼做内应，要求开棺验证，仁宗也先后两次下令核实此事。吕居简等人对此坚决反对，吕居简说："今破冢发棺，而介实死，则将奈何？且丧葬非一家所能办，必有亲族门生及棺殓之人，苟召问无异，即令具军令状保之，亦可应诏矣。"经过吕居简等数百人出面保石介已死，仁宗才取消了开棺验尸的打算。但是，仍旧活着的孙复就没那么幸运了，他因为此事被贬到虔州（今江西赣州），当了一个监税的小官。

二是与司马光交恶。司马光是著名的保守派，所以吕居简和他一直不对付，经常产生矛盾。宋神宗时，司马光担任御史中丞，向神宗皇帝弹劾吕居简。神宗对如何处理这个事件拿不定主意，就向吕公弼征求意见，吕公弼对神宗说："司马光和吕居简两个人势不两立，吕居简是管理宫廷内部事务的内臣，而司马光是掌管执法的，看陛下认为哪个更重要了。"神宗问："那怎么办？"吕公弼说："给吕居简换个官职，免去内臣的职务，司马光就无可争了。"于是，吕居简就被任命为龙图阁直学士，到广州去任职了。

三是筑城抗洪。在广州任职期间，为了抗洪泄涝，时任广东东路经略使的吕居简和广州转运使王靖一起主持在广州子城以东修筑东城，城围四里，并在城外挖壕，提升了广州城的防御能力。在苏州任职期间，吕居简大力支持昆山塘的修治。宋代以前，从苏州到昆山的陆路不通，只有一条水道，俗称"昆山塘"。这一段水路，北纳阳澄湖，南吐吴淞江，下通古娄江，因为没有堤岸，水面非常宽阔，无法阻挡风浪，所以一遇大风大浪，昆山塘的水就会侵蚀民田，而且运输也十分困难，给当地百姓生产生活带来了很大困扰。从唐代到宋初的三百多年时间里，始终有人想治理这一段河道的水患，但是由于工程浩大，一直没法实施。北宋至道二年（996），苏州第三任知州陈省华提出修筑昆山塘，昆山当地人朱珏父子也论述了修建这条河道的理由，但是因为这项工程的预算高达十万缗，最后只能不了了之。到了皇祐年间，发运使许公再次提出修建昆山塘，并向朝廷申请派王安石到苏州进行实地考察。王安石经过详细考察后，向朝廷上报了治水方案，但是因为种种原因并没有实施。到了至和二年（1055），邱与权出任昆山主簿，刚好遇到昆山上下都在议论修建昆山塘，邱与权就结合各方面的意见，指出了修建昆山塘的五大好处，并且提出了实施方案，建议采取以前的做法，利用民工来兴修水利，这样就可以大大减少工程费用。为了打消各方面的顾虑，邱与权立下军令状，保证工程如期完成，如果办不成功，愿意接受任何处罚。邱与权的方案得到了昆山知县钱纪、苏州知州吕居简的大力支持，经过朝廷批准后当年冬天就得以动工。在州、县的大力支持和邱与权的亲力亲为下，工程进展得十分顺利。

这次工程一共动用民力156000人，在修建昆山塘的同时，还建造了桥梁52座，在两岸种植榆树、柳树57800株，实现了河、堤、路、桥的综合配套，做到了交通、围垦、泄洪、绿化统筹兼顾，该工程成为北宋历史上一项著名的水利工程。工程完工后，以开工时的年份命名，所以就把原来的昆山塘更名为"至和塘"。那一年是农历的乙未年，所以就把所建造的纪念亭叫作"乙未亭"。应吕居简之邀，邱与权还专门写下了有名的《至和塘记》。

吕居简在苏州一共待了三年，为苏州百姓做了不少好事。吕居简离任后，唐询接任苏州知州一职。

唐询是钱塘（今杭州人），是唐肃（官至龙图阁待制）的儿子。以其父亲唐肃的官职荫任将作监主簿。仁宗天圣中下诏允许天下文人献文章，应诏的文人达到一百多人，有司从中选择优秀的文章进献给朝廷，唐询名列前茅，皇上下诏赐其进士及第，唐询出任长兴县知县、华亭知县，在华亭任上写下了著名的《华亭十咏》。

在知县任上到期后，唐询以太常博士出任归州（今湖北秭归）知州。后在翰林学士吴育的推荐下，被任命为御史，但是还没去上任，因为母亲病故，唐询便回到家乡守丧。守孝期满回到京城的时候，吴育已经升任为参知政事。因为唐询和宰相贾昌朝走得比较近，有亲党的嫌疑，吴育就极力排挤唐询，多次和贾昌朝说："按照以往的惯例，唐询不应该再担任御史。"贾昌朝想把唐询留下来，但是在吴育的反复要求下，不得已让唐询到庐州（今安徽合肥）去担任知州。当时，凡是京官外放地方，都要到朝堂辞行（叫作朝辞），但是吴育不让唐询去朝辞，唐询因此对吴育更加不满。贾昌朝对吴育也很不满意，于是，在贾昌朝的授意下，唐询上疏仁宗："贤良方正、直言极谏、茂才异等科，汉、唐皆不常置。若天见灾异、政有阙失，则诏在位荐之，不可与进士同时设科。若因灾异，非时举擢，宜如汉故事，亲策当世要务，罢秘阁之试。"目的在于排挤诋毁制科出身的吴育，吴育也上疏极力辩解："三代以来，取士之盛，莫如汉、唐。汉诏举贤良文学直言极谏之士，非有灾异而举。唐制科之盛，固不专于灾异也。况灾异之出，或称年所无，则此举奚设？或频岁而有，则于事太烦。令礼部进士数年一举，因以制科随之，则事与时宜。又从而更张之，使遗材绝望，非所以广贤路也。"仁宗看了两个人的奏疏后，认为吴育说得有道理，就下诏给礼部说："自今制科随进士贡举，其著为令。"在这一回合的争斗中，唐询吃了一个败仗，于是拿吴育弟媳没有改嫁一事诋毁吴育。吴育的弟媳是已故驸马都尉李遵勖的妹妹，生了六个孩子后丈夫去世了，一直没有改嫁。唐询就拿这件事情告吴育不让弟媳改嫁，"弟媳久寡，不使再嫁"，目的是想以此向李氏示好，得到李氏的支持和庇护。但是，接二连三的告状，并没有对吴育产生任何影响，唐询反而被罢去御史一职，被排挤出了京城。其后，唐询以工部员外郎、直史馆的官衔出任湖州知州，转任江西转运使。刚好遇到仁宗下诏，要求淮南、江、浙、荆湖六路转运司移文发运使，把转运司归属发运使，唐询上疏进行力争，认为这样不合适，结果又被迁任到福建路担任转运使。从福建回京后，被任命为三司户部判官，后又判磨勘司，然后又被任命为江东转运使。因为朝廷缺少修起居注的人，所以仁宗特意就把唐询召回京城，任命其为知制诰。结果，唐询又以和参知政事曾公亮有亲党之嫌，再次被排挤出京城，于嘉祐二年（1057）二月到苏州担任知州。在苏州待了一年后，转任杭州、青州知州，累迁至翰林侍读学士、右谏议大夫。从青州回京后，勾当三班院，出判太常寺，最后在给事中的任上去世，死后被赠礼部侍郎。

《宋史》评价唐询说："询少刻励自修，已而不固所守，及知湖州，悦官妓取以为妾。好畜砚，客至辄出而玩之，有《砚录》三卷。"

从唐询的任职经历和有关史书记载可以看出，唐询这个人有四个特点。

一是好书法。唐询在书法上颇有造诣，曾经和蔡襄、欧阳修、苏轼等交往甚密。据史料记载，唐询曾经得到欧阳询的几行书法真迹，"精思学之，书艺大进，遥以书名天下"。唐询的书法笔迹遒媚，"非精纸佳笔不妄书"，在书法史上有一席之地。

二是好砚台。唐询非常喜欢收藏砚台，并且著有《砚录》三卷，可惜已经亡佚。据史料记载，嘉祐六年（1061），唐询在担任青州知州的时候，听益都县开采石头的工人苏怀玉说，青州西面四十里有一座山叫墨山，山的南坡上去五百多步有一个洞穴，深六七尺，高达数丈，窄的地方只能容纳一个人进出，洞口还有一块摇摇欲坠的大石头悬挂在上面。相传此洞出产红丝石，洞口旁的绝壁上还有唐代中和年间采石工镌刻的文字，但是不知道开采这样的石头有什么用处。唐询听后，觉得这个石头可以开采后用于制作砚台，于是就派自己的幕僚同苏怀玉一同前往墨山采石。起初苏怀玉以洞穴十分危险加以推辞，唐询便自掏腰包，给予高薪，苏怀玉这才答应前去开采。两个人去了六七天后才返回，只采到四五寸见方的两块红丝石。唐询叫人打磨后，石头的纹理呈现红黄相间，石头温润缜密，叩之声如金石。唐询叫人把石头做成砚台，"克墨而宜笔"，比一流的端砚、歙砚更加好用，唐询品其为"天下第一。"从嘉祐六年（1061）到嘉祐八年（1063）两年多的时间里，唐询自费派遣工人数十次前往采石，总共才得到可以制作砚台的材料五十余方，制成砚台后，唐询分别赠送给苏轼、蔡襄等好友，后来蔡襄又将其中的一方转赠给欧阳修，尽管欧阳修、蔡襄对唐询将红丝石视为"天下第一"的观点并不认可，但是唐询自掏腰包开采红丝砚，对红丝砚的传世还是做出了很大贡献。

三是好附会。从唐询一生的仕途可以看出，唐询总是在不断附会权贵，然而始终没有得到重用。唐询还没有发迹的时候，经吴育举荐而出任御史，但是因为和贾昌朝走得太近而与吴育闹翻。在和吴育的争斗中又借吴育弟媳未改嫁的事情向李氏示好，目的是想借助李氏的力量得到提拔，结果弄巧成拙，反而被免除了御史一职。好不容易被仁宗召回京城，混到知制诰，哪知道他又因为和曾公亮有结党嫌疑，结果再次被贬黜到地方任职。其实唐询是个非常有才气的人，但是他没有依靠自身的才能去创造自己的人生，而是想通过附会权贵走一条捷径，结果三番五次被贬黜。《宋史》说他"少刻励自修，已而不固所守"，可见唐询年少的时候是非常用功的，可惜走上仕途后就迷失了自己，忘记了自己的初心，放弃了自己的道路，最终也没有实现自己的抱负。

四是好为文。唐询一生写了不少文章，有文集30卷，可见是一个高产的作家。唐询最有名的、与苏州关系最密切的文章就是《华亭十咏》，其中的四篇涉及苏州。一首叫《华亭十咏·昆山》："昔有人如玉，兹山得美名。岩扃锁积翠，谷水断馀声。乔木今无在，高台久已倾。如何嵩岳什，独咏甫侯生。"第二首叫《华亭十咏·秦始皇驰道》："秦德衰千祀，江演道不修。相傅大堤在，曾是翠华游。玉趾如将见，金椎岂复留。怅然寻旧迹，蔓草蔽荒丘。"第三首叫《华亭十咏·吴王猎场》："昔在全吴日，从禽耀甲戈。百车尝载羽，一目旧张罗。地变柔桑在，原荒蔓草多。思人无复见，落日下山坡。"第四首叫《华亭十咏·三女岗》："淑女云亡久，哀丘尚著名。九原谁可作，千载或如生。青骨何时化，荒榛此地平。空余图谍在，不复启佳城。"这四首诗虽然不是在苏州作的，也不是直接吟咏苏州的，但都和苏州有着直接的关系。如《华亭十咏·昆山》，唐询注释："华亭谷水东，有昆山，相传即其宅，陆机诗云'仿佛谷水阳，婉娈昆山阴'，今其地存焉。"诗中提到的谷水、高台等均与二陆有关。再如《华亭十咏·秦始皇驰道》，当时，秦始皇统一天下后"秦为驰道，遍于天下，东穷燕齐，南极吴楚"，而据史料记载，在华亭县西北，昆山南四里，相传有大岗路，西通吴城，就是秦始皇下令修建的"驰道"。再如《华亭十咏·吴王猎场》，据宋朝《云间志》记载，吴王猎场在华亭谷东边，此地是陆逊的出生地，三国的时候吴王孙权及其子孙曾在此策马狩猎，留下了"吴王猎场"的传说。至于《华亭十咏·三女岗》则与苏州更是有着密切的关系。据传，越王勾践逼近吴国都城的时候，夫差令其三女南逃，三女在行至奉贤南桥镇北二里处时，害怕落入越人之手，就在这里悬梁自缢了，后人在这里修建了"三女岗""三女祠"，后代很多文人墨客到此凭吊游览，留下不少感慨之词。如今，三女岗已经成为奉贤地区的名胜之一。

唐询转任杭州后，王琪和富严又先后任苏州知州，王琪待了一年，富严干了两年。而从富严再任苏州知州的那个时候（1060）起，苏州进入了繁盛期。

第十七章　走向辉煌

——冠绝东南一大郡（上）

（王彦臣、蔡抗、李复圭、鞠真卿）

从宋太祖赵匡胤黄袍加身到富严第二次担任苏州知州，整整过去了一百年时间。在这一百年时间里，经过赵匡胤、赵匡义、赵恒、赵祯四朝皇帝的持续努力，北宋走向全面鼎盛，无论是经济、文化还是教育、科技，都远远领先于世界上其他国家。在持续发展的同时，帝国的矛盾和问题也在日益积累，其中最为严重的仍然是"冗兵""冗员""冗费"问题。当时范仲淹主导的"庆历新政"，改革的对象主要就是这些问题。然而，随着改革的失败，这些问题不仅没有得到解决，反而越来越严重。到了宋神宗即位的时候，帝国的财政赤字已经到了非常严重的程度，胸怀大志、锐意进取的宋神宗赵顼起用王安石开启了新一轮的改革。从1067年即位到1085年去世，赵顼在位十八年时间，贯穿其中的主线就是改革，其中的一些改革举措取得了明显成效，有些甚至影响了明清以后的政权架构。比如，1080年至1082年推行的"元丰改制"，在保留枢密院的前提下恢复三省六部制，宰相的权力分割为左右仆射，取消了参知政事一职。改制前，宰相拥有相当大的权力，甚至可以驳回皇帝的人事任免，改制后皇帝的诏书可以直接向六部下达，宰相权力大为削弱，台谏部门也形同虚设，皇权得到加强。从此，"与士大夫共治天下"变成了皇帝独断乾纲，过去皇帝不能为所欲为的"民主政治"宣告结束。"皇权"与"相权"这一从秦始皇统一天下后就开始的政权较量，最终以皇权的不断强化而告终，这一变革一直影响到明清时期的政治走向。

被称为"熙宁变法"或者王安石变法的改革最终随着神宗的去世而宣告失败，但是也为北宋带来了一些积极的变化，其中最为显著的就是财政收入的剧增。熙宁十年（1077）的税收是治平四年（1067）的四倍以上，积蓄的财帛足够朝廷开支二十年。强大的财力支撑起了强大的军力，王韶在西北拓疆一千多平方公里，对交趾的作战以胜利而告终，对湘西围剿实现完胜。然而，元丰四年（1081）和元丰五年（1082）两次对西夏的战争都以惨败收场，阵亡将士不下三十万人，神宗一生追求的盛世武功、强国梦想彻底覆灭，从此萎靡不振，在郁郁不乐中于元丰八年（1085）去世，年仅三十八岁。

而从吴越纳土归宋开始，苏州也随着北宋政治、经济、文化的发展而不断走向繁荣。到了宋神宗时期，苏州已经是"井邑之富，过于盛唐""冠盖之多，人物之盛，为东南冠"。此时的苏州，农业、商业、手工业全面繁荣，人才辈出，文化兴盛。

从农业上看，随着土地的开垦、农具的发明和改进、品种的改良和增加、耕作技术的进步、田间管理的加强、水利设施的完善，苏州的农业产量逐年增加。北宋水利学家、太仓人郏亶曾说："天下之利，莫大于水田，水田之美，无过于苏州。"宋朝苏州在水田建设上出现了围田、圩田、柜田、涂田、沙田等，而随着南北交流的加强，苏州农作物的品种也逐步增多，除了水稻外，小麦、黍、粟、豆等旱作物也都在苏州大量种植，促使苏州的粮食产量大幅增加，单产达到每亩三石到四石，总产"几半天下"，因此有"苏湖熟，天下足"或"苏常熟，天下足"的谚语。

农业生产力的提高、农产品的丰富，超出了农民需要，富余的农产品走向流通环节就成为必然，商品经济应运而生。加之苏州位置优越、交通便利，以及纸币的流通，使当地商品经济获得飞速发展，苏

州成为北宋著名的商品交易中心和国家财赋的主要来源地。据史料载，宋神宗熙宁七年（1074），苏州的商税五务，岁额达到五万贯以上；酒课七务，岁额达到二十万贯以上。

随着商品交易的繁荣和农业生产的发展，苏州手工业也日趋发达，尤其是纺织业和造纸业，获得了飞速发展。到宋神宗时，苏州已经成为全国丝织品生产的中心，所谓"茧薄山立，缫车之声，连甍相闻"，纺织作坊不仅遍布城乡，而且品种繁多，分工细密，技术精湛，产量可观。著名的宋锦就是在这一时期出现的。当时包括苏州在内的两浙路上贡的帛，每年都有近百万匹。另外，由于北方棉花种植传至南方，棉花加工业和棉纺织业也逐步得到发展，出现了染坊和印花技术。

进入北宋以后，苏州的造纸业得到迅速发展，纸张品种不断增加，制造技术不断进步。当时生产的粉笺纸，因为是由嫩竹制成，莹滑受墨而舒卷，十分方便用笔，所以名闻四方。张镃在《南湖集》中称赞说："苏州粉笺美如花，萍文霜粒古所夸。近年专制浅蜡色，软玉莹腻无纤瑕。"造纸业的发展又反过来促进了雕版印刷业的发展，推动苏州成为北宋刻书中心之一。当时苏州有很多书铺经营雕版印书，其中有专门刻字的刻工、专门印刷的印工及装订裱褙工等，那时苏州刊刻了很多图书，除了前文提到的王琪刊刻的《杜工部集》外，熙宁九年（1076）吴县知事葛蘩校刊了韦应物的诗集《韦苏州集》。此外，还印刻了许多地方志书，陆龟蒙的《笠泽丛书》，苏东坡的《东坡集》四十卷、《后集》二十卷也都是那个时候刊刻的。

除了纺织业、造纸业外，苏州还有制茶业、造酒业、造船业等一百多个行业，而且有的作坊规模很大，出现了按照行业性质而聚居生产的专业坊巷，比如绣线巷（今修仙巷）就是绣线作坊集聚的地方，巾子巷（今乘鲤坊）是专门制作帽子的地方，金银巷（今剪金桥巷）是金银匠集聚的地方，乐鼓巷（今史家巷）是制作乐鼓的地方。也有以专业市场而形成的坊巷，如嘉鱼坊是卖鱼的地方，和丰坊是米行聚集地，吴歈坊是唱歌跳舞的娱乐场所，等等。而随着手工业和商业的繁荣，苏州出现了许多新的集镇，如望亭、光福、东山、木渎、黎里、平望、周庄、直塘、杨舍等。例如光福镇，原来叫"野步市""梓里村",梁大同年间(535—546),这里兴建光福寺,香火很旺,所以改为光福,到北宋时形成集镇。周庄是因为北宋元祐元年(1086)周佚被封为迪功郎,在此设庄,遂有周庄之称,并逐步形成集镇。太仓直塘镇,因为七浦塘穿镇而过,没有任何曲折,所以就叫直塘,也是在宋朝形成的,历来是粮食集散地。

农业的持续发展、手工业的蓬勃兴起、商业的不断繁荣,推动苏州不断走向辉煌。朱长文在《吴郡图经续记》中说苏州"境无剧盗,里无奸凶,可谓天下之乐土也。顾其民,崇栋宇,丰庖厨,嫁娶丧葬,奢厚逾度"。物质生活的极大丰富,带来了对精神文化的不断追求,也推动教育、文化不断走向繁荣,进而使苏州人才辈出,反过来又吸引更多的风流名士齐聚苏州。在这中间,历任地方官也发挥了极大的促进作用。

富严离开苏州后,王彦臣接任苏州知州。关于王彦臣的史料寥寥,《宋史》没有王彦臣的传记,王鏊《姑苏志》介绍,王彦臣,字伯逢,嘉祐六年(1061)以都官员外郎出任苏州知州,同年六月离任。简单说了这么几句话后,又接了一段话,说宋祁勉其持正,"疑以罪去任"。至于犯了什么罪行,史书没有记载,也不好妄议。

司马光曾写过一首诗,名字叫《送王彦臣同年通判亳州》:

先朝御六飞,亲竭濑乡祠。
牛酒当时惠,衣冠此日思。
仙踪丹有灶,天瑞桧生枝。
圣主怜耆旧,题舆得吏师。

司马光把同一年中进士的王彦臣赞为全国所有官员的表率,并说这个称赞是"圣主"皇帝封赏的。既然王彦臣和司马光关系如此密切,司马光作为旧党的领袖,王彦臣很有可能因为党争而被罢免。但是,因为缺乏翔实的史料,笔者不好妄测。另外,盱眙藏有一块宋代墓志铭碑,上面记载了王彦臣第二个女儿在盱眙修身念佛向善的身世。

王彦臣离开苏州后,蔡抗接任苏州知州。

蔡抗是河南宋城人(今河南商丘),景祐元年(1034)考中进士,被任命为太平州（今安徽当涂）推官（负责州里案件审查）。到任不久，蔡抗听说父亲有病，就弃官而归，可见是个大孝子。后来又被任命为睦亲宅讲书。睦亲宅是仁宗景祐三年（1036）建成的，后置为官局，主要是管理宗亲王府事务，设有教授、伴读、侍教、讲书等官职。正是因为蔡抗出任了讲书一职，所以和宋英宗相识并成为莫逆之交。英宗在宫邸时就对蔡抗十分器重，"请于安懿王，愿得与游"。蔡抗每次觐见英宗的时候，都要"衣冠尽礼"，和英宗亦师亦友。

此后，蔡抗两次出任太常博士，嘉祐年间，出任秦州（今甘肃天水）通判。当时，苏州地区连年出现水灾，朝廷想选择"守将经制其事"。蔡抗知道后，主动要求到苏州任职。嘉祐六年（1061），蔡抗以秘阁校理、太常博士的身份出任苏州知州。前文已经说过，吕居简在苏州担任知州的时候，和邱与权一起修建了昆山塘。嘉祐三年（1058），"转运使沈立之又开昆山之顾浦，颇为深浚"。但是这些工程并没有从根本上解决水患问题，而且没有把治水和治田结合起来。嘉祐五年（1060），两浙转运使王纯臣建议："苏、湖、常、秀修作田塍，位位相接，以御风涛，以狭水源。""令县官教诱殖利之户自作塍岸，定其殿课为殿最。"这显然是不现实的事情，几个州一起修堤岸，工程量可想而知，需要投入多少钱恐怕无法计量；让农民自己修，无异于痴人说梦，更是不现实的事情。

蔡抗到苏州后，立即对各县进行实地调查，对水患情况进行深入考察。面对"州并江湖，民田苦风潮害"的局面，在详细调研的基础上，蔡抗采取修建长堤的办法，从苏州到昆山修了一条长八十里的堤岸。蔡抗这次治水，通过修堤的方式，把治水与治田结合起来，为根治水患奠定了基础，民"大以为利"。

在苏州知州任上干了一年后，蔡抗被任命为广东转运使。当时，番禺每年都要把盐运到英州（今广东英德）、韶州（今湖南韶关）两地。由于路途遥远，路上经常遇到盗贼，"多侵窃杂恶"。蔡抗下令将十条大船编为一运，并且选择"摄官主之"，这样盗贼就不敢前来侵扰，不仅保证了运输安全，而且还增加了收入，"岁终会其殿最，增十五万缗"。

广东岑水（在今广东曲江境内）蕴含丰富的铜矿资源，当地百姓便开始大量开采和冶炼铜，官府从这些百姓手中购买铜，但是官府采取打白条的形式，并且很长时间不还钱，"官给虚券为市，久不偿"（白秦川《宋代货币史料汇编》）。从嘉祐七年（1062）开始，当地百姓采取私下交易的方式，大家达成协议，不把铜卖给官府。当时，江西的私盐贩子也被官府整治得够呛，于是，这些冶炼铜的人（被称作坑户）就和盐贩子联合起来，共同反对官府的横征暴敛，最终导致矛盾激化，官府开始派兵镇压这些坑户。然而，压迫得越厉害，反抗得越激烈，官府和坑户之间的矛盾不仅没有得到解决，反而双方矛盾越来越尖锐。蔡抗就任广东转运使后，对其中的问题进行了详细调查，并根据调查的情况上疏给朝廷，认为冶铜是专业性很强的工种，对坑户来说冶铜是他们生活的唯一来源，官府采取打白条的形式，而且长期不予兑现，必然导致这些坑户生活陷入困境。而坑户和私盐贩子相互勾结，进一步激化了矛盾。针对这种情况，蔡抗采取两手同时出击的方式：一方面，要求坑户和官府之间的交易必须继续，这是国策，不能动摇，同时，官府购买铜必须用现钱支付，不能拖欠。这样一来，官府和坑户之间的矛盾也就不存在了。另一方面，蔡抗和他弟弟蔡挺一道出击，严厉打击江西一带的私盐贩子，切断了坑户和私盐贩子之间的联系，瓦解了他们之间的联合，使问题很快得到解决，当地很快安定了下来。

当时，蔡抗的弟弟蔡挺担任江西提点刑狱，江西和广东是相邻地区，中间的南岭向来以险绝为天下人所共知，这里的驿道也是岭南通往北方的要道，通行安全十分重要。兄弟二人商量后，决定分别维修加固各自管辖境内的路段，"相与协议，以砖甃其道，自下而上，自上而下，南北三十里，若行堂宇间，每数里置亭以憩客，左右通渠，流泉涓涓，红白梅夹道，行者忘劳"（云南省社会科学院历史研究所编《中国西南文化研究》）。兄弟两人不仅对这条驿道进行了修筑，而且每隔一段就建造一座亭子，驿道两边种上松树和梅花，并立表梅关，自此以后，这条驿道就被称为梅关驿道，成为南北客商和官府运送物资的一条重要通道。

宋英宗赵曙即位后，立即下诏要蔡抗回京出任三司判官。因为广东距离京城路途遥远，路上需要很长时间，英宗只要见到从南方回京的官员，就要问起蔡抗的情况，可见英宗对蔡抗的感情之深。等到蔡抗到了京城入朝面见英宗时，英宗告诉蔡抗说："你是我的老朋友，我对你寄予厚望，不要按照常规的君臣之礼疏远我们的感情。"蔡抗回京后，英宗要他以史馆修撰的身份和其他人一同主管谏院。当时，朝廷正在商议英宗即位的典礼仪式，蔡抗引用历朝典礼中为人继子的道理，陈述其中的礼节，说到动情处泪流满面，英宗也被感动得哭了起来。

英宗原名赵宗实，是宋真宗赵恒四弟赵元份的孙子、濮王赵允让的第十三个儿子。宋仁宗赵祯因为一直没有儿子，就于景祐二年（1035）把赵宗实接到宫中作为继子抚养，当时，赵宗实只有四岁。几年后，仁宗生了一个儿子，就把赵宗实又给送了回去，结果不仅这个儿子没有保住，而且他以后再也没有子嗣了。后来，刚出生两个月的十三皇女夭折，仁宗悲痛欲绝，想起自己身后的事情，不禁悲从心头起，在一旁的司马光见到后就建议再把赵宗实接到宫中作为子嗣，仁宗无奈之下只好接受司马光的建议，就把这事交给宰相韩琦去办。

也许是小时候进宫的经历在赵宗实的心中留下了阴影，当接到诏书的时候，赵宗实一口给回绝了，拒绝的理由是父亲刚刚去世，守孝期间不宜离家。仁宗不死心，又三番五次下诏，但是赵宗实就是不答应，弄得仁宗非常恼火，仁宗就对韩琦说："难道宗室之中只有他一个吗？实在不行就换一个吧。"韩琦劝道："赵宗实固辞不受，说明他器识远大，足见陛下的选择是对的。"建议等到赵宗实守孝期满后，直接下诏立他为皇子，这样他就安心了。

一直等到嘉祐七年（1062）八月赵宗实守孝期满，韩琦奏请仁宗下诏，直接宣布赵宗实为皇子，改名为赵曙。因为是唯一的皇子，实际上他也就成了皇储，派人专门将其接到宫中。然而，等接他的轿子进入王府后，赵宗实居然躺在床上根本不起来接旨。这可把仁宗给气坏了。司马光对仁宗说："谦让固然是美德，但是皇命更不可抗拒。请陛下公事公办，让有关部门处理此事。"于是，仁宗命令宗室负责人亲自到王府宣旨。王府的文职人员周孟阳担心赵宗实被问罪，私下打听赵宗实的真实想法后对赵宗实说："宫里三番五次传诏，如果固辞，一旦皇上不耐烦，换了别人作皇子，你以为你还能安然吗？"听了这话后，赵宗实终于醒悟过来，这才同意入宫为继子。

英宗登上皇位之后，精神不正常，仁宗去世后，他不仅大闹葬礼，而且对继母曹皇后出言不逊，以至于让曹皇后心中生出另立新君的打算。就是在这个时候，蔡抗回到英宗的身边，英宗终于找到了自己的寄托，在蔡抗的说服下，英宗才转变了对曹皇后的态度，这才踏踏实实干了几年皇帝。

其后不久，都城发大水，蔡抗要求入见皇上，英宗见到蔡抗后问大水是什么原因导致，蔡抗仍然坚持以前大臣的说法，说"天灾出于人祸"。朝中大臣知道蔡抗和英宗的关系，担心蔡抗在英宗面前出什么不好的主意，所以就进奏提拔他为知制诰，再迁龙图阁直学士，到定州（今属于河北）去出任知州，把他从皇上面前支开了。对蔡抗出任地方官职，英宗十分不舍，分别的时候对蔡抗说："你尽管去赴任，我会召你回来的。"

当时，州兵要轮番到边疆去戍边。按宋朝的兵制，军队分为禁军和府兵，禁军属于中央军，负责卫国保家，府兵则主要负责地方治安和劳役，也就是负责公共设施建设，而且宋朝的兵制有个很大的问题，就是没有退役一说，当了兵就一辈子是兵，所以家属也都在军队。出劳役和戍边，一走就是很长时间，这些当兵的走了之后，把妻子留在军营里，有的妻子可能就会做出不检点的事情。当这些当兵的回来后，一怒之下就会去告发。这样的事情自古难免，以前的知州都睁一只眼闭一只眼不会认真去处理。而蔡抗到任后下令全部按照法律处理，所以这些戍边和出劳役的士兵都非常感激他。

到了治平三年（1066），英宗身患重病，自知将不久于人世，任命蔡抗为太子詹事，召他尽快回京。蔡抗接到诏书后立即启程，但是还没赶到京城英宗就驾崩了［治平四年（1067）正月］。宋神宗赵顼即位后改任蔡抗为枢密直学士，出任秦州（今甘肃天水）知州。蔡抗向神宗告别的时候，神宗悲痛得不能自已，对蔡抗说："先帝病危的时候都没有忘记你。"

秦州有专门关押羌族人质的监狱，一共关押了一百多人，这些人被关进来后一直到死都不能离开。蔡抗到任后下令把他们全部释放了，并和他们约定出狱后不得擅自仇杀，更不能随意作恶。

到秦州没多久，蔡抗梦见宋英宗召他说话，还像平时那样恩宠，他想告退但还是留下了。醒来后对家人讲起梦中的情景，因为感念先帝而悲泣。在宋英宗的灵柩发往墓地的那天早上，蔡抗遥望东方，止不住放声大哭。后来他在便室中接见部署官员，突然发病而死，享年六十岁。朝廷赠予他礼部侍郎。君臣际会到了这种程度，也算是一段佳话。

蔡抗在苏州只待了一年就离任了，由兵部员外郎、两浙转运使李复圭权管州事。

李复圭是徐州丰县人，是李淑的儿子。李淑在宋真宗时因为父亲的关系，赐进士出身，担任过史馆修撰、知制诰、吏部员外郎等职务，最后在河中府知府任上致仕。李复圭也应该因为父亲的关系，通过恩荫的渠道进入官场。曾担任过澶州（今河南濮阳）通判，滑州（今河南滑县）、相州（今河南邺城）知州，后被提拔为度支判官、泾州（今甘肃泾川）知州。在泾州任上，针对租赋层层加征加重百姓负担的问题，李复圭上奏朝廷予以减免，因此得到百姓的爱戴，当地百姓为他立了生祠。

嘉祐七年（1062）十月，蔡抗离任后，李复圭暂时管理苏州州务，八个月后转任为工部郎中，先后出任湖北、两浙、淮南、河东、陕西、成都六路转运使。当时，两浙的百姓因为服衙前役，破产的很多，李复圭到任后，把他们全部放了回去，改为让百姓出钱帮官府招募衙前差役，官府和百姓两方面都感到便利。针对沿海一带百姓依赖浅海泥沙地为生，而有权有势的人想通过向官府纳税的方式将这些地占为己有，李复圭奏请朝廷免除了这些百姓的赋税，把土地分给了他们，让他们安居乐业。

熙宁元年（1068），李复圭升任直龙图阁，出任庆州（今甘肃庆阳）知州。庆州与西夏接壤，当时西夏在边境修筑营垒，但是并没有侵占宋朝的土地。李复圭贪图边功，派大将李信率领三千士兵，从荔原堡趁夜间袭击西夏兵，结果大败而归。李复圭为了解脱自己的罪责，就把李信给杀了。他又想洗雪前耻，就安排其他将领攻破了西夏的金汤、白豹、西和市等地，杀了几千西夏人。七天后，李秉常举全国之力进攻宋朝，引起了宋夏之间的战争。御史谢景温弹劾李复圭擅自用兵，导致宋夏之间开战，致使士兵死伤无数，边民流离失所。李复圭被贬为保静军节度副使，一年后又转任光化军知军。后来，张商英上奏说："西夏谋划侵边已经很久了，与攻破金汤之事正好偶合，并不是李复圭惹出事端这么简单，不应该由李复圭承担责任。"其实张商英上奏是王安石授意的，文彦博曾表示反对，但是王安石对李复圭非常赏识，于是就把李复圭召回京城，后来李复圭掌管吏部流内官员的铨选，先后出任曹州（今属山东菏泽）、蔡州（今湖北枣阳）、沧州知州，回朝后任盐铁副使，以集贤殿修撰的身份出任荆南（今湖北荆州）知州，在荆南任上去世。

《宋史》评价李复圭说："复圭临事敏决，称健吏，与人交不以利害避。然轻率躁急，无威重，喜以语侵人，独为王安石所知，故既废即起。"说明李复圭这人还是很有能力的，只不过遇事急躁，不够稳重，而且喜欢在话语上冒犯他人。他运气不错，能够被王安石赏识，所以即便犯错被贬，也能够很快起复。

李复圭在苏州期间留有一段佳话值得提及。宋英宗治平元年（1064），李复圭出任两浙转运使，有一天，李复圭到吴江圣院去拜访义怀禅师，两个人从白天谈到夜里，交谈非常投机。李复圭对义怀说："苏州瑞光寺法席虚，愿得有道衲子主之。"义怀就指着宗本说："无逾此道人者耳！"于是，就把宗本大和尚请到苏州瑞光寺。宗本到寺庙的时候，众僧恭迎，集众鸣鼓，结果鼓掉了下来，寺众大惊，有一个僧人说："此是和尚法雷震地之祥兆。"宗本在瑞光寺开法，法席日盛，法众达到五百多人，影响非常大。当时，杭州太守陈襄听闻了宗本禅师的大名，就出面请宗本到杭州去主持承天和兴教两座寺庙。但是，苏州信众拥道挽留，宗本没法离开。陈襄又以出任净慈寺主持的名义再次邀请宗本，并且对苏州信众说："借师三年，为此邦植福，不敢久占。"于是，宗本遂到杭州净慈寺开法。后来，苏州信众又以万寿寺、龙华寺两大名刹到杭州邀请宗本，去迎接的人达到上千人，他们对杭州的人说："始借吾师约三年，今九载，义当见还。"想把宗本给抢夺回来。杭州太守派兵保护宗本，苏州人没敢硬抢，这事才作罢。到了元丰五年（1082），宗本将净慈道场托付给门人善本，自己居住到瑞峰庵中去了，苏州信众听说后又想把宗本给夺回来。此时恰好曾孝序在苏州，曾孝序曾经问道于宗本，听说这件事情后，就驾着一条船到瑞峰庵拜谒宗本，离开的时候宗本登上船送曾孝序，两个人相谈甚欢，不知不觉间就到了苏州，苏州信众欢天喜地，请宗本居住在穹窿山福臻院。

另外，针对吴淞江泥沙淤积导致洪水不断的情况，李复圭还在吴江开挖了白鹤汇，后来沈立又在白鹤、盘龙两条河的汇合处顾浦裁弯取直，以便泥沙能够被冲刷下去，说明李复圭在苏州还是做了很多好事的。

李复圭离任后，鞠真卿出任苏州知州。

鞠真卿，字颜叔，生辰、籍贯不详，《宋史》没有传记，《续资治通鉴长编》、王鏊《姑苏志》、范成大《吴郡志》及《冯梦龙全集》《王安石散文全集》等书籍中散布一些零星史料。

从这些史料中可以看出，鞠真卿一生的官当得并不大，做过太常丞充集贤校理、江西转运使、太常寺太祝、集贤校理、淮阳军知军、太子中允、寿州知州、河中府知府、湖州知州、润州（今江苏镇江）知州、苏州知州等。这些零散的史料给我们两个印象：一是鞠真卿是个非常耿直且敢于直言的人；二是鞠真卿是一个集法家与儒家思想于一身的人，主张重刑重典，所以他任职过的地方老百姓都很怕他。

至和元年（1054），宋仁宗赵祯的爱妃张氏去世，年仅三十一岁，仁宗悲痛欲绝，对身边的大臣说："昔者殿庐微卫卒夜入宫，妃挺身从别寝来卫。又朕尝祷雨宫中，妃刺臂血书祝辞。外皆不得闻，宜有以追赠之。"张氏出身书香门第、官宦之家，因为父亲早早就去世了，张氏八岁的时候被母亲送到宫中，侍奉仁宗的小娘娘杨妃。张氏不仅长得非常漂亮，而且人也非常机灵乖巧，她在杨妃宫中有很多机会见到仁宗，时间长了就引起了仁宗的注意，被仁宗纳为才人。张氏十分善解人意，仁宗崇尚节俭，张氏就把自己的寝宫装扮得非常俭朴，床上只有一袭黄绢席子、一床黄格子被褥。天下大旱，仁宗在宫中祈雨，张氏刺破自己的胳膊，用血书写祈祷词。张氏如此乖巧，自然受到仁宗的宠爱，慢慢就被封为贵妃，而且仁宗对张氏的宠爱日甚一日。这么宠爱的妃子年纪轻轻就去世了，仁宗伤心是必然的，所以就想以皇后的规格安葬张氏。仁宗的意思就是想要身边的大臣能够主动提出来，结果却遭到了大臣们的强烈抵制和集体劝谏。御史中丞孙抃、侍御史毋湜、殿中侍御史俞希孟等都出面劝谏，但是效果不大。于是这些官员就请求外放，以此要挟仁宗。这也是宋朝一个普遍现象，大臣劝谏皇上不听，大臣就要去外放，反而名声越弄越大，皇帝对此毫无办法。看到这些官员劝谏无效，时任同知太常礼院、太常博士、集贤校理吴充，太常寺太祝、集贤校理鞠真卿大怒，认为这太不合礼了，坚决表示反对。尤其是鞠真卿，他的性子本就十分耿直，所以就把张氏葬礼违礼越制的事情告诉了言官，这帮言官正愁找不到事情干，于是纷纷上章进谏，结果把事情越搞越大。仁宗一怒之下把吴充、鞠真卿分别贬为高邮知军和淮阳军知军，鞠真卿也正式开始了地方任职的经历。鞠真卿敢于直言，这也许是他一辈子官位不高的原因之一。

鞠真卿在地方任职，一直主张重刑重典，宁可失之于严，不可失之于宽，所以他任职过的地方老百姓都很怕他。仁宗嘉祐年间，鞠真卿从淮阳军知军转任润州（今镇江）知州。润州当时民风彪悍，不少人好勇斗狠，打架斗殴的事情经常发生，搞得地方不得安宁。当地知县下令严打斗殴现象，凡是参加斗殴的人，一律抓起来重打三十大板，但是这样的处罚根本吓不了这些人，打架斗殴之风越演越烈。知县因为治理无方被调离。鞠真卿到任的第二天，还没熟悉润州的情况，一伙打架斗殴的人就被揪到了大堂上，鞠真卿经过审理后，按照朝廷法律，给了一个中规中矩的判决，结果没起到任何作用。没过几天，又有一伙人因为打架斗殴被揪到了大堂，鞠真卿一问才知道，其中的一方怀疑对方偷了自己的大白菜，两方一言不合就打了起来。鞠真卿一听就火了，但是如果按照以前的做法又起不到什么效果，于是他就想

出来一个办法：凡是先动手的，不仅要打板子，而且要赔付对方双倍的医药费，并且张榜公布。这些市井百姓虽然不爱惜自己的身体，但是心疼自己的钱，加上不甘心把钱送给对方，所以即便出现矛盾，也只能嘴上嚷嚷，不敢先动手。经过鞫真卿这么一治，润州打架斗殴的现象很少再出现，"相视无敢先下手"。

为了这件事情，两浙路转运司专门上疏朝廷把鞫真卿给告了一状："知润州鞫真卿侮法专威，僚属不得预议；及私遣衙校过扬州问市价，谕市司增价粜职田米；纳本州衙前李诚妹，逾法先支重难钱与李诚，已遣官推治。"在这封告状奏章中列举了鞫真卿三大罪状：一是藐视和歪曲法令，专权自断；二是擅自过问其他地区的粮食价钱，而且还涨价出售自己职田的大米；三是娶了本州部下李诚的妹妹（为妻为妾不知，应该是做小妾），并且违法乱支出钱财。还说鞫真卿"高亢苛暴，吏民承其积威莫敢诉"。对这封告状奏章中的第二条、第三条因为史料语焉不详，难论对错，但是第一条是一点都没冤枉他。因为强调使用重刑防范百姓违法犯罪一直是鞫真卿的执政理念，其中确实也有很多不合法度的做法。

后来之所以选调鞫真卿到寿州担任知州，就是因为鞫真卿"能禁暴去悍，拊循鳏寡，使良民有以休息，而吏不敢为侵冤，岂非所谓能者哉"。从这段话中可以得出两条结论：一是鞫真卿用法严苛，制暴除乱，有利于矫治当地彪悍的民风；第二，鞫真卿这人能够抚恤弱者，使遵纪守法的老百姓（良民）可以休养生息、安居乐业。这正好说明了鞫真卿是一个集法家与儒家思想于一身的人。

鞫真卿的这种执政理念在苏州也得到了充分体现。鞫真卿先后两次在苏州任职，第一次是庆历中（1045年左右）到长洲（今苏州）担任主簿，王鏊在《姑苏志》中称其"所至有威名"。第二次是嘉祐八年（1063）到治平元年（1064），在苏州待了一年时间。在苏州期间，"政事无他施设而人自惮之"，每天天刚亮，鞫真卿就到衙门处理政务，没有诉讼的人，他就回去休息，很少接待客人，苏州人都很怕他。范成大《吴郡志》引用了《林希逸史》中的记载："鞫真卿，所至有威名，知苏州政事，无他施设而人自惮之，庭讼寂然。每平明视事，自无来者，真卿即归休，客至多不及见。后自兖州贬南安军，道过苏郡，人相戒不敢过其泊舟处五日，左右不闻人声，其见惮如此。"

　　行文至此，想起苏州的一则笑话，说两个苏州人发生了矛盾，一个会问："你阿要吃耳光？"但是不论怎么吵，绝对没有人动手。不少人用这则笑话说明苏州人崇文重教、温文尔雅。其实苏州这个地方自古就崇尚武力，民风十分彪悍，春秋战国三大刺客有两位是苏州人，项羽率江东八千子弟灭了大秦，而孙策兄弟雄踞江东。至于后来黜武尚文，有着多方面的原因（本人曾写过《开放包容与天堂情结》对此进行过分析）。不过读了鞠真卿的故事才发现，那篇文稿分析得并不全面，鞠真卿到苏州任职是在润州之后的事情，很可能把润州的做法用在了苏州，不然打架斗殴这样的事情不可能在一个自古尚武的地方绝迹，苏州人也不可能怕他到了那种程度。可见，鞠真卿在苏州任职期间，对苏州治安状况的好转和民风的改变是功不可没的。

第十八章　走向辉煌

——冠绝东南一大郡（中）

（陈经、裴煜、沈扶）

就在鞠真卿出任苏州知州的那一年，宋朝在位时间最长、为政最为宽松、政绩最为突出的仁宗赵祯也走完了自己辉煌而又遗憾的一生。说其辉煌，是因为他在位期间善于纳谏，政治清明，此一阶段是整个宋朝政治最为宽松的时期；大兴商业，经济繁荣，税收达到唐朝最为繁盛时的数倍之多；教育兴盛，人才辈出，将宋词推到中国文学的翘楚地位；军事发达，帅才迭出，尤其是狄青的起用，促使宋夏达成"庆历和议"，为宋朝创造了近半个世纪的和平环境。说其遗憾，是因为他感情道路充满曲折，没有一任皇后是自己喜欢的，而且一生子嗣不繁，最后不得不过继其父亲赵恒弟弟赵元份的孙子作为继承人。

这个原名叫赵宗实，过继后改名为赵曙的皇子，就是宋英宗，他却在仁宗的灵前继位的时候突然发疯，不仅大闹葬礼，而且对继母曹太后出言不逊。时任宰相韩琦和曹太后商议，暂时由曹太后垂帘听政，才渡过了这次危机。英宗在皇帝任上勉强干了四年就驾崩了，由其儿子赵顼继位，是为宋神宗。

英宗在位的四年，苏州有三位知州相继在任，前两位因为诗文留名，而第三位则多为不法。

接任鞠真卿的人叫陈经。陈经大家可能不太熟悉，但是提起欧阳修无人不知。陈经虽然史无传记、文无遗集，但是因为其一生与欧阳修这样的文坛盟主相唱和，在北宋文学史上留下了鼎鼎大名。

陈经，一名陆经，字子履，自号嵩山老人，祖籍越州（今绍兴），寓居洛阳。据《续资治通鉴长编》记载："陈经，本姓陆，其母再嫁陈见素，因冒陈姓。见素卒，经服丧既除，乃还本姓。见素，河南人，富弼为作墓志，其子释昵。见素卒于景祐二年三月。"根据这一记载，陈经原本姓陆，后来因为母亲改嫁陈见素，所以改姓继父的陈姓，等继父死后守孝期满又改回陆姓。陈见素死于景祐二年（1035），守孝三年，他应该在宝元元年（1038）就恢复了陆姓，但是后来的史料中往往混淆，让后人摸不着头脑。本文为了不致混淆，仍用陈经一名。

陈经于景祐元年（1034）考中进士，同科及第的还有苏舜钦、丁宝臣等人。第二年，陈经出知绛州翼城（今山西新绛）。康定元年（1040），陈经回京担任大理评事，预修《崇文总目》。庆历五年（1045），陈经因为参与苏舜钦公款吃喝，被贬黜到袁州（今江西宜春）担任别驾。赴任的时候，和苏舜钦一同南下。至和元年（1054），陈经遇赦回京，官复集贤校理。嘉祐二年（1057），陈经升任侍御史，同年年底出任宿州（今安徽宿县）通判。治平元年（1064）五月，陈经出任苏州知州，第二年六月改任为颍州（今安徽阜阳）知州。熙宁四年（1071），陈经回京担任馆职，同判太常寺。熙宁八年（1075），陈经出任河中府（今山西永济）知府，熙宁十年（1077）再任，第二年就去世了，还不满六十岁。

陈经一生仕途并不顺利，最大的官也就是知府，相当于现在的厅级干部，所以《宋史》并没有他的传记。陈经之所以在历史上留下名声，主要是因为在文学上的贡献，尤其是和欧阳修等一干文学改革派之间的唱酬，使其在宋朝文学史上占得一席之地。

陈经早在考中进士之前就已经和欧阳修相识相知。天圣八年（1030），陈经在管城（今河南郑州）结识了欧阳修，两个人一见如故，自此开始了一生的文学交往。明道元年（1032），陈经从冯翊（今陕西大荔）路过洛阳，与被称为"洛阳八友"的钱惟演、欧阳修、尹洙、谢绛、梅尧臣等文坛领军人物共游伊水和龙门，夜宿山巅，泛舟饮酒，三天三夜兴致不减，欧阳修为此写了《送陈经秀才序》，并写了《游龙门分题十五首》，其中之一曰："春岩瀑泉响，夜久山已寂。明月净松林，千峰同一色。"

钱惟演是钱俶的儿子，是实实在在的王孙公子，但因为是吴越国国主的儿子，所以不可能被宋朝皇帝信任和重用。出身于皇家的钱惟演不会看不透这一层，但他又是一个官迷，所以就一味迎合巴结垂帘听政的刘皇后，刘娥后来就把他任命为判河南府、西京留守。当时因为谏言刘太后还政于仁宗，欧阳修等一帮年轻才俊纷纷被贬出朝廷，来到洛阳任职。钱惟演就把他们供养起来，几乎不给他们安排公务。这帮年轻才俊就整天吃喝游玩、吟诗作赋，传为一时佳话。欧阳修离开洛阳后，还一直念念不忘："曾是洛阳花下客，野芳虽晚不须嗟。"

陈经考中进士到绛州上任的时候，欧阳修已经回到京城，担任馆阁校勘，分别的时候写下了《送陈子履赴绛州翼城序》，回顾了与陈经"六年而四见"的整个历程，依依惜别之情溢于言表。陈经回京担任大理评事的时候，经常和欧阳修、梅尧臣等一帮好友宴饮赋诗，庆历元年（1041）梅尧臣到湖州任职的时候，陈经、欧阳修都有诗文相赠，梅尧臣回有和诗《醉中留别永叔、子履》。同年冬天，陈经、欧阳修还应邀到晏殊府邸饮酒赏雪。

庆历五年（1045）陈经被贬袁州别驾的时候，与苏舜钦结伴而行，一路上更是和诗不断，苏舜钦留有《维舟野步呈子履》《阻风野步有感呈子履》《答子履》等酬唱之作。苏舜钦到苏州后，陈经继续南行，分别时，苏舜钦又作《送子履》。第二年冬天，陈经赋诗寄赠苏舜钦，苏舜钦作答诗《寒夜十六韵答子履见寄》。在贬所，陈经还写了给王安石的诗，诉说自己穷困潦倒及含冤的情况，王安石也写了《次韵子履远寄之作》：

> 飘然逐客出都门，士论应悲玉石焚。
> 高位纷纷谁得志？穷途往往始能文。
> 柴桑今日思元亮，天禄何时召子云。
> 直使声名传后世，穷通何必较功勋。

王安石在表达对陈经不幸遭遇同情的同时，希望他早日洗雪冤屈，铸就千秋功名。

陈经遇赦回京后，与欧阳修、韩维、刘敞更是酬唱不断。嘉祐元年（1056），梅尧臣返回京师，几人之间更是来往密切，经常在一起饮酒赋诗，梅尧臣在《陆子履见过》中写道：

> 刘郎谪去十年归，长乐钟声下太微。
> 屈指故人无几日，平明骑马扣吾扉。
> 论情论旧弹冠少，多病多愁饮酒稀。
> 犹喜醉翁时一见，攀炎附热莫相讥。

梅尧臣在感叹陈经的不幸的同时，抒怀同病相怜的落拓之意。

嘉祐二年（1057）陈经到宿州任通判的时候，欧阳修写了《长句送陆子履学士通判宿州》，梅尧臣也写了《送陆子履学士通判宿州》，他在诗中说：

> 淮境秋传蟹螯美，郡斋凉爱蚁醅醇。
> 睢南莫久留才子，宣室归来问鬼神。

梅尧臣在充分肯定陈经的人格和才华的同时，对陈经的前途充满信心，坚信陈经将来必能成为台阁栋梁和股肱大臣。可惜的是，梅尧臣对陈经的期望太高，虽然此后陈经在官场上还算顺利，先后担任过苏州、颍州（今安徽阜阳）知州，回朝后出任太常寺通判，最后到河中府任知府，却一直未能进入中枢机构。不过，不论是在地方任职还是回到京城，陈经和欧阳修、王安石、梅尧臣这些文友之间的酬唱从来没有间断过，应该写了很多诗词，史书上记载了不少陈经的诗文，如《文献通考》录有陈经的《祖宗独断》《嵩山集》，《宋史·艺文八》著录陈经《静照堂诗》一卷，可惜早已亡佚。好在《全宋诗》辑录有陈经的诗歌六首和残句，我们从中可以看出陈经的才华和对北宋文学改革的贡献。只是让笔者不解的是，和他一同酬唱不断、交往甚密的其他几个文人如尹洙、苏舜钦、江邻几、梅尧臣、丁元珍等，虽然也是悲剧式人物，但是凭借欧阳修、晏殊等大家的品题，都在文学史上留下了千秋美名，而做出同样贡献的陈经名气却不及他们，后世也很少有人知道他的存在。

陈经曾经两次到苏州，一次是与苏舜钦一同南下，一次是到苏州担任知州，两次的心情不同，因此应该留下不少诗文，可惜他的文集早已亡佚，《全宋诗》辑录的几首基本上都和苏州无关，我们也无法对其在苏州的政绩做出评价。不过，像陈经这样的才子，到苏州任职，对苏州文化的繁盛必定会起到极大的推动作用。

陈经离开后，裴煜接任苏州知州。

裴煜，字如晦，临川（今江西抚州）人。仁宗庆历六年（1046）进士，历官知县、太常博士、秘阁校理、知州等，最后做到翰林学士。《宋史》无传，事迹散见于一些史料之中。

从散乱的史料上看，裴煜是北宋著名的书画家、文学家，留有著名的行书《久疏帖》存世，也写过很多诗词，尤其是和欧阳修、王安石、梅尧臣等文人之间的酬唱之作很多。欧阳修曾写有《送裴如晦之吴江》：

> 鸡鸣车马驰，夜半声未已。
> 皇皇走声利，与日争寸晷。
> 而我独何为，闲宴奉君子。
> 京师十二门，四方来万里。
> 顾吾坐中人，暂聚浮云尔。
> 念子一扁舟，片帆如鸟起。
> 文章富千箱，吏禄求斗米。
> 白玉有时洁，青衫岂须耻。
> 人生足忧患，合散乃常理。
> 惟应当欢时，饮酒如饮水。

王安石也写了一首诗相送,名字叫《送裴如晦宰吴江》:

> 青发朱颜各少年,幅巾谈笑两欢然。
> 柴桑别后余三径,天禄归来尽一尘。
> 邂逅都门谁载酒,萧条江县去鸣弦。
> 犹疑甫里英灵在,到日凭君为舣船。

据《宋朝进士三甲题名录》记载,裴煜曾考中庆历六年(1046)省元,"曾知吴江县"。而据《吴江县衙的历史考证》一文,嘉祐二年(1057),知县裴煜改建南北二门。把这些资料相互印证看,裴煜应当是考中进士十一年后出任吴江知县,欧阳修因此写诗相送。裴煜到了吴江后,对古城南北两座门进行了改建,为吴江的城市建设做出了自己的贡献。

而在这之前,梅尧臣也写了一首五言古诗,名字叫《月下怀裴如晦宋中道》:

> 九陌无人行,寒月净如水。
> 洗然天宇空,玉井东南起。
> 我马卧我庭,帖帖垂颈耳。
> 霜花满黑鬣,安欲致千里。
> 我仆寝我厩,相背肖两已。
> 夜深忽惊魇,呼若中流矢。
> 是时兴我怀,顾影行月底。
> 唯影与月光,举止无猜毁。
> 吾交有裴宋,心意月影比。
> 寻常同语默,肯问世俗子。

诗中裴、宋,裴即裴煜,宋是指宋中道,是参知政事宋绶之子,二人都是梅尧臣的好友。当时,梅尧臣在宣城服父丧,期满后回到汴京,为生计奔波,他在《依韵和达观禅师赠别》中写道:"近因衰已除,偶得存余生。强欲活妻子,勉焉事徂征。"当时,梅尧臣已年届半百,倦于宦游,所以才写这首诗表达自己的心情。就在同一时期,梅尧臣还写有《贷米于如晦》之作,到裴煜家借米度日,一方面说明梅尧臣的生活确实十分拮据，另一方面也证明他们过从甚密，知己之情是十分深厚的。

裴煜离开吴江后，又先后到润州（今镇江）、扬州担任知州，杨蟠曾写有一首《陪润州裴如晦学士游金山回作》。当时，杨蟠担任和州（今安徽和县）推官，裴煜担任润州知州，估计是杨蟠路过或者专门去润州看望裴煜，二人一同游览镇江名胜金山有感而作。从这首诗的标题上看，应该是裴煜写了一首，杨蟠回作了一首，但是裴煜的原作没有查到。

从扬州离开后，裴煜到开封府担任提刑，然后以秘阁校理的身份出任苏州知州。据王鏊《姑苏志》载："裴煜，治平二年（1065）九月丁未，以开封府提刑除秘阁校理、知苏州，三年九月己丑，入判三司都磨勘司，替沈扶阙。"由此可知，裴煜在苏州任上仅仅待了一年时间。不过，他在苏州还是做了不少事情。据王鏊《姑苏志》记载："齐云楼，在郡治后子城上，相传即古月华楼也。吴地记云：唐曹恭王所造。白公有诗云：改号齐云楼，盖取西北有高楼，上与浮云齐之义。据此，则自白乐天始也。故其诗云：欲辞南国去，荃上北城观。治平中，裴煜建为飞云阁。"这段话详细说明了齐云楼的来龙去脉，而到了治平年间，裴煜担任知州的时候对其进行了重建，改名为飞云阁，也算是对苏州城市景观建设做出了自己的贡献。

裴煜担任知州一年后即离开苏州回到了京城，离开的原因估计是身体不好。据《欧阳修集》记载："裴如晦帖，作于治平元年（1064）十二月十四日。后三年，余出守亳社，而裴如晦以疾卒于京师。"也就是说，裴煜离开苏州的第二年就去世了，证明他离开苏州不是提拔，也不是政绩不好，而是身体原因。

接任裴煜的是沈扶。记载沈扶的史料非常少。据《宋史·三百三十一·列传九十》载："沈遘，字文通，钱塘人。……举进士，廷唱第一……以父扶坐事免。"据《吴县志》记载："沈遘，字文通，钱塘人，括兄扶之子也……弟辽，字睿达，仕而不达，谪居池州。"由此可知，沈遘是沈扶的儿子，正当官运亨通的时候，因为父亲获罪而被免职，早逝，仅仅活了四十岁。查阅有关史料，沈遘的叔叔是沈括，所以沈扶和沈括是亲兄弟，只是成就不同而已。沈括因为撰写《梦溪笔谈》而名垂青史，沈扶却因为多行不法之事而获罪，因此而连累自己的子女。

沈遘的祖母许氏是苏州吴县人，据《苏州府志》《吴县志》等载，许氏出身书香门第，生育两子沈扶、沈括，"括以文学贵显，名重当世；扶入仕亦有吏材，其幼皆母自教之"。沈扶有没有吏材，史料没有记载，不过其不法的事情却到处都有记录。据王鏊《姑苏志》载："沈扶，治平三年（1066）九月十八日以权磨勘司乞苏州，差替裴煜。墓志铭云：自三司使以主客员外郎知苏州，其冬，就迁尚书金部员外郎。熙宁二年（1069）八月薛向言扶在官不法，寻罢郡。"

从王鏊《姑苏志》的记载情况看，沈扶治平三年（1066）九月到任苏州，同年冬天就迁任尚书金部员外郎，职务虽然升迁了，苏州知州的实职并没有让出来，一直到熙宁二年（1069）因为在任上做了违法的事情才被免职。至于做了什么违法乱纪的事情，史料上没有记载，我们无法主观臆测。

第十九章　走向辉煌

——冠绝东南一大郡（下）

（李綖、叶均、陈安石、潘夙、唐诏、严君贶、程师孟）

宋英宗赵曙在位仅仅四年就驾崩了，宋神宗赵顼即位。赵顼胸怀大志、锐意进取，决意要改变财政赤字、国用难继的局面，于是大胆起用王安石，一场轰轰烈烈的变法运动就此展开。在这样的背景下，苏州历任知州按照朝廷大政方针施政，推动苏州继续走向繁荣。

沈扶被免职后，李綖出任苏州知州。

李綖，字子仪，钱塘（今杭州）人。仁宗嘉祐元年（1056）和嘉祐三年（1058）两次以秘阁校理的身份参加国子监举人考试。因为资料缺乏，其为官经历笔者了解得不是很详细。王鏊《姑苏志》载："李綖，秘阁校理，熙宁二年（1069）在任。又按，其所作王羲之帖，改作三年正月十日。"《续资治通鉴长编》记载："熙宁五年（1072），为刑部郎中、同判太常寺。七年，知明州。"元代《延祐四明志》还记载有一句话："李綖，户部郎中、秘阁校理，熙宁六年。"说明李綖于熙宁六年（1073）就已在任明州知州，似与《续资治通鉴长编》有所冲突。其他史料则主要是反映他的诗文及和其他人唱和的作品等情况。

从这些零散的史料，我们可以得出这样几个结论：首先，李綖的书法水平很高。能够临摹王羲之的字，而且做成帖，仅从王鏊的那句话就可以得知李綖的书法水平。其次，李綖非常注重教化的作用，而且敢于建言。据《文献通考·刑考六·刑制》记载：嘉祐五年（1060），权同判刑部李綖言："刑部一岁中，杀父母、叔伯、兄弟之妻、杀夫、杀妻、杀妻之父母，凡百四十；劫盗九百七十。夫风俗之薄，无甚于骨肉相残；衣食之穷，莫急于盗贼。今犯法者众，岂刑罚不足以止奸，而教化未能导其为善欤？愿令刑部类天下所断大辟罪，岁上朝廷，以助观省。"李綖认为，现在的刑罚已经足够严厉了，但是仍然出现这么多杀父母、杀夫、杀妻等现象，究其原因，主要是朝廷的教化不够。正因为教化不到位，所以百姓才会去当盗贼，甚至骨肉相残。可见李綖这个人对教化的作用是非常重视的，不主张一味地依靠重刑重典治理百姓。他的提议得到了仁宗皇帝的认可。李綖的文采十分出众，一生写了很多诗词，其中有一首叫《送程给事知越州》：

> 伏节要符惯远游，再朝金陛付牙筹。
> 君王难识奇才晚，御史章言旧治优。
> 三峡路上收使斾，九江波迴改行舟。
> 不须重赋西山好，归侍宸游十二楼。

另外，苏颂和刘敞也都有写给李綖的诗。苏颂留下了一首《冬至日瓦桥与李綖少卿会饮》：

> 使传驱驰同被命，边城迢递偶相从。
> 风霜正急偏催老，岁月如流又过冬。
> 方念去家千里远，无辞沈醉十分浓。
> 须知此会洵堪喜，北上河桥便寡悰。

刘敞送给李綖的诗叫《送李綖学士请示江韩诸君》：

> 我醉阙门外，卧备东藩臣。
> 君从天上来，秀色落青云。
> 留连三日语，多得所未闻。

>僻陋不自知，喟予久离群。
>南风吹白沙，六月天昼昏。
>送行不尽境，引望空复勤。
>相识何必旧，白头或如新。
>有信当寄书，毋遗倾盖人。

宋朝对文人十分重视，尤其是真宗以后，文人越来越多，官员大多是进士出身。他们在为官之余，多喜聚饮酬唱，哪个人到地方任职了，或者遭到贬黜了，朋友们免不了请客吃饭，再送上几首诗表达惜别之意。

李綖几次到地方任职，加上他本人也很擅长诗文，所以这帮文友送几首诗是再正常不过的事情。李綖在苏州任上应该也有不少诗作，但是史料上没什么记载。王鏊《姑苏志》有一段话："熙宁中，校理李綖又割南园地广之（指州学）。元祐中，生徒日众。公绰之子长文（指朱长文）掌教事，议欲尽南园余地为斋庐，会范公子纯礼制置江淮漕事过家，为奏请，诏给度牒十纸充费，户部郎中刘瑾、直龙图阁王觌大修。"说明李綖在苏州知州任上，对州学进行了扩建，增加了学校的面积。这和前文提到的李綖注重教化是一致的，也算是他对苏州教育做出了自己的贡献。

李綖离任后，叶均接任苏州知州。

叶均是叶参的孙子、叶清臣的儿子。前面第九章已经介绍过，叶参曾经两次出任苏州知州，虽然政绩没有多少记载，但是因为出身书香门第，而且叶氏名人辈出，所以史书留名。叶清臣是北宋著名的政治家、文学家。据《叶氏起源》一文记载：江苏叶氏始祖叶参，世居乌程（今属湖州），在宋朝时做到兵部郎中。子叶清臣，生两子，长子叶均徙苏州，次子叶坦迁常州广化门下唐。《宋史·叶清臣传》最后有一句话："子均，为集贤校理。"而《宋史·叶清臣传》称其为长洲人，可见苏州叶氏应该是叶参到苏州担任知州的时候举家迁过来的，如此算来，叶均自然也是苏州人。

叶均的出生年月和为官经历没有详细记载，只在有关史料中偶尔出现。据《宋史·杨杰传》记载："神宗诏秘书监刘几、礼部侍郎范镇议乐，几请命杰同议。杰言大乐七失，并图上之。神宗下几、镇参定，镇不用杰议，自制。乐成，诏褒之。元丰末，晋州教授陆长愈言：'近封孟轲邹国公，宜春秋释奠，与颜子并配。'下太常议，杰与少卿叶均、博士盛陶、王古、辛公佐以谓凡配享从祀，皆孔子同时之人，今以孟轲并配非是。礼部复言：'自唐至今，以伏胜、高堂生等二十一贤从祀，岂必同时人？'诏从礼部议。"从这段话中可以看出，神宗元丰末（1084），叶均的职务是少卿，而此时离他担任苏州知州已经过去了十四年。

据王鏊《姑苏志》载："叶均，字公秉，熙宁三年（1070）五月知苏州。"其他关于叶均的资料基本上查不到，说明其政绩并不是十分突出。不过这也很正常，叶均出身官宦世家，进入仕途很有可能是因为父亲叶清臣的关系，自己如果没有出众的才华和突出的政绩，就可能在父辈的光环下籍籍无名，最后淹没在历史的长河中而不被人知。

叶均在苏州任职一年后就离开了，此后的为官经历史书无载。叶均离开后，陈安石接任苏州知州。

陈安石，字子坚，河阳（今河南孟县）人，是陈贯的儿子。陈贯主要生活在仁宗时代，曾做过主簿、秘书丞、转运使、三司盐铁判官、三司户部、盐铁副使、刑部郎中直昭文馆、相州知州等职。陈安石因为父亲的关系，参加锁厅试及第。锁厅试是宋朝贡举的考试形式之一，对现任官员参加科举考试称为锁厅试，意思是指考试时间应锁其官厅而让考生专心参加考试。说明在参加科举考试之前，陈安石已经进入了官场，《宋史·陈安石传》称其"以荫锁厅及第"。

陈安石锁厅及第后，在京城历练了几年，于嘉祐中出任夔（今重庆奉节）、峡（今湖北宜昌）转运判官。这两个地方都是少数民族聚集区，因此养蛊害人的事情经常出现。陈安石到任后，把制蛊最大的人给抓住杀掉，并且从这个人的手上获得了治疗蛊毒的方子，因此而救治了很多中蛊的人。离开夔、峡二州后，陈安石被调到陕西担任提点刑狱，并暂时担任鄜延（今陕西富县）主帅。陈安石使用谍报制度，对敌军的动向了如指掌。西夏曾经出动一万多骑兵进犯，因为早就得到了消息,所以就提前叫边民戒严,不久西夏骑兵果然打了过来,但是由于陈安石早有准备,西夏骑兵一无所获,陈安石也因此受到皇帝的嘉奖。离开陕西后,陈安石先后担任京西、河东、淮南、京东转运使,出任苏州、邠州(今陕西邠县)知州和河中府(今山西永济)知府。离开河中府后,被提拔为集贤殿修撰,出任河东都转运使,再升任天章阁待制,出知麟州(今陕西榆林神木),因为擅自发放军粮而被弹劾,好在宋神宗及时发现陈安石并没有过错,晋升他为吏部侍郎,后来他又出任永兴军知军及邓州、襄州、陈州、郑州、河阳等知州,最后的官职是龙图阁直学士,绍圣元年(1094)去世,享年八十一岁。

陈安石虽然因为父亲的官职恩荫出仕,但是从其一生的为官经历看,他算得上是一位称职的官员,所以史书评价他所任"皆有政绩"。

首先,陈安石在边防上的独到之处,除了上面提到的在暂摄鄜延主帅期间采取谍报制度预防对方侵扰外,在宋神宗对西夏用兵的时候,陈安石认为:"文吏畏怯,武人邀功。"于是"遣县令佐督饷",并且派遣果敢的人参加行动,约束众人以防出现溃散的情况。当时,王中正率领东路军向西进发,向陈安石汇报只带了四十天的粮食,但是部队在白草平驻扎超过一个月,因此,陈安石心里非常担心:"吾顿兵益久,而秦甲未至,倘不足于食,将以乏军兴罪我。"于是,就擅自安排老百姓再次向部队运送粮食。因为这件事情,李舜弹劾陈安石专权,擅自做主。宋神宗接到弹劾后,下诏把他关在了潞州监狱。没多久,他路运输的军粮大多无以为继,影响了前方军队的行动。宋神宗这才发现陈安石不仅没有过错,而且知人善任,有先见之明,于是就下诏赦免了他。当时,宋神宗根据王安石的建议,对中央机构进行大幅调整,重新设立了六部,皇帝的权力大大增强,而宰相的权力却大为削弱。当时,户部刚刚成立,宋神宗就叫陈安石出任户部侍郎,也算是对他的安慰。

陈安石善于治边,除了因为长期在西部任职、对宋夏之间的战争态势非常熟悉外,可能与他父亲陈贯也有关系。据《宋史·陈贯传》记载,陈贯喜欢谈论军事,咸平中,大将杨琼、王荣兵败而归,陈贯上疏说:"前日不斩杀傅潜、张昭允,结果导致杨琼这些人怕死而不怕法律的处罚，所以才会因为怯战而失败。请从今天开始，凡是与敌人交战而逃跑者，主校都要斩首。副校无伤而还的，与逃兵一样治罪。军队战败城池被围，其他部队能够营救而不去营救者，以延误军情论处。"宋真宗认为他的建议很好，予以采纳。陈贯还给真宗敬献了《形势》《选将》《练兵论》三篇文章，著有《兵略》一书，说明他在军事上很有研究。生在这样的家庭，陈安石不可能不受到影响，从小对边防治军感兴趣是必然的。陈安石在后来的任职过程中，表现出了杰出的军事才能。

其次，陈安石对税赋非常熟悉，而且对改革赋税做出了自己的贡献。据《文献通考》记载，陈安石担任河东转运使的时候曾经上疏："十三州二税，以石计之，凡三十九万二千有余，而和籴之数，凡八十二万四千有余，所以灾伤旧不除免。盖十三州税轻，又本地悉为边储，理不可阙故也。其和籴旧支，钱布相半，数既畸零，民病入州县之费，以钞贸钱于市人，略不收半。公家支费实钱，而百姓乃得虚名。欲自今罢支籴钱，岁以其钱支与缘边州郡市粮草，封桩，遇灾伤，据民不能输数补填。如无灾伤，三年一免输，以封桩粮草充数，即不须如韩绛减数三分及灾伤除十七。"当时，韩绛担任太原府知府，要求改和籴之法，在原来的基础上减去三分，取消官支钱布，这样可以减少老百姓运输粮食、布帛之苦，遇到灾害的时候再给予减免。两个人的意见送到神宗手上后，宋神宗认为陈安石的办法好，所以就叫他在河东推行。除了对税赋制度进行改革外，陈安石还对盐铁及冶金等提出过不少意见。他在任职吏部的时候，对存在的弊政也进行了改革。以前地方官员回京任职，都要经过刑部的反复询问，弄不好就没法任职，弄得这些官员十分反感。陈安石在地方上任职时间很长，对这一弊政有着很深的感受。他担任吏部侍郎的时候就奏请把这一程序给废除了。

最后，陈安石在书法上也颇有造诣。据《琅琊山石刻》一文介绍，琅琊山除了欧阳修撰写、苏轼所书写的《醉翁亭记》碑刻外，蒋之奇、陈安石、晁端彦、曾肇、莫若晦等名人也留有石刻资料。陈安石在书法上的水平应该不低，只是限于资料，笔者不好进行评价。

陈安石到苏州后不久就转任京东转运使了，接任他的是潘夙。

《宋史·潘夙传》说潘夙是郑王潘美的从孙，天圣中（1027年左右），因为上书谈论时政被授予仁寿（今属四川眉山）主簿。潘夙虽然入仕很早，但是仕途并不顺利。在仁寿主簿这个位置上做了很多年，"久之，知韶州，擢江西转运判官，提点广西、湖北刑狱"。潘夙出任韶州（今湖南韶关）知州已经是二十多年以后的事情了，当时韶州蛮族发生叛乱，整个湖南震动，而潘夙作为名将潘美的后代，素有军事才能，所以朝廷就任命潘夙为转运使，"专制蛮事，亲督兵破其团峒九十"。后来，韶州知州郭逵作战失利，潘夙当机立断，派出援兵，扭转了战局。战事结束后，潘夙没有自陈其功，朝廷了解情况后，加封他为太常少卿，潘夙出任滑州（今河南滑县）知州，后改为湖北转运使，出任桂州知州。嘉祐八年（1063），"坐在湖北时匿名书诬判官韩绛"，被贬为监随州酒税，后来被起复为光化军知军。当时，朝中有不少大臣向宋神宗举荐潘夙，说他有将帅之才。宋神宗亲自召见潘夙，"召对，访交、广事称旨"，也就是说召见潘夙，问询广东、交趾的战事，非常满意。但是，宋神宗并没有任用他为武将，而是"用其艺文"，"还司封郎中、直昭文馆"，后其再次出任桂州知州。当时，交趾在占城吃了败仗，地方官员上书给朝廷，"伪表称贺以为大捷"，宋神宗知道这份奏疏有假，就下诏给潘夙说："智高之难方二十年，中人之情，燕安忽事，直谓山僻蛮獠，无可虑之理。殊不思祸生于所忽，唐六诏为中国患，此前事之师也。卿本将家子，寄要藩，宜体朕意，悉心经度。"潘夙于是上书给宋神宗，说明交趾可以攻取的理由，并且准备发兵进攻交趾。潘夙并没有接到出兵交趾的命令，却接到了改任河北转运使的任命。这场对交趾的战争最终取得了胜利，但是并没有潘夙的任何功劳。潘夙在河北转运使任上待了一段时间后，又转为度支、盐铁副使，出河中府知府，改任苏州知州。当时，章惇察访荆湖，向潘夙讨教讨伐南、北蛮族的对策，并向宋神宗陈述潘夙忧思边患的心思，所以神宗就改任潘夙为潭州（今湖南长沙）知州。后来又迁光禄卿，出任荆南、鄂州知州，熙宁八年（1075）去世，享年七十岁。

　　潘夙作为名将之后，素有军事才能，而且在南方任职的时候也表现出了卓越的军事指挥能力。然而，潘夙一生都没有得到重用，尤其是在对交趾的战争中，前期各项准备工作都是潘凤做的，但是到了要出兵交趾的时候，却把他调离了岗位。宋神宗不敢重用潘凤，与他的身世有着密切关系。《宋史》说潘凤是潘美的从孙，其实这只不过是掩人耳目而已。当年陈桥兵变之后，赵匡胤率领众将入宫，看见宫女抱着一个小孩，询问之后得知是柴荣的儿子。原来，除了小皇帝柴宗训之外，柴荣还有三个尚在襁褓中的儿子，分别叫柴熙让、柴熙谨、柴熙诲。当时，潘美对赵匡胤说："臣与陛下北面事世宗，劝陛下杀之，即负世宗，劝陛下不杀，则陛下必致疑。"赵匡胤说："与尔为侄，世宗子不可为尔子也。"意思就是说，把他作为你的侄子，世宗的儿子不可以当成你的儿子。于是，潘美就把这个孩子抱回家中当作侄子进行抚养，之后"太祖亦不问，美亦不复言"。欧阳修在《新五代史》中明确记载柴熙谨病死，而柴熙让、柴熙诲"不知其所终"，恐怕是有意为之。这个被潘美抱回去的孩子就是潘惟吉，潘惟吉的儿子叫潘承裕，潘凤是潘承裕的儿子。这么算下来潘凤实际上是柴荣的后代，宋神宗应该知道潘凤的真实身份，所以，即便潘凤有出色的军事才能，宋神宗也不可能让他掌握军权，毕竟宋家的一部分江山是从柴家夺过来的。

潘凤被改任潭州知州后，唐诏接任苏州知州。

关于唐诏其人史书上基本上查不到，王鏊《姑苏志》说他于熙宁五年（1072）七月以尚书司封员外郎自潭州移苏州，"寻乞分司"，也就是路过了一下子，刚到任就离开苏州回京任职去了。至于其事迹也没有什么记载，只在欧阳修的日记《于役志》中有一段话，"景祐三年（1036）七月，至扬州，辛巳，与伯起饮溯渚亭，会者集贤校理王君玉、大理寺丞许元、太常寺太祝唐诏、祠部员外郎苏仪甫。壬午，仪甫来，小饮观风亭，会者许元、唐诏、君玉。伯起先归"，说明景祐年间，唐诏以太常寺太祝的官衔出任扬州地方官，至于担任什么职务则没有记载。不过，唐诏在苏州时间很短就离开了，以王鏊的说法是"乞分司"，也就是自己要求离开的。至于为什么苏州这么好的地方他不愿意待，笔者不好臆测，估计是有更好的前程。大诗人宋祁在他去池州上任的时候写过一首诗相送，名字叫《唐诏监簿池阳市征》：

> 五鼓歇津亭，风帆去斗城。
> 美材王国秀，独木县官征。
> 萍密浮罂剂，蓴丝杂釜羹。
> 袁郎秋咏去，江月对盈盈。

唐诏离开后，苏州通判严君贶暂时代理州务。

关于严君贶的资料史书上非常少。据《隋唐宋元进士》记载，严君贶是常州武进人，庆历年间考中进士。据王鏊《姑苏志》载："严君贶，熙宁五年（1072）冬，以通判权管勾州事。"也就是说，唐诏离任后，朝廷并没有及时安排新的知州，而是由通判严君贶暂时代理知州职务。前文提到唐诏刚到苏州不久就自己要求离任，而唐诏离任后朝廷还没有选好新的知州人选，所以就让严君贶暂时代理。

至于严君贶的任职情况和为官情况史料很零散。《续资治通鉴长编》卷二百四十五有一段话："两浙乃特荐严君贶，君贶以不奉新法悦俗者也。赵子几使河北，专攻程昉，昉以营职奉公为众人所疾者也。奉使如此，则众毁不至而众誉归之，然非公家之利，此必由圣心未能不为游说所惑动，故人自为厉害之计，辄出此涂欲变俗使为忠实，此岂可长也。"而据《宋会要·职官》记载："神宗熙宁二年（1069）九月九日……太常博士胡朝宗、殿中丞张复礼京东路……太常博士严君贶福建路。"《会稽志》卷三也有一句话："夔路韩正彦、张援，广东游烈，广西关杞福，福建严君贶，诏从之，皆召对遣行，或赐绯章服。此提举常平之始也。"说明严君贶于神宗登基的时候被任命到福建路，至于担任什么职务史书则没有记载，按照《会稽志》的说法是"提举常平"，也就是负责地方粮食税赋事宜。按照这一记载，严君贶到苏州担任通判应该是在福建任职以后。估计在苏州任上干得不错，所以两浙路专门推荐他。当时，王安石已经开始推行变法，但是很多内容不符合实际，所以导致不少人抵制新法，严君贶就是其中一个，所以《续资治通鉴长编》才说严君贶不以奉新法取悦上级，说明他是一个坚持原则的人。当然，当时党争非常厉害，新旧党之间相互倾轧，也难保严君贶不是旧党成员。

严君贶作为进士出身，自然文采不会差，所以和同时代的人免不了会相互写诗酬唱。严君贶自己的诗词笔者没有查阅到，不过，倒是查到了司马光留下的三首写给严君贶的诗，名字叫《酬君贶和景仁对酒见寄三首》，其一：

> 何事挂冠客，至今留帝台。
> 红尘终可厌，青眼不长开。
> 春路半销雪，寒枝初破梅。
> 南园虚客席，洒扫望公来。

其二：

> 北阙黄金印，西山白发翁。
> 吁谟帝庭异，卜筑洛川同。
> 晴野峰峰碧，霜林叶叶红。
> 无因侍樽席，惆怅又西风。

其三：

> 懒拙无时用，耆朋独我思。
> 乘闲同把酒，道旧各成诗。
> 高义刮眼膜，清风生鬓丝。
> 方交激衰俗，贱子实何为。

从标题上看，这三首诗是他们聚会饮酒时所作，说明严君贶和司马光的关系应该不错，而司马光和王安石是新旧两党的领袖，政见相左。

严君贶代理了几个月后，程师孟到苏州任知州。但是，关于程师孟是否做过苏州知州是有争论的。王鏊在《姑苏志》上说："范志（指范成大的《吴郡志》）壁记云熙宁中任，续志作六年，疑皆误。"范成大的《吴郡志》早于王鏊的《姑苏志》，应该以年代更早的范成大《吴郡志》为准。不过，程师孟作为苏州人，在北宋也是知名的政治家，所以顺便在这里介绍一下。

程师孟，字公辟，苏州吴县人，出身官宦之家。景祐元年（1034），二十岁的程师孟即考中进士，先后在广水、钱塘担任县令，然后到桂州担任通判，再到楚州（今江苏淮安）、夔州路（今重庆奉节）、河东任提点刑狱。治平元年（1064）调入京城出任三司都磨勘司，管理四个榷场的事务。熙宁元年（1068）九月，以光禄卿的官衔出任福州知州。熙宁三年（1070）调任广州知州，在广州待了六年后入京担任给事中、集贤殿修撰、都水监、将作监，后又到越州（今绍兴）、青州（今属潍坊）担任知州。后来因为年龄大了，要求退休，以正议大夫衔致仕回到苏州。

从程师孟的任职记录看，他确实没有在苏州担任过知州，不知范成大何以会在《吴郡志》中把他列为苏州牧守。有一种可能，严君贶当时是通判，暂时代理的时候程师孟短暂兼任过苏州知州。笔者认为，范成大毕竟是南宋时期的人，对前朝的事情应该比明朝时期的王鏊更为清楚。

程师孟考中进士的那一年娶了贺知章的后裔贺仿的女儿为妻，贺氏为程师孟生了十一个儿子、两个女儿，可惜的是多数夭折，只活下来了三个儿子。

程师孟自幼聪慧，五六岁的时候就会作诗。他一生在多地任职，每到一个地方都做了很多好事。在夔州路任提点刑狱的时候，泸水一带的少数民族经常侵犯渝州边境地区，但是提点刑狱的治所在万州，万州离边境非常远，每当有敌情的时候，到州里报警，光路上就要一整天。程师孟到任后，奏请把治所迁到了渝州。当时，夔州没有常平仓，一旦遇到灾荒必须从其他地方调运救灾的粮食。程师孟奏请在夔州设立常平仓，刚好遇到当年歉收，程师孟就直接下令调用储备粮赈济灾民。当地的官员非常害怕，告诉他擅自开仓放粮是要受到处罚的。程师孟说："等到报告批下来，这些饥民都饿死了。"坚持开仓放粮。夔州属于山区，有很多接近山谷的土地，每遇雨水季节，山洪裹挟着泥沙而下，河水都是浑浊的，俗称"天河"。程师孟到任后，组织开渠筑堰，用淤泥改造出良田一万八千顷，被评为治行第一。他还根据实践经验写成了《水利图经》颁发各州县，为当地水利建设和农业生产做出了自己的贡献。

从嘉祐元年（1056）到嘉祐八年（1063），程师孟在洪州（今南昌）当了八年知州，为洪州百姓办了不少好事，其中最为突出的是积石为江堤，开挖章沟，设立闸门调节水位，根治了当地水患。

程师孟最为突出的政绩是在福州和广州任上。熙宁元年（1068）九月，程师孟以光禄卿出任福州知州。程师孟在福州虽然只干了一年九个月时间，但留下了千古美名。一是筑子城。福州原来是有子城的，而且非常坚固。宋朝统一全国后，朝廷下令拆除子城，福州子城只剩下了三尺遗迹，不能起到防御的作用。历任知州都想进行重修，但是都因为费用太大而没有实现。程师孟一到福州就对转运使说："我只要20万缗就能把子城修好。"他的提议得到了转运使的支持，于第二年春天建成周长950丈、厚4尺的城墙，前后花费仅19万缗。二是兴文教。当时福州庙学大兴，为了解决教授的住宿问题，程师孟在庙学的花园里专门建造了宿舍。教授有专门的宿舍就是从程师孟开始的。三是息诉讼。福清县香严寺与洋屿村的村民为了田地的事情长期争讼不断，历任官员都未能解决。程师孟到任后上奏朝廷，凡是沿海泥淤的地方，都应该允许当地百姓筑堤为田，顺利解决了这起长期得不到解决的案件。四是正景观。程师孟喜欢游览自然风光，在陶冶性情的同时赋诗作文。到福州后的第一年冬天，程师孟和陈襄、沈公仪、湛仲谟、刘执中、杜伯通、马益损等好友一起游览乌石山。看着眼前的美景，程师孟认为此山可比道家的蓬莱、方丈、瀛洲，遂将其改名为"道山"。据《神解记》记载，山上有三十三景，但是因为没有标识，有的景点根本找不到踪迹，有的又存在争议。程师孟详加考证后，对景点进行了核定，又增加了"道山"等三个景点，合称三十六景，并用篆书刻在岩石上。程师孟还在山上建了一座亭子，名"道山亭"。元丰二年（1079），时任福州知州的曾巩作《道山亭记》，使道山随曾巩的大名流传千古。五是发明报时器。程师孟利用前任知州在威武军门建造的双门，设置铜壶滴漏，这个被称为"铙神"的机器能在水力的作用下，每隔一刻钟自动击铙8下，是当时计量的标准器具。在广州任上，程师孟大筑西城，正风俗、严吏治，为守期间，"谷登民阜，冠盗衰息，而瘴疠不作"。

程师孟在为官之余，喜欢游览山水和作文，著有《奏稿》1卷、《续会稽掇英录》20卷、《广平奏议》15卷、《诗集》20卷、《长乐集》1卷，可惜的是都已散佚。程师孟一生不畏权势，用法公正，每到一个地方都留下很好的政绩，因此洪、福、广、越等州都为其立有生祠。书法家米芾评价说："程师孟以文学登科，以政绩升迁，以言语服敌，以恬退告老。"得此评价，委实不易。

第二十章　风流佳地

——党争之中的苏州知州（一）

（王诲、胡宗愈、滕甫、韩扑、韩铎、孙觉）

从王安石变法开始，北宋文人之间的党争也到了无以复加的地步。以王安石为首的改革派（被称作新党）和以司马光为首的守旧派（被称为旧党）展开了殊死搏斗，而在两派内部也是争斗不已，以至于很多文人被裹挟其中，许多官员因为站错队而遭到贬黜。在这样的背景下，苏州的地方官员也不可能不受到影响。不过，苏州的繁荣局面已经形成，上层的争斗并没有让苏州停止前进的步伐。

程师孟离开苏州后，朝廷任命王诲为苏州知州。

王诲，字规甫（夫），真定（今河北正定）人。生平和仕途情况不详，《续资治通鉴长编》记载，王诲于神宗熙宁三年（1070）为群牧判官，上《群牧司编》。四年（1071），为司勋郎中、度支判官。王鏊《姑苏志》记载："王诲，朝散大夫、尚书司勋郎中，熙宁六年（1073）任，七年（1074）引嫌去郡。"由此看来，王诲是为了避嫌才离开的，至于避什么嫌，史书没有记载，也查不到相关的材料。

王诲在为官为人上的记载几乎没有，但是他留下了一些诗文，包括和朋友之间的酬唱之作，说明王诲的文采比较出众，否则不会和苏轼这样的大家酬唱。

王诲有一首诗叫《送程给事知越州》：

> 清班经岁侍凝旒，宠寄稽山第一州。
> 琐闼风规丹扆侧，蓬莱烟霭碧江头。
> 诗豪谁敢雷门过，乡老争陪昼锦游。
> 行路光华浮画鹢，浩然佳思鉴湖秋。

整首诗在写景中寄托相思，在依依惜别中又充满了羡慕，读来令人回味无穷。

苏轼写过两首关于王诲的诗（词），一首叫《次韵王诲夜坐》，是一首和诗，说明之前王诲有写给苏轼的诗，但是笔者没有查到。全诗如下：

> 爱君东阁能延客，顾我闲官不计员。
> 策杖频过如未厌，卜居相近岂辞迁。
> 莫将诗句惊摇落，渐喜樽罍省扑缘。
> 待约月明池上宿，夜深同看水中天。

另一首是词，叫《菩萨蛮·杭妓往苏迓新守》：

> 玉童西迓浮丘伯，洞天冷落秋萧瑟。不用许飞琼，琼台空月明。　　清香凝夜宴，借与韦郎看。莫便向姑苏，扁舟下五湖。

这首词写于神宗熙宁七年（1074）七月，当时，杭州知州陈襄即将卸任，新任知州杨绘正在去杭州上任的途中，杭妓前往苏州迎接，于是苏轼信手写了这首《菩萨蛮》，寄给苏州知州王诲。

这首词原来的标题叫《菩萨蛮·杭妓往苏迓新守杨元素，寄苏守王规甫》，后人刊刻的时候改为现标题。词的上阕名"游仙"，以"仙"指妓女，描写的是杭妓去苏州迎接新任知州后杭州的空虚冷落。苏轼以"玉童"比"杭妓"，以"浮丘伯"比"新守"，以"洞天"比杭州，并以秋天的萧瑟凄凉来形容杭州的冷落。接下来的第三、四句再以"许飞琼"比"杭妓"，以"琼台"比杭州，以"空月明"比喻杭州的寥落。下阕则主要写的是杭州知州与苏州知州之间的调侃。

前两句的意思是说由于杭妓在场，宴会上萦绕着脂粉清香，这些国色天香姑且借给你王太守观赏。苏轼在这里用了一个典故，唐朝的时候韦应物也在苏州任过太守，而王诲此时正在苏州知州任上，所以借"韦郎"指王诲。后两句是要王诲转告杨绘：千万不要取道苏州，否则见了美色就会动心，要学当年的范蠡，带着美女乘着小舟泛游五湖。

宋朝到神宗时，已经承平日久，而宋朝又是一个十分宽松的朝代，不设夜禁，不禁宴饮，文人可以纵情声色，官员狎妓也是常事。官员之间的迎来送往、吃喝游玩稀松平常，其铺张浪费更是到了令人不敢相信的程度。一个新知州上任，地方上竟然要到几百里外的苏州迎接，而且还带着妓女，由此可见当时的官场风气。更加可怕的是，这种风气经过大文豪写成文章宣扬出去，时人不以为耻，反而竞相模仿，成为文人墨客、权贵官员的时尚。政风民风到了这种程度，宋朝离灭亡恐怕也就不远了。此是题外话。

王诲为了避嫌离开苏州后，苏州通判胡宗愈暂时管理苏州州务。

胡宗愈，字完夫，常州晋陵人，是胡宿的侄子。前面已经介绍过，胡宿在庆历年间曾经担任过苏州知州。胡宿有5个儿子，但是胡宿最看重的还是胡宗愈这个侄子，认为只有他才能继承晋陵胡氏的荣光。

胡宗愈出生于天圣七年（1029），嘉祐四年（1059）考中进士一甲第二名，也就是榜眼，成绩相当好了。考中进士后，胡宗愈出任光禄丞。治平三年（1066），出任集贤校理。熙宁元年（1068），升迁同知谏院。当时，宋神宗赵顼任命王安石为宰相，全力推进改革。王安石推荐自己的幕僚李定出任御史，胡宗愈反对说御史不是谁都可以当的，首先要有文凭、学历要高，其次要有基层工作经验，最后还必须经过组织推荐。现在王安石擅自安排自己的幕僚，明显是不遵守法制。苏颂等人也坚决反对，坚持不肯起草诏书，结果李定被免职了。但是，胡宗愈仍然揪着不放，两个人争论不休，王安石大怒，于是就在熙宁三年（1070）把胡宗愈打发到真州（今江苏仪征）去做通判去了。熙宁七年（1074），胡宗愈转任苏州通判，并暂时管理州务，不到一年又转任河东提点刑狱。元丰三年（1080）出任开封府推官，随即到蔡州（今河南新蔡）担任知州。元祐元年（1086），升迁为给事中，进御史大夫。当时，宋哲宗赵煦即位，太皇太后高滔滔垂帘听政，推行"元祐更化"，旧党全面复辟，司马光等人想要废除免役法，变法的中坚力量章惇被罢黜出任汝州（今河南平顶山下属）知州，后又被贬为提举杭州洞霄宫的闲职。针对这件事情，胡宗愈上疏说："法贵平等，若持两种态度，则对法有害。"坚持抱着公正的立场对待变法。

当时，新旧两党之间的斗争十分激烈。在这样的背景下，哲宗赵煦向胡宗愈咨询朋党的弊端，胡宗愈回答说："君子指小人为奸，则小人指君子为党。君子，实际上是用'义'和小人相比。陛下能择中立之士而用之，则党祸息矣。"第二天，胡宗愈写了《君子无党论》呈现给赵煦。其实，当年欧阳修也写过《朋党论》，洋洋洒洒论述"君子之党"与"小人之党"的区别，结果成了结党的证据和被攻击的由头，也成为"庆历新政"失败的原因之一。胡宗愈这种既得罪了君子又得罪了小人的言论给自己带来了无穷无尽的麻烦，谏议大夫王觌在不了解实情的情况下公开议论胡宗愈的不是之处。第二年，王觌被免职，到润州担任知州，但是，议论胡宗愈的声音仍然很大。不得已，赵煦免除了胡宗愈的御史中丞之职，于元祐四年（1089）让他出任陈州（今河南淮阳）知州。元祐五年（1090），胡宗愈出任成都府知府。元祐六年（1091），回京担任吏部尚书。绍圣元年（1094），被任命为定州（今属河北）知州，但是还未成行就去世了，享年六十六岁。

从任职的经历看，胡宗愈算得上是一个能员干吏，在他任职过的地方大多留下了比较好的政声。但是，胡宗愈始终坚持不选边、不站队，希望能够在新旧两党中间保持独立。然而，在党争处于白热化的背景下，不选边就是立场问题，不站队就不会有人支持你，谁都不想得罪的结果就是把两边都给得罪了。所以，胡宗愈一生也就只能做到部级干部，不然也许会走得更远、站得更高。

不过，胡宗愈毕竟是榜眼及第，才华是没得说的。胡宗愈一生写了很多诗词，也和当时的文人多有交往。胡宗愈的爱子去世的时候，书法家唐坰写信慰问，这封慰问信成为后世著名的书法作品《致胡宗愈伸慰帖》。元祐元年（1086），胡宗愈和苏轼、孙觉、邓温伯等一起举荐朱长文出任苏州州学教授，朱长文最终得到了朝廷的任命，也算是为苏州做了一件好事。

胡宗愈一生写了大量诗词,这里选录其中两首以飨读者。

《众乐亭》其一:

> 平湖拍岸海潮通,亭在平湖杳霭中。
> 庄艳含春云岛晚,波光照夜玉壶空。
> 动摇人影两桥月,洗涤尘襟四面风。
> 野老半酣亭下笑,渔樵今日与民同。

《众乐亭》其二:

> 平芜十顷绿含烟,胜事兴衰已百年。
> 岛榭漫随民意乐,溪山应喜主人贤。
> 点妆野趣滩边鹭,仿佛妖容水上莲。
> 日日流风转谣俗,棹歌长在钓鱼船。

胡宗愈以通判的身份代理苏州知州大半年后,朝廷任命滕甫为苏州知州。

滕甫,字元发,浙江东阳人。因避宣仁太后父亲高遵甫讳,以字为名,改名滕元发,字达道。滕甫生于天禧四年(1020),自幼就十分聪慧,九岁能赋诗。滕甫是范仲淹父亲范墉的外甥,也就是范仲淹的表弟,在苏州州学与范仲淹的次子范纯仁一同学习,范仲淹见了连连称奇。滕甫两次参加科举考试,第一次考了第三名,但是因为所用声韵不合法式被除名,第二次参加考试又考了第三名。两次考中探花,在中国1300年科举史上绝无仅有,可见其真才实学绝非浪得虚名。

考中进士后,滕甫被授予大理评事、湖州通判。当时,孙沔正在杭州知州任上,见到滕甫后大为惊奇,说:"奇才也,今后肯定是一员贤将。"所以就传授给滕甫治理繁难及守边的策略。

滕甫也确实没有让孙沔失望,在以后的为官生涯中做出了突出政绩。宋英宗继位后,滕甫被礼部召试,被授予太子中允、集贤校理、开封府推官、同修起居注。英宗曾经把滕甫的名字写下来放在身边,准备予以重用,但是还没来得及起用英宗就驾崩了。

宋神宗赵顼继位后,开始了两个人之间的群臣际会。史书说滕甫在宋神宗面前议论事情，就像在家里父子之间聊天一样，言辞没有任何修饰，从来都是直言不讳。神宗刚继位的时候，向大臣询问治乱之道，滕甫说："治乱之道有如黑白、东西，之所以黑白不分、东西易位，都是朋党相争的结果。"赵顼问："卿了解君子小人的朋党吗？"滕甫回答说："君子无党，就好像草木，互相缠绕依附的肯定是蔓草，不是松柏。朝廷中如果没有朋党，即使是才能中等的君主也可以管理好国家；不然的话，即使是才智过人的英明圣主也会面临危险。"神宗认为滕甫的话是至理名言，揣摩叹息良久。可惜的是，雄心远大的神宗，最终也没能消除朋党之患。

不久之后，滕甫升任为知制诰、知谏院。御史中丞王陶认为宰相不在公文上签署意见是跋扈，赵顼于是问滕甫，滕甫回答说："不在公文上签署意见，宰相当然有罪，但是以此认为是跋扈，臣以为就有欺骗天子陷害别人的目的。"不久滕甫升迁为御史中丞。当时，种谔（北宋著名将领）擅自修筑绥州城，并且和薛向调动诸路兵马，环、庆、保安等州的兵士纷纷外出抢掠，于是，西夏设计诱杀了将官杨定。滕甫上疏，认为宋夏之间不应失信，一旦开战则兵患民疲，必为内患。当时，中书门下省与枢密院在边事上持对立的态度，中书一方奖赏战功而枢密院则对战事横加约束，枢密院指责种谔修建城堡，而中书则下诏予以褒奖。对此，滕甫上疏说："战与守，关系到国家安危，看法如此不同，愿皇上降旨让这二府先统一意见，然后再下旨。"因为这件事情，种谔和薛向都受到了处罚。

当时，京师一带发生地震，滕甫上疏认为是政事原因造成的，结果引起了朝中大臣的不满，滕甫被排挤出京师，出任秦州（今甘肃天水）知州。神宗知道后对滕甫说："让你去秦州，并非朕意。"于是就把滕甫留在了京师，让他专门接待和陪同契丹使节杨兴公。滕甫和杨兴公推心置腹，交谈甚欢，经常在一起开怀畅饮。杨兴公离开开封的时候，与滕甫难舍难分，甚至痛哭流涕。

河北发生地震后，滕甫被任命为安抚使。震后的河北大地，到处是残垣断壁，城中的房子大多摇摇欲坠，老百姓害怕房屋倒塌被压死，都睡在帐篷或者茅草房子里。滕甫到任后，立即采取措施，向灾民发放粮食，免除田租，修筑堤坝，严查盗贼，使河北地区很快恢复正常秩序。

从河北回京后，滕甫被任命为翰林学士，出任开封知府。开封一个叫王颖的百姓，家里的金子被邻居家的妇女给藏了起来，几任知府都没有审理清楚，王颖因为愤怒而导致驼背。听说滕甫到开封担任知府，王颖就拄着拐杖到开封府上诉。滕甫查清案子后尽数归还了他的金子，王颖高兴得丢下拐杖，仰天大笑，驼背的毛病也马上好了。这事听起来有点戏说的成分，但是也从一个方面说明滕甫的公正和能干。

当时王安石推行新法，天下议论纷纷。神宗知道滕甫好发议论，而且往往直言不讳，担心他因此而获罪，就找了一个理由叫他以翰林侍读的身份到郓州（今山东菏泽）担任知州，后又让其转任定州（今属河北）。滕甫到地方了解情况后，更加清楚新法存在的弊端，于是就上书给神宗说："臣开始就觉得新法不行，到了郡县，更印证了我的看法。"当时天下大旱，神宗征求对策，滕甫上疏说："新法害民的事陛下既然知道了，就请下一手诏，把自熙宁二年（1069）变法以来所有的新举措都废除，民心必然大悦，旱情也就解除了。"但是决意推行改革的神宗并没有听从滕甫的建议。

此后，滕甫先后在青州、应天府、池州、安州（今湖北安陆）等地担任知州，在地方十多年没有被起用，但滕甫以平常心对待，对身边人说："天知吾直，上知吾忠，吾何忧哉！"还上章自讼："乐羊无功，谤书满箧；即墨何罪，毁言日闻。"前面一个典故说的是魏文侯起用乐羊为帅讨伐中山国的故事，后面一个则是当年齐威王召见即墨时说的话。

神宗看了滕甫的奏疏后顿生恻隐之心（"览之恻然"），就把他调到湖州担任知州。后其又转任苏州知州，但是刚到苏州就"引嫌"，于十一月转任扬州知州，至于避什么嫌史书没有记载。离开扬州后升任为龙图阁直学士，第二次出任郓州（今山东菏泽）知州。当时，淮南发生饥荒，滕甫担心逃难的百姓大量涌到本地会发生瘟疫，就先在城外选择营地，把当地有钱的人家召集到一起，让他们出钱在城外营地用草席围成茅屋，一天时间就建成了2500间，并在茅屋里配备了简单

的生活用品。等淮南的饥民逃难过来后，有序进行安排，救活灾民五万多人。

不久之后，滕甫又到真定、太原任职，负责边防事宜。《宋史》说他"治边凛然，威行西北，号称名帅"。当时，河东一共有八名将领负责守边，这八个人实行轮换制度，四人值班，四人休整。滕甫到任的时候，边疆发现敌情，要求八位将领全部值班防守，滕甫说："西夏如果发兵进犯，八位将军全部上阵也打不过敌人；如果西夏不来，四位将军足矣。"于是就让他们继续轮番休整。这些将军们都要负责防秋重任，害怕秋粮被敌人抢走，就一起找滕甫争论，要求出兵进行防守。滕甫指着自己的脖子说："我愿意舍弃性命担保，头可斩，兵不可出。"结果如滕甫所料，这一年塞上地区并没有敌情警报。

当时，哲宗赵煦下诏，要把四座边塞赐给西夏，滕甫上疏建议，先划定边界再放弃营寨，并且说："取城易，弃城难。"于是就安排大将领兵守护边塞，西夏兵不敢靠近。西夏拿到了四座边塞后，又想以绥德城为起点划定边界，这样划定的边界要比原来外扩了20里。滕甫说："这样一来就将失去近百里的国土，决不能答应。"并且九次上疏争辩此事。

元祐五年（1090），滕甫以年纪大为由，请求到淮南一带任职，于是朝廷任命他为龙图阁学士，让他到扬州担任知州，结果滕甫在赴任的路上去世，享年七十一岁。死后被追赠为左银青光禄大夫，谥号章敏。

滕甫刚到任苏州就离开了，由韩扑接任苏州知州。

关于韩扑的资料，史书基本上没有记载，王鏊《姑苏志》载："韩扑，字子文，卢氏云：'尚书司封郎中，熙宁八年九月在任。'壁记，作度支，误。今按与滕甫任日不合。又范志作九年，皆未详。"由此可见，对韩扑的任职情况，苏州的几大志书本身就存在争议，加上《宋史》和《续资治通鉴长编》都没有详细的记载，后人就更搞不清楚了。

韩扑在苏州任职一年后，韩铎接任。

关于韩铎的资料比较少，《宋会要辑稿》《续资治通鉴长编》《宋诗纪事补遗》等书中散见一些记载，但都不全面。《宋会要辑稿》记载，熙宁元年（1068），韩铎出任濮州（今河南濮阳）知州。《续资治通鉴长编》卷二百一十六、二百二十、二百二十二记载：熙宁二年（1069），韩铎权知曹州（今山东曹县）。熙宁三年（1070），提点河东路刑狱。四年（1071），提点陕西路刑狱、权河东转运使、徙江南东路转运使。《续资治通鉴长编》卷234记载："熙宁五年（1072），赐江南东路转运副使韩铎、新权提点刑狱张稚圭银绢二百，以提举开江宁府张公凸上桒家矶、马鞍山河道故也。"这段话与前面的记载有所冲突，说明当时韩铎到江南东路的时候是担任副使，而不是转运使。

王鏊《姑苏志》记载："韩铎，尚书度支郎中，熙宁九年（1076）十月在任。按《长洲志》：八年正月知潭州，十二月去官。据此，则自潭移苏也。壁记作元丰。"范成大《吴郡志》说韩铎是元丰元年（1078）在任，应该不准确，所以王鏊并没有采用。

另外，据有关资料记载，北宋神宗熙宁六年（1073）夏，时年三十五岁的苏辙由陈州（今河南淮阳）学官改任齐州（今济南）掌书记。苏辙到任的时候，正好赶上齐州"大旱几岁，赤地千里，渠存而水亡"，便于熙宁七年（1074）组织了一次龙洞祈雪。也许是凑巧，也许是感动了神灵，这次祈雪仪式后不久就下了一场大雪。当时，刚刚上任密州（今山东诸城）知州的苏轼来齐州看望弟弟，被龙神所感动，提笔写下了"敕龙洞寿圣院"，后被镌刻在锦屏岩壁上，成为济南的一处美景。神宗元丰元年（1078）的冬天，山东大旱，齐州知州韩铎遍访名山灵祠，最终选择在龙洞祈雨雪，果得甘霖。宋神宗赵顼听闻此事，于元丰二年（1079）二月封此处龙神为"顺应侯"。根据这些记载，可知韩铎离开苏州后又到齐州担任知州，但是此后的为官经历则再无记载。

韩铎在苏州待了一年就离开了，由孙觉接任苏州知州。

孙觉，字复明，号莘老，江苏高邮人。孙觉是胡瑗的高足、苏轼的挚友、黄庭坚的岳父、秦少游的老师，同时也是王安石的净友、宋神宗赵顼倚重的谏臣。这些大名鼎鼎的历史人物随便拿一个出来都可以名动天下，由此可见孙觉的名气。

孙觉出生于仁宗天圣六年（1028），弱冠之年拜在胡瑗的门下受学。自从范仲淹兴办苏州州学，延请胡瑗担任教习开始，胡瑗就已名闻天下，所以拜胡瑗为师的子弟越来越多。当时，胡瑗的学生已达上千人，胡瑗就在其中挑选老成持重的学生组成经社。孙觉当时的年龄最小，但是也被胡瑗挑选出来进入经社，当时的同学没有因为他的年龄小而轻视他，说明孙觉年轻时候就很有才华，而且老成持重。

仁宗皇祐元年（1049），孙觉考中进士，出任合肥主簿。当时合肥发生蝗灾，州里安排老百姓去捕捉蝗虫送到官府，但是老百姓的抵触情绪很大。孙觉提出建议："百姓生活艰难，难以用威势硬性要求他们捕蝗。如果用米进行交换，百姓必然尽力。这是除害而享利的善举。"知州采纳了他的建议，并推广到其他地区。

嘉祐三年（1058），孙觉出任太平县（今安徽黄山）知县，在太平县麟凤桥北建成众乐亭，并重建学宫，亲自讲解经义。嘉祐中（1059年左右），朝廷选择名士编校昭文书籍，孙觉名列前茅，因此被任命为馆阁校勘。治平四年（1067），孙觉出任吴江县令，重修了如归、垂虹两座亭。宋神宗即位后，王安石出任宰相。王安石和孙觉早就是好朋友，所以就推荐了孙觉，让孙觉升入集贤院，出任昌王记室，后被提拔为右正言（中书省下面的属官）。因为议论副宰相邵亢没有才能，被贬为越州通判。熙宁二年（1069），在王安石的举荐下，孙觉被调回京城出任知谏院、同修起居注，再迁知审官院。

虽然孙觉和王安石是交往已久的好朋友，而且得到王安石的多次举荐，但是孙觉并没有因为这层关系而无条件地支持王安石变法。当时，王安石在全国推行青苗法，孙觉多次上书逐条陈述青苗法太过荒诞，王安石看了非常生气。有一次孙觉正好有事经过中书省，王安石见到孙觉后对他说："没想到孙学士你也这样啊！"语气中充满了对孙觉的不满。当时，曾公亮向朝廷反映，说京都近旁的郡县，对青苗钱有追逼摊派的现象。王安石就安排孙觉前去实地调查，却遭到了孙觉的拒绝。王安石借此事说孙觉出尔反尔，把他逐出京城，让其出任广德军知军。熙宁四年（1071）孙觉改任湖州知州，熙宁六年（1073），被调到庐州（今安徽合肥）担任知州。熙宁十年（1077），以右司谏的官衔出任苏州知州。当年苏州地区发生大水，松江大堤被淹没，老百姓受到很大损失。孙觉到任后，重新对大堤进行修筑，改用石头砌成高一丈多、长一百里的石堤，堤下改做农田，根治了水患。

在苏州任职一年后，孙觉被调往福州担任知州。福建非常看重婚丧嫁娶，铺张浪费现象十分严重，成为老百姓的一项沉重负担。孙觉到任后，对婚丧嫁娶的费用进行了限制，使得这种风气得到明显遏制。当时，福州有很多老百姓因为欠债无力偿还而被官府收押，刚好几个有钱人准备捐钱五百万给寺庙修佛殿，到州府来请示孙觉。孙觉说："你们捐这么多钱是为了什么啊？"这些富人说："愿佛祖赐福。"孙觉说："佛殿还没有怎么损坏，也没有露天无遮而坐的人，不如用这些钱替囚犯们还债，这样做能够让数百人脱囚释放，因此而获得的福报岂会比修整尚未损毁的佛殿少？"这些有钱人不得已，只好同意了孙觉的提议，当天就把钱给缴纳了，那些被羁押的老百姓也悉数被释放。

离开福州后，孙觉又先后到亳州、扬州、徐州担任知州。徐州的盗贼很多，孙觉在任的时候，官府抓到了五个杀人者，其中一个还是少年，孙觉怀疑其中有问题，就亲自审问这个少年，少年回答说："我在田里耕地，和其中一个人相遇，他强行把棍子给我，半夜挟持我和他一起，让我在门口等着，其他的情况我都不清楚。"孙觉问下属："依照法律该怎么处罚？"下属回答说："死罪。"但是孙觉并没有把这些人全部杀掉，而只杀掉了带头的。这种处罚方法从此成为判决杀人犯的范例。

孙觉先后在七个州担任知州，所到之处都留下了很好的政绩。秦观在《淮海集》中有两句话评价他："转守七州多异政，奉常处处有房祠。"也就是说，孙觉从七个州卸任后，民众都为他建有生祠，可见孙觉是一个深受百姓爱戴的官员。

宋哲宗赵煦即位后，孙觉被升任为吏部侍郎，后又被提拔为御史中丞。作为言官，孙觉不畏权势，直言不讳，先后在一个月的时间里上章弹劾不学无术、无故割地于敌的韩缜，制造冤狱的蔡确，人品低下的章惇，才识浅陋的安焘等人。

孙觉虽然对新党有成见，却是一个有德量的人。他虽然被王安石逐出京城，长期在地方任职，但是他并没有记恨王安石。王安石退居钟山后，孙觉主动前去拜访，晤谈甚欢，"从容累夕；迨其死，又作文以诔，谈者称之"。

可惜天不假年，孙觉刚任御史中丞几个月就因病请求罢官，宋哲宗派人前去家里慰问，并赏赐白金五百两。孙觉于元祐五年（1090）去世，享年六十三岁。绍圣年间，蔡京当权，把孙觉划为元祐党人，削夺其生前官职，一直到宋徽宗即位后才给他恢复原来的职务。

孙觉在经学上有着很深的造诣，尤其擅长《春秋》，著有《春秋经社要义》6卷、《春秋经解》15卷、《春秋学纂》12卷，得到明末清初黄宗羲、当代学者赵伯雄等大家的肯定和赞誉。

孙觉一生热爱山水，虽然诗才不及苏轼、秦少游等，却有陶、谢之风。元丰年间，孙觉曾和苏轼、秦观、王巩在高邮城东雅集，煮酒论文，后人筑文游台纪念他们的文采风流。如今的文游台已是高邮的风景名胜，为后人遥思这些名人的风采提供了上佳场所。

第二十一章　风流佳地

——党政之中的苏州知州（二）

（晏知止、章岵、杨景略）

孙觉转任福州后，晏知止出任苏州知州。晏知止，原名崇让，临川（今江西抚州）人。晏知止是晏殊的第四个儿子。晏殊为官四十多年，当过枢密使，后被封为同中书门下平章事，官至宰辅。欧阳修在《晏元献公神道碑铭》中称赞晏殊："其于家严……未尝为子弟求恩泽。"由此可见晏殊的家风之正。

晏知止虽然是大名鼎鼎的晏殊的儿子，而且是其中最为显达的一个，但是宋代典籍和方志史料对晏知止的记载都非常少，《宋史》在《晏殊传》的最后也只写了一句话："子知止，为朝请大夫。"欧阳修在《晏元献公神道碑铭》中列出了晏殊的八子二女，以崇让为第四子，而据《东南晏氏重修宗谱》记载："晏殊五子晏崇让，宋天圣丁卯五月初二生，宋熙宁丁巳九月殁。"根据这段记载，晏知止是晏殊的第五个儿子，生于宋仁宗天圣五年（1027），卒于宋神宗熙宁十年（1077），享年五十一岁。但是，这段记载显然与历史事实相冲突。根据《吴县志》和《姑苏志》记载，晏知止是元丰元年（1078）到苏州担任知州的，于元丰四年（1081）离任，前后待了三年。离开苏州后，晏知止又先后于元丰八年（1085）出任泽州（今山西晋城）知州，改任晋州（今属石家庄）知州。宋哲宗元祐元年（1086）出任梓州路转运副使，元祐六年（1091）出任蔡州（今河南汝南）知州，元祐七年（1092）出任寿州知州。最后，官至朝请大夫。由此可见，《东南晏氏重修宗谱》所载不可信，至少晏知止不会在到任苏州前去世。

不过，《东南晏氏重修宗谱》有一段文字对晏知止改名的原因进行了说明："晏崇让，字善处，行十，避濮郎讳改名知止。"濮王是宋英宗赵曙的亲生父亲、宋真宗赵恒的侄子、宋太宗赵匡义的孙子赵允让。当年，真宗的太子赵祐夭折后，真宗曾经把赵允让接到宫中抚养，打算将其立为太子，后来赵祯出生后，又把他送回府邸。赵允让于嘉祐四年（1059）病逝，被追封为濮王。前文已经提到，宋仁宗因为没有存活下来的儿子，所以两次把赵曙接到宫中，赵曙于嘉祐八年（1063）继位。由于宋英宗是由赵允让的儿子过继给宋仁宗的，而赵允让又是在儿子过继之前去世的，所以后来宋英宗赵曙即位后，朝廷还发生了一场非常热闹的"濮议"，也就是关于宋英宗养父宋仁宗和生父濮王追赠称呼的争论。正因为赵曙的生父为濮王赵允让，晏崇让为了避讳改名为晏知止。

晏知止在苏州前后待了三年时间，是宋朝苏州知州中任职时间比较长的一位地方官员。在苏州的三年期间，晏知止除了政事之外，还做了不少名垂青史的事情。

一是刊刻《李太白集》。李白生前曾托友人魏颢编《李翰林集》二卷，临终的时候又托李阳冰编《草堂集》十卷，但是均没有传下来。宋初，乐史编辑《李翰林集》二十卷、《别集》十卷，也都失传。宋仁宗时，宋敏求根据上述这些集子，又广泛搜集各种文献，编成《李太白文集》三十卷。元丰三年（1080），晏知止在担任苏州知州期间，把自己珍藏的《李太白文集》拿出来委托信安毛渐校勘后进行了刊刻。在这本名叫《李翰林诗集》的集子中，毛渐写道："临川晏公知止，字处善，守苏之明年，政成暇日，出李翰林诗，以授渐曰：'白之诗历世浸久，所传之集，率多讹缺。予得此本，最为完善，将欲镂板，以广其传。'渐切谓李诗为人所尚，以宋公编类之勤，而曾公考次之详，世虽甚好，不可得而悉见。今晏公又能镂板以传，使李诗复显于世，实三公相与成始而成终也。元丰三年夏四月，信安毛渐校正谨题。"曾巩在《类要序》中说："公之子知止，能守其家者也。以书属余序。"曾巩还在《李白诗集后序》中写道："《李白诗集》二十卷，旧七百七十六篇，今千有一篇，杂著六十篇者，知制诰常山宋敏求次道之所广也。次道既以类广白诗，自为序，而未考次其作之先后。余得其书，乃考其先后而次第之。"由此可见，《李太白集》是晏知止在宋敏求重新编辑和曾巩编年排次的基础上，最终镂刻刊行，传于后世。这是目前李白集的最早刻本。现存于世的宋蜀刻本李白集有两种，都是根据晏知止的刻本而来，这也是我们现在能够看到李白那么多诗文的主要原因。仅就这件事情而言，晏知止在中国文学史上就已经是功不可没了。

二是动员朱长文撰写地方志。朱长文在《吴郡图经续记》自序中写道："元丰初，朝请大夫临淄（应作临川）晏公出守是邦，公乃故相国元献公之子，好古博学，世济其美。尝顾弊庐，语长文曰：'吴中遗事与古今文章，湮落不收，今欲缀辑，而吾所善练定以谓唯子能为之也。'长文自念屏迹陋巷，未尝出庭户，于求访为艰。而练君道晏公意，屡见趣勉。于是，参考载籍，采摭旧闻，作《图经续记》三卷。凡《图经》已备者不录，素所未知则阙如也。会晏公罢郡，乃藏于家。今太守朝议大夫武宁章公，治郡三年，以政最，被命再任，比因临长文所居，谓曰：'闻子尝为《图经续记》矣，余愿观焉。'于是，稍加润饰，缮写以献。置诸郡府，用备谘阅，固可以质凝滞，根利病，资议论，不为虚语也。方圣上睿谟神烈，声教光被，海隅日出，罔不率俾，广地开境，增为郡县。傥或申命方州，更定图籍，则此书庶几有取也。事有缺略，犹当刊补。其古今文章，别为《吴门总集》云。元丰七年九月十五日，州民前许州司户参军朱长文上。"文中提到的练定，是建州浦城人，当时在苏州担任通判，和朱长文交往比较密切，互有诗文赠送。从朱长文的这段序中可以看出，当时晏知止到苏州担任知州后，想要找人编撰地方志，练定向晏知止推荐了朱长文，晏知止曾上门动员朱长文牵头写一部地方志，但是朱长文没有答应。后来，晏知止又委托朱长文的好友练定出面反复做工作，朱长文这才答应下来。《吴郡图经续记》虽然编好了，但是因为晏知止离任，朱长文就把它放在了家里，一直到章岵就任苏州知州后，到朱长文家里提到这件事情，这才把书稿请到了州衙。与后来的地方志，如《吴郡志》《姑苏志》《苏州府志》等相比，《吴郡图经续记》比较简单，但是记录了很多以前没有记载的东西，为后世的地方志作者提供了依据。在这件事情上，晏知止的功劳非常大，值得我们后世学者铭记于心。

三是改名灵岩寺。据《灵岩山志》记载，灵岩山有寺庙，肇始于东晋末年，当时陆玩（陆逊的侄孙，时任东晋司空）舍宅为寺。南朝梁天监年间重修，取名为秀峰寺。传说西域梵僧智积菩萨于此显圣，被尊为开山祖师，故有"智积菩萨显化道场"之称。北宋元丰年间，郡守晏知止改律居为禅院；南宋绍兴年间，因赐韩世忠荐先福名，敕改寺名为显亲崇报禅寺；明朝洪武初年，又改名为报国永祚禅寺；永乐十年（1412）进行重修。由此可见，当时晏知止在苏州的时候，应该对灵岩寺进行过修整，然后把寺名改为禅院，对苏州宗教的发展做出了自己的贡献。

四是在苏州多有诗文传世。据记载，当时程师孟告老还乡的时候，很多人前去祝贺，时任苏州知州的晏知止专门写诗表示祝贺，朱长文也送去了贺诗，其中有一句"中吴昼锦如君少，好作坊名贲故园"，意思就是说，人家楚霸王说"富贵不归故乡，如衣锦夜行"，而你却大白天穿着锦绣衣裳回归故里。晏知止还写了其他一些诗词，本文就不做详细介绍了。

总之，晏知止在苏州三年，为苏州的发展做出了自己的贡献，尤其是在文化方面，留下不少功绩。

晏知止离开后，章岵出任苏州知州。

章岵，字伯望，建州浦城（今福建南平浦城）人。仁宗宝元元年（1038）考中进士，在四川等地当过地方官，曾担任过两浙转运使，每到一个地方都留下了非常好的名声。神宗元丰四年（1081）出任苏州知州，元丰七年（1084）离任，在苏州一共待了三年时间。在这三年时间里，章岵为苏州百姓做了很多好事，给苏州百姓留下了非常美好的记忆,因此,后人把章岵列入了苏州名宦名录之中。

章岵刚刚到苏州上任,就遇到了暴风雨,沿湖海一带的居民受灾十分严重。朱长文在《吴郡图经续记》中说:"始至,会暴风,湖海之濒,民或漂溺。"于是,章岵派遣官吏对百姓的受灾和生活情况进行巡察,对那些受灾严重无法生活的百姓进行赈恤。在此基础上,奏请朝廷同意,蠲免了百姓的田租,"人不失所",老百姓的生活很快就安定了下来。

当时,苏州是全国最为发达的城市之一。繁荣的商业,必然会滋生豪强;富庶的经济,也往往会产生奸吏。而豪强和奸吏又往往狼狈为奸,为害一方。在封建社会,老百姓最怕的是和官府打交道,所以老百姓才有"屈死不告状"一说,这也正好给奸吏提供了上下其手的空间和土壤。奸吏是百姓与官府沟通的最大障碍,他们对上欺瞒官员,使下情不能上达;对下则极尽欺压百姓之能事,使上面的政策不能得到落实,无法惠及百姓。而豪强更是一个可恶的特殊群体,他们既有足够的经济实力,也有相当的人脉关系,可以在地方为所欲为,欺行霸市,无恶不作,成为影响地方社会稳定的最大毒瘤。章岵到任后,"锄治奸吏,绳遏浮薄,击沮豪右,莫不畏慑,政声流闻"。因此,当章岵任职一段时间后,朝廷要他再任。神宗下诏说:"吏不数易,然后得以究其材。今夫苏,剧郡也。而尔为之守,克有能称,嘉省厥劳,仍其旧服。往惟率职不懈,以称吾久任之意哉!可令再任苏守。"朱长文在《吴郡图经续记》中说:"自国朝以来,惟公再任,邦人美之。时议欲大修郡城,增浚运河,公务爱民力,请罢其役,民甚德之。"

这段话并不准确,前面我们提到过的叶参、蒋堂、富严、王琪等都再任过苏州知州,只不过是中间间隔了一段时间,而章岵是连任而已。不过,文中提到的大家建议大修郡城,疏浚运河,因为工程浩大,费工费时,章岵爱惜民力,没有搞面子工程是值得称道的。

章岵在苏州期间,还把当地文人和致仕退居苏州的官员组织起来,组成"怡老会"。他们在一起结社唱和,崇文厚学,不仅有力促进了苏州地方文化的发展,而且对后世结社活动产生了极大影响。怡老会以"优游诗酒"为主要内容,其名称不一:有的以参加人员的多少为名称，叫七老会、九老会、十老会等；有的以社团旨趣为名称，叫清闲会、真率会、乐天乡社等；有的则以参加成员的年龄作为名称，叫高年诗会、延龄会、晚香会等；还有的是以活动地点作为名称的，叫耆园诗会、湖山雅会、林泉雅会等。怡老会的历史可追溯到唐朝中期，当时，白居易与胡杲、吉旼、郑据等年高德重者在洛阳香山结成九老会，置酒赋诗，成为文坛一时盛事。到了北宋，怡老会也受到文人的追捧，宋初担任过宰相的李昉在开封缔结了汴京九老会，神宗时候文彦博在洛阳举办了耆英会等。苏州作为南方的经济、文化中心，自然不会落后。早在仁宗庆历年间苏州就有九老会，参加的人员有徐祐、叶参、晏殊、杜衍等；苏舜钦在苏州期间还组织了苏州诗社；皇祐年间昆山有三老会。

正是在这样的背景下，章岵在治郡之余，把苏州的耆老组织起来，结社唱和，称为"九老会"，当然，也有称"十老会"的。据《齐东野语》记载："吴中则元丰有十老之集，为卢革（大中大夫，八十二）、黄挺（奉议大夫，八十二）、程师孟（正议大夫、集贤修撰，七十七）、郑方平（朝散大夫，七十二）、闾丘孝终（朝议大夫，七十三）、章岵（苏州太守，七十三）、徐九思（朝请大夫，七十三）、徐师闵（朝议大夫，七十三）、崇大年（承议郎，七十一）、张诜（龙图直学，七十），米芾元章为之序焉。"查阅有关资料，章岵至少组织了两次活动，而参加的成员却有所区别。第一次章岵作为知州，大置酒合乐，与九老在广化寺聚会。参加的人有徐师闵、元绛、程师孟、闾丘孝终等。第二次活动则提到是十老，龚明之《中吴纪闻》载："十老会后更名曰耆英，又名真率。"可见参加的人不一定是九个。第二次参加的有张诜、卢革、崇大年、徐九思、郑方平、黄挺等。说明这个学社组织并非那么严密，是不定期举办活动，而且参加的人员也不固定，谁有时间谁就参加，有点像我们现在退下来的老领导牵头组织的研究会、联谊会之类。

文中提到的几个人都是当时苏州的名流，徐师闵是建安（今福建建瓯）人，是章岵的老乡。徐师闵的父亲徐奭，曾经是温州历史上第一个状元（徐奭原籍瑞安，随父亲迁居建瓯），天圣元年（1023）被任命为两浙转运使。当时，苏州水患很严重，徐奭到任后把河堤改为用石头砌，架设桥梁，给百姓带来了很多便利，所以受到了皇上的褒奖。徐奭在任两浙转运使的时候，把家迁到了苏州，子孙即为苏州人。徐师闵在治平年间以虞部员外郎出任江阴军知军；熙宁十年（1077），以司农少卿出任袁州（今江西宜春）知州，最后官至朝议大夫，被封为东海郡侯，告老还乡回到苏州。元绛的原籍是江西黎川县，其祖父元德昭曾当过吴越国丞相，因此落籍钱塘（今杭州）。元绛并没有在苏州当过官，也不是苏州人，为什么会参加这次聚会不得而知，大概是到苏州来看望老朋友，刚好遇到了这次活动，就一起参加了。

程师孟前文已经介绍过。闾丘孝终是苏州人，苏轼被贬到黄州的时候，闾丘孝终刚好在黄州担任知州，苏轼便成为闾丘孝终的属下。闾丘孝终为官清廉，为人正直，他知道苏轼是个饱学之士，因此并没有借机打击、排挤苏轼，而是十分敬重和提携他。凡是有聚会，闾丘孝终就请苏轼一起出席。闾丘孝终在黄州修建了栖霞楼，邀请文人墨客饮酒赋诗，苏轼也经常一起参与。闾丘孝终看到苏轼生活拮据，就在黄州的东面划了五十亩地给苏轼耕种，苏轼因此而号"东坡居士"。这段时间的相处，二人结下了深厚的友谊。后来，闾丘孝终挂冠而去，回到苏州，居住在一条小巷子里，这条巷子也因此叫"闾邱坊"，名字沿用至今。苏轼喜欢游历名山大川，只要来到苏州，必与闾丘孝终相聚，所以苏轼才说："苏州有二丘，不到虎丘，即到闾邱。"可见二人的感情至深。

张诜是建州浦城人，是章岵的老乡，当时去杭州上任，路过苏州，所以就参加了这次聚会。两年后去世，终年七十二岁。卢革，字仲辛，湖州德清人，十六岁就考中进士，可以说是年少得志，曾当过龚州（今广西平南）、泉州知州，提点广东刑狱，福建、湖南转运使，以光禄卿致仕后，安家苏州，在苏州住了十五年后去世。崇大年，字静之，吴县人，庆历年间考中进士，曾担任过青田县、浦城县知县，因为身染疾病要求回到家乡，活到八十二岁去世。徐九思，字公瑾，建州崇安（今福建崇安）人，庆历二年（1042）进士，历官双流、宣化、南陵知县，三司判官，因为忤逆王安石而被贬为广州通判，元丰间神宗召对，但是因为王安石说他是司马光一党，所以被废弃十年不被起用。也许正是这个原因，徐九思寓居苏州，参与了九老会。郑方平、黄挺二人的生平不详。这些退下来的官员，除了政声显赫外，在文坛上也都有一定的影响力。他们在一起宴饮唱和，不仅有利于促进学术交流，提携后进，而且有利于文化的传播和扩散，使当地形成浓厚的文化氛围，对促进苏州文化的繁荣起到了积极的作用。

这里值得提一笔的是，章岵的哥哥章岷在平江军当过推官，兄弟二人先后在苏州任过职，也算是一段佳话。

章岵离任后，杨景略接任苏州知州。

杨景略，字康功。四岁的时候恩荫祖上的功劳，被任命为将作监主簿。十四岁的时候上书皇帝评论天下大事，又拜谒执政大臣，与其讨论政事，当时的宰相富弼对他的才干非常欣赏。杨景略进入官场后，开始负责监咸平县（今河南通许）酒务，"已有能称"。治平二年（1065），授予进士及第，出任寿州安丰县知县。任满后回京负责监京东竹木场，兼三司主管，权度支判官公事。然后转任到开封府担任推官，转为判官、太常博士，提点两浙路刑狱。当时，浙江发生贼乱，但是那里不是杨景略管辖的范围，而杨景略还是发兵对叛贼进行剿杀，结果被认定为"轻率张皇，既贼非本路，擅揭榜许人杀并"（《续资治通鉴长编》卷二百八十四），遭到降级处分，官职如旧。满一年后，转任河北东路，路过开封的时候被留下来负责开封府界各个县镇的公事，再次出任开封府判官，管勾使院公事，提举三司帐。当时，河北发生蝗灾，杨景略受命负责灭蝗。熙宁六年（1073），右司出现空缺，宰相向宋神宗赵顼举荐了几个人，神宗说："杨景略可称其任。"于是拜杨景略为尚书右司郎中，不久又改任起居郎，升迁为中书舍人。当时，高丽国王去世，神宗派遣杨景略前去吊唁。杨景略早就听说李之仪非常有才华，就推荐李之仪作为书状一同前往。李之仪是北宋著名词人，写了名篇《卜算子·君住长江头》流传至今。第二年，为了避亲戚的嫌，杨景略改任龙图阁待制，出任扬州知州，然后到苏州担任知州，在苏州待了两年后又回到扬州担任知州。元祐元年（1086）八月染病，不久就在扬州去世，年仅四十七岁。死后苏颂为其写了墓志铭。

史书上说杨景略一生最大的爱好是读书，平时工作之余就是读书，经常以矫正史书得失为乐事，家里藏书一万多卷，仍然缮写不辍。杨景略搜集了周朝和秦以来的金石刻文达到七千多卷，用于考证史籍上的疏漏及散佚的事情，对补正史籍发挥了很大作用。一生著有《文集》15卷、《西掖草》2卷、《奏议》3卷、《执政年表》1卷、《奉使句骊丛抄》12卷、《少林居士闻见录》10卷。

杨景略回到扬州后，吴安持暂时代理苏州知州。

第二十二章　风流佳地

——党争之中的苏州知州（三）

（吴安持、林希、刘淑、刘埕、王觌）

元丰八年（1085），宋神宗赵顼驾崩，宋哲宗赵煦继位。当时，赵煦只有九岁，所以就由太皇太后高滔滔垂帘听政。高滔滔起用司马光为相，推行"元祐更化"，旧党全面复辟，新党遭到"无情"倾轧。当时，司马光要废除免役法，章惇与他当面辩论，结果惹怒了高滔滔，章惇先被罢黜到汝州（今河南平顶山下属）担任知州，后又被贬到杭州出任提举洞霄宫的闲职。新党的另一员大将蔡确被贬到岭南。当年，王安石等新党当政的时候，也全面打压旧党成员。

元祐八年（1093），高滔滔病逝。被高滔滔刻意压制了八年的哲宗，心头的阴霾一扫而空，决议要继承父亲宋神宗的遗志，重新启动新法。他立即下诏让章惇回京，章惇上任后，马上对旧党展开了一场血腥的镇压运动。章惇第一个拿来开刀的是他的好友苏轼，将他从定州（今属河北）贬到英州（今广东英德），苏轼还没到任又被贬到惠州。在惠州，苏轼写下了"报道先生春睡美，道人轻打五更钟"，传到京城后，把章惇气坏了，心想：这小子在惠州过得很快活嘛。所以又下了一道诏书，把他发配到了儋州（今属海南），苏轼也成为第一个被贬到岭南的旧党人物。苏轼之后，吕大防、刘挚、苏辙、梁焘等也都被贬到岭南。结果，吕大防死在了途中，刘挚死在了贬所新州（今广东新兴），梁焘先贬雷州，又贬化州（今广东茂名下属），苏辙先后被贬雷州、循州（今广东梅州），宋徽宗即位后才得以返京。章惇连九十岁的老臣文彦博也不放过，定他是司马光朋党，由太师降为太子太保，结果，文彦博受不了打击，不久就去世了。

活着的旧党大员几乎被一网打尽，但是，章惇的怒火并没有熄灭。当时，司马光、吕公著已经去世，对他们无法进行肉体折磨，章惇就奏请哲宗同意，剥夺他们死后追封的谥号，拆掉官修的碑楼，磨掉碑文，追贬他们的官职，甚至提出来要对司马光挖坟、掘墓、鞭尸、曝骨，因为中书侍郎许将、枢密院使曾布等人反对才罢手。章惇还制订了周密的计划，从高滔滔身边的太监入手，准备剥夺高滔滔"宣仁太后"的称号，结果因为哲宗生母出面阻拦而没有得逞。

章惇执掌宰相的六年时间里，旧党成员先后有三十多人被贬到岭南、海南，这种赤裸裸的报复行动已经超出了变法的范畴。就在这种背景下，苏州的知州们仍然在勤勉地做着自己分内的事情，但朝政的变化也不可能不影响到他们每个人。

就在这样的背景下，元祐元年（1086）八月，吴安持接替杨景略暂代苏州知州一职。

吴安持是吴充的次子、王安石的女婿。吴充和王安石同年，王安石把女儿嫁给了吴充的儿子，但是吴充并不支持王安石的变法。

吴安持入仕后，先后当过太子中允、滑州（今河南滑县）知州，元祐元年（1086）八月出任苏州知州，一个月后就离开了。元祐三年（1088），出任都水使者，后因治水不力，成为党争的牺牲品，被贬到边远州郡，后召还迁为工部侍郎，最终的官职是天章阁待制。

吴安持的资料散见在《宋史》《续资治通鉴长编》等史籍之中，从这些零散的资料看，吴安持是一个有才华、有能力，而且比较正直的人。在开封府担任录司检校库的时候，吴安持曾上书："本库检校孤幼财物，月给钱、岁给衣，逮及长成，或至罄竭，不足以推广朝廷爱民之本意。乞以见寄金银、见钱，依常平仓法贷人，令人抵当出息，以给孤幼。"从这段话可以看出，北宋的时候已经制定了救助孤幼的制度。吴安持针对当时救助标准较低、不足以彰显朝廷爱民之意的情况，提出提高救助标准。说明吴安持这个人了解民生疾苦，有着爱民之心，而且敢于为民建言，不然也不会针对当时的情况提出自己的建议。朝廷接到吴安持的奏章后，依准了吴安持的奏言，下诏：资产在千缗以下的人家依照所奏施行。

吴安持在都水使者任上做了两件事情，一件使自己留下了爱民的好名声，另一件却使他成为党争的牺牲品。

到都水使者任上后，吴安持秉持自己一贯的作风，关心民瘼，在了解基层情况后，针对不合理的役夫制度，给朝廷上书说："州县夫役，旧法以人丁户口科差，今元祐令自第一等至第五等皆以丁差，不问贫富，有偏重轻之弊。请除以次降杀，使轻重得所外，其或用丁口，或用等第，听州县从便。"

另一件事情是关于黄河决口改道后的水利建设问题。元丰五年（1082），黄河决堤，改道向北，流入渤海，但是仍然决溢不断。元祐元年（1086）之后，对于这段河道怎样处理的意见分成两派：一派主张对故道进行修筑，使河水重新东流，当时的大臣文彦博、安焘、吕大防、包括吴安持，都主张使黄河回到故道；另一派则主张维持改道后的北流河道，范纯仁、苏辙、胡宗愈等人都支持这一主张，最终的结果是前者的主张得到了皇上的认可。元祐三年（1088），吴安持就任都水使者，宋哲宗下诏说："黄河未复故道，终为河北之患。王孝先等所议，已尝兴役，不可中罢，宜接续工料，向去决要回复故道。三省、枢密院速与商议施行。"吴安持本就是恢复河道的支持者，加之本身就是都水使者，自然要承担具体的改道事宜。然而，由于工程浩大，偏又遇上水患，元祐八年（1093）五月，黄河涨水，堤防溃决，洪水泛滥。绍圣元年（1094）七月，由于东流堤防没有及时修缮加固，再次发生水患，流民拥入京师。于是，反对东流的一派包括苏辙在内，纷纷上奏弹劾吴安持，说他多年治水却无尺寸之功。当时也有人为他辩解："大河自元丰溃决以来，东、北两流，利害极大，频年纷争，国论不决，水官无所适从。"到了元符二年（1099）六月，黄河在内黄再次决口，东流断绝，改道向北流入海。主张东流和负责这项工程的吴安持、郑佑、李仲、李伟等被追责加罪，"投之远方"，成了治水两派纷争的牺牲品。

吴安持被王安石看中并招为女婿，自然才华十分出众。吴安持不仅自己写了不少诗词，而且也留有和当时名流唱和的诗词，说明他不仅在文坛十分活跃，而且和当时的名流多有交往，苏轼有一首和诗，叫《和吴安持使者迎驾》。另外，据《临汉隐居诗话》记载："吴安持妻蓬莱县君，荆公之女也，有句云：'西风不入小窗纱，秋意应怜我忆家。极目江山千万恨，依前和泪看黄花。'"吴安持妻"善诗，多佳句"，也是一个才女。

吴安持在苏州只待了一个月就被改任为将作监。王鏊在《姑苏志》中说："元祐元年八月甲午以朝散郎权发遣滑州，除权发遣苏州，又改将作少监。"一个月内三次调动。接任他的是林希。

林希，字子中，福建福清人。嘉祐二年（1057）中进士。说起林希中进士的事情，还有一个插曲值得提一提。前面第十五章关于梅挚的介绍中已经提到过，嘉祐二年（1057）的那一届考试，被称为"千年第一榜"，上榜的很多人都是叱咤风云、在历史上留下鼎鼎大名的人物，像苏轼、苏辙、曾巩、曾布、程颢、张载、章惇等，这一榜进士中，《宋史》留有传记的就有24人。林希才华横溢，在府试和会试中都是第一，如果不出意外的话，殿试高中状元是必然的。然而，殿试的时候，虽然他文章写得很漂亮，但是开头第一句就把仁宗皇帝给惹恼了。林希在文章开头说："天监不远，民心可知。"仁宗是历史上罕见的仁君，但比较自负，林希上来就是"天监"和"民心"，这不是明显教训皇帝嘛，仁宗心里当然不爽，不爽的结果就是林希虽然也中了，但是名次比较靠后。仁宗把林希的试卷放下后，又继续看其他考生的试卷，突然眼睛一亮，看到这么一句"运启元圣，天临兆民"，立即就点了状元，这个人就是章衡。

林希考中进士后，先到泾县担任主簿，然后调入京城担任馆阁校勘、集贤校理。神宗即位后，被提拔为同知太常礼院，负责朝仪和外交礼节。看起来仕途还算顺利，但后来因为犯颜直谏而被贬黜。当时，皇后的父亲去世，太常寺提出丧事简办，但是林希坚持按古礼治丧，遵循服制披麻戴孝。林希的建议使一心想改革的神宗皇帝心里很不高兴，但是林希的提议也没什么不对，所以当时并没有处置他。后来，神宗找了个机会，让林希作为使臣出使高丽，林希接到命令后，"惧形于色"，推辞不去，神宗大怒，就把林希贬到杭州负责楼店务（楼店务就是负责管理官府建造出租的房子）。一年多后，又被贬到秀州（今嘉兴）担任通判。直到元丰六年（1083），林希才被调回京城，出任礼部郎中兼著作郎，参与修撰《两朝宝训》。

由于受到了两次贬黜，林希变得圆滑世故，为人处世小心谨慎，以求明哲保身。但是尽管如此，因为前面不当建议，林希被认为是旧党成员，所以得不到重用。此后不久，林希就以集贤殿修撰的官衔先后到苏州、宣州、湖州、润州、杭州、亳州担任知州，其间，被增加了一个天章阁待制的虚衔。

林希在基层一待就是将近十年时间，一直到元祐八年（1093），哲宗亲政后重新启动改革，任用章惇为相。章惇上任后，想找一个合适的人担任中书舍人，却不得其人，因此犯愁说："司马光当宰相的时候，用苏轼掌制，所以能鼓动四方。安得斯人而用之！"中书舍人不仅主管中书六房（吏、户、礼、兵、刑、工），而且负责承办各项文书，为皇帝起草诏令。章惇正在发愁的时候，有人向他推荐了林希。

林希和曾巩、苏轼兄弟交往都比较密切，曾巩去世后，林希为他撰写了墓志铭。林希还为苏辙写过一副对联："父子以文章冠世，迈渊、云、司马之才；兄弟以方正决科，冠晁、董、公孙之对。"可见他对"三苏"父子之推崇。当时，林希刚被任命为成都知府，正好来京领命，章惇趁机召见他，并且封官许愿，答应让他参与执掌政权。林希一直不得志，而且此时已经五十九岁了，遇到这样的机会当然不会放过。从此之后，林希就跟着章惇一起，为打击"元祐党人"舞文弄墨。为了讨好章惇，林希不惜昧着良心起草诏令，行文措辞"极其丑诋"。几年前被他捧上天的"三苏"，在他的笔下变成了"父子兄弟挟机权变诈，惊愚惑众"。当苏辙接到贬黜自己的诏书时，哭泣着说：

"某兄弟固无足言，先人何罪耶？"林希代哲宗为苏轼写的罪状中言道："若讥朕过，亦何所不容，及代予言，诋诬圣考，乖父子之恩，害君臣之义。至于行路，犹不戴天；顾视士民，复何面目？虽汝轼文足以惑众、辩足以饰非，然而自绝君亲，又将谁怼？"苏轼读了之后，鄙夷地说："林大亦能作文章耶！"

林希不是不能做文章，差一点就能够成为状元的林希，不仅才华横溢，在地方任职的时候也做出了很多政绩。杭州苏堤是苏轼于元祐四年（1089）出任杭州知州的时候所修，元祐六年（1091）林希出任杭州知州，提笔写了"苏公堤"三个字，苏堤由此得名。流传至今的米芾《蜀素帖》，是林希在湖州担任知州的时候请米芾写的，曾经在他的手上收藏了20年。如果不是林希，现在就没有这幅名帖了。林希还写过不少诗词，最有名的是在湖州时写下的《吴兴》：

绕郭芙蕖拍岸平，花深荡桨不闻声。
万家笑语荷花里，知是人间极乐城。

诗中把湖州这个丝绸之府、鱼米之乡的美景刻画得入木三分，极乐之城从此迷倒万千游客。另外，林希还著有《两朝宝训》《林氏野史》《林子中奏议集》等，尤其是《林氏野史》，史料价值很高，至今受到很高的评价。林希确实并非浪得虚名。

林希虽然如此卖力，却并没有拿到自己想要的，当时章惇许诺他的执政位置并没有给他。林希是赔了夫人又折兵，自然对章惇恨之入骨。心想，自己拿着一生的名节做赌注，结果却是竹篮打水一场空。于是，等章惇失势被罢相后，林希就利用给皇上起草诏令的机会，把章惇狠狠骂了一顿，其中有一句说章惇："勃勃无大臣之节，泱泱非少主之臣。"章惇知道后托人给林希带话说："此一联无乃太甚。"林希的回答让章惇哑口无言："长官发恶，杂职棒毒，无足怪也。"（《宋人轶事汇编》中册）章惇用带毒的大棒镇压别人，没想到最终这根大棒竟然落到了自己的头上，真是大快人心啊！

其实林希也不是没有意识到自己的行为太过卑鄙，他曾经在草拟完诏书后把笔扔在地上说："坏了名节矣！"林希的结局并不好。据

《宋史·林希传》记载，章惇当政的时候，林希曾任吏部尚书、翰林学士，升为同知枢密院，也就是枢密院副职，已经进入最高层了。当时，曾布知枢密院，章惇怀疑曾布在枢密院离间自己，所以要林希过去任职，实际上是担任间谍，随时向自己汇报曾布的言行。但是，林希天天和曾布在一起，为曾布所诱惑，而且心里也怨恨章惇，所以就背叛了章惇。刚好遇到刑恕（时任吏部尚书兼任御史中丞）弹劾林希，章惇就罢免了林希的职务，把他打发到亳州担任知州，后以端明殿学士出任太原知府。宋徽宗即位后改任大名知府，林希上"河东边计三策"，朝廷以其词命丑正之罪，把其端明殿学士的官衔给取消了，安排他到扬州担任知州，再改任舒州（今安徽安庆），没多久林希就去世了。据说他得病后十个指头都烂掉了，最后因舌头溃烂而死，享年六十七岁。

　　林希在苏州仅仅待了两个月时间就离任了，王鏊在《姑苏志》提到，林希的弟弟出任两浙提刑，为了避嫌，林希改任宣州知州。

　　林希离任后，刘淑接任苏州知州。刘淑的生平没有查到相关资料，《续资治通鉴长编》说他熙宁中（1072年左右）"权提点开封府界诸县镇公事"。元祐元年（1086）由江南西路转运使罢知宿州，移苏州。王鏊《姑苏志》记载："刘淑，朝请大夫，元祐二年（1087）五月自知宿州改苏州，三年八月己亥除祠部郎中，四年八月言者追论不受理章惇田事，罢官。"《乾道四明图经》记载："曾知明州。"这段记载与前面关于林希的任职有些衔接不上。林希是元祐元年（1086）九月到任的，十一月就为了避嫌而离职了，而刘淑是元祐二年（1087）五月到任的，这中间有六个月是空档期。这六个月由谁代理苏州知州没有任何记载。

　　从这些散见的资料看，刘淑是从宿州知州任上转任苏州的，在苏州做了一年知府后回京担任祠部郎中，但是因为拒绝追究章惇的事情而被罢官。到了元祐八年（1093），章惇被重新起用担任宰相后，刘淑以户部侍郎的官衔出任明州（今宁波）知州。刘淑到任的那一年，明州大旱，刘淑发动民工对月湖进行了大规模的疏浚，在湖边种植柳树，并利用挖湖后的积土，建成月湖十洲胜景。十洲初成之日，刘埕、王亘、舒亶、陈瓘等徜徉其间，随景命名，托物咏志，以菊花、芙蓉、芳草、松、花、竹、柳、雪、月、烟为洲名，写下了40多首十洲唱和诗，使月湖成为宁波的一个著名景点。

刘淑在苏州的时候写过一首诗，名字叫《题虎丘次蒲章二公韵》：

衮席频虚未赐环，游心暂寄水云间。
霓旌初下姑苏苑，蜡屐先寻虎踞山。
高兴不辞溪路险，幽情更美野僧闲。
留连景物慵回首，画舫寒侵暮角还。

从题目上看，这首诗是和蒲、章二位诗人的作品，至于蒲、章二人和作诗的背景不太清楚。不过，从这首诗中可以看出，刘淑在苏州还是过得非常滋润的。公务之余游览于山水之间，和几个好朋友饮宴唱和，也是一大乐事。

刘淑离任后，刘埙出任苏州知州。关于刘埙的资料基本上没有，《宋史》无传，《续资治通鉴长编》也没有任何记载，只是王鏊《姑苏志》上面有一句话："元祐三年（1088）五月以尚书户部郎中自滑州移苏州，四年五月去职。"他在苏州待了整整一年。

刘埙离职后，王觌出任苏州知州。

王觌，字明叟，泰州如皋（今南通如皋）人。皇祐三年（1051），王觌与堂兄王观一同赴开封太学拜胡瑗为师，专心研读仁义礼乐经典。王觌时刻牢记胡瑗在讲解《周易》时的教诲，君子"不以一己为忧，所忧者天下；不以一己为乐，所乐者天下"。决心要做一个范仲淹那样"先天下之忧而忧，后天下之乐而乐"的君子。王观于嘉祐二年（1057）考中进士，成为著名的词人。王觌两年后于嘉祐四年（1059）也考中进士，时年二十四岁。

王觌考中进士后，先在京师做过编修三司令式删定官，但是王觌不愿意一直待制京城，他认为只有到地方才能了解实情、历练本领、实现抱负，所以就要求外放。于是，熙宁元年（1068），王觌被任命为润州（今镇江）推官。当时两浙大旱，地方官派员前去勘查灾情。勘查人员受到监司的暗示，不敢如实汇报灾情，老百姓不能得到及时救

助，赋税也得不到减免。后来，王觌受命前去复查，发现灾情非常严重，就下令将灾民的赋税全部免除。监司知道后大怒，对他的做法百般挑剔，并上告到朝廷。朝廷派钦差大臣到两浙进行处理，王觌请求拜见钦差大臣，当面向他道明实情和百姓疾苦。钦差大臣采纳了王觌的意见，回京后立即推荐王觌出任司农丞一职。但是，王觌不愿意在京城待着，在司农丞位置上坐了没多久就请求外放。"韩绛高其节，留检详三司会计。"后他到颍昌府（今河南许昌）任签书判官。

熙宁三年（1070），王安石出任同中书门下平章事一职，开始在全国范围内推行新法。针对王安石的变法，王觌认为："朝廷意在便民，而议者遂谓免役法无一事可用。夫法无新旧，惟善之从。"王觌认为，一种政策的好与坏、新与旧，衡量的标准关键在于是否便民，只要政策有利于国计民生就是好政策。后来，旧党搜集关于新法的数十条问题来说明青苗法扰民，请求免去新法，实行以往的平旧法。对此，王觌反驳说："聚敛之臣，惟知罔利自媒，不顾后害。以国家之尊，而与民争锥刀之利，何以示天下？"同时，王觌还就一些大臣主张严刑峻法上疏给神宗："刑罚世轻世重。熙宁大臣，谓刑罚不重，则人无所惮。今法令已行，可以适轻之时，愿择质厚通练之士，载加芟正。"王觌反对严刑峻法，主张实行宽严适中、可以常行的法典。

哲宗即位后，吕公著、范纯仁一致推荐王觌可以委以重任。于是，王觌被任命为右正言，进司谏，成为一名言官。作为一名言官，王觌积极履行自己的职责，发现朝中的问题后，立即向哲宗上疏说："国家安危治乱，系于大臣。今执政八人，而奸邪居半，使一二元老，何以行其志哉？"王觌列举了宰相韩缜，副宰相蔡确、章惇、张璪狼狈为奸、败坏朝政的事实，先后上疏数十道，最终这些人相继被罢免。不久之后，又弹劾罢免了参知政事（副宰相）吕惠卿。这时，朝政大臣纷纷议论"大奸既黜，虑人情不安"，建议"下诏慰释之，且戒止言者"。哲宗也不想对大臣处罚太多，因此，有几次对王觌的奏疏看也不看就扔在龙案上，对王觌说："王爱卿，以后这些小事就不要奏了，如果朕每天都被这些鸡毛蒜皮的事情纠缠，还怎么办理其他事情？"对此，王觌回答说："诚出于此，恐海内有识之士，得以轻议朝廷。舜罪四凶而天下服，孔子诛少正卯而鲁国治。当是之时，不闻人情不安，亦不闻出命令以悦其党也。盖人君之所以御下者，黜陟二柄而已。陟一善而天下之为善者劝，黜一恶而天下之为恶者惧。"虽然王觌情真意切，反复规劝哲宗，但是最终仍然未能阻挡哲宗下诏安抚人心。

在党争十分激烈的背景下，王觌这么直言谏诤，得罪了很多人。所以不久之后，王觌就在蔡确、章惇的陷害下被贬为苏州知州。苏州有一个狡吏，善于逢迎上级，从而攫取了权力，为害一方。王觌到任后听到老百姓反映这个吏员的情况，掌握了这个人犯罪的证据后，对其依法进行了处置，"一郡肃然"。苏州百姓感念他的恩德，留下了"吏行水上，人在镜心"的佳话。

绍圣元年（1094），王觌以宝文阁直学士出任成都知府。王觌到了成都后，不顾旅途劳顿，立即下去访民问情。成都平原土地肥沃，一亩土地的价值千金，以至于很多贫苦百姓死后无葬身之地。王觌了解到实情后立即下令，要那些侵占官地的豪强把所占土地退出来，由官府立下石碑，作为无力下葬者的墓地。王觌是有文字记载的最早实行公墓的官员。成都的百姓纷纷赞扬，说新来的知府不仅爱民如子，而且泽及枯骨。成都城里原有一条渠道，连通大江，因为年久失修，渠道淤积，城里的水无法排出，经常出现内涝。王觌组织人力对这条渠道进行疏浚，消除了水患。老百姓感念他的恩德，称这条渠为"王公渠"。后人把王觌与修都江堰的李冰父子一起纪念，在都江堰李冰父子雕像一侧竖起了王觌的雕像，这座雕像至今仍然矗立在都江堰边上。

王觌的贤名传到京城后，朝中不少大臣纷纷为王觌请愿。哲宗又把王觌调回京城，王觌再次出任谏官。野史里记载了一则哲宗当众褒奖王觌的故事，说一日上朝，宋哲宗看到原来和王觌有矛盾的章惇等人私下里嘀嘀咕咕，遂朗声说："来人，给王觌大人看座。"王觌听了大吃一惊，心想：作为臣子，这样的礼遇还从来没有过。大宋自立朝以来，也只有当年八贤王曾经被皇上赐过座位，今天这皇上是怎么了？等太监把座位搬到大殿，宋哲宗笑着对王觌说："王爱卿，坐下吧。你年纪不小了，朕可不想把你累倒在大殿上。"这可把章惇给气坏了，心想：你这不是给我这个当朝宰相难堪吗？你说王觌年纪大，我还比他

大一岁呢，大殿中比他年纪大的多了去了，你怎么不怕把我们也累倒在大殿上？但是，这样的话章惇也只能闷在肚子里，不管怎么样都是不敢说出口的。

宋徽宗即位后，王觌出任工部侍郎，迁御史中丞，后以龙图阁学士到润州（今镇江）、海州（今连云港）担任知州，最后出任主管太平观的闲职。《宋史》说："觌清修简澹，人莫见其喜愠。持正论始终，再罹谴逐，不少变。"崇宁二年（1103），王觌"无疾而终，年六十八"。一生著有《谏疏》30卷、《奏议》30卷、《杂文》50卷、《内制》30卷。

王觌在苏州做了一年知州就离开了，黄履接任。

第二十三章　风流佳地

——党争之中的苏州知州（四）

（黄履、范锷、贾易、刘定、吴居厚）

黄履，字安中，福建邵武人。青年时期，黄履进入太学学习。嘉祐元年（1056），黄履考中进士后被授予南京（今河南商丘）法曹，从法曹任上卸任后回到京城担任高密、广平王二宫教授，然后出任馆阁校勘，同知礼院。

宋神宗即位后任用王安石进行变法，黄履是改革的支持者，同时也是沈括的女婿，后来在哲宗朝升到副宰相位置的吕惠卿是黄履的女婿，而沈括和吕惠卿都隶属于王安石的门下。黄履很快就被提拔为监察御史，不久又改任崇政殿说书兼知谏院。当时，福建一些保守士绅纷纷上章反对王安石变法，要求终止施行新法。由于黄履是福建人，所以神宗皇帝就派他前去处理此事。黄履本就是改革派，认为变法的各项条款已经颁布，不宜朝令夕改，必须付诸实施，因此遭到福建人的非议。不过，因为在这件事情上黄履坚定地站在了神宗和王安石的一边，所以回京不久就被提拔为御史中丞，进入高级领导干部行列。

担任御史中丞的黄履大胆进谏。当时，北宋因循旧制，凡是官员触犯刑律，不管罪行大小，均以罚金赎罪。黄履认为这种做法不妥，他引用贾谊"遇之以礼，则群臣自喜"的话，上书阐明必须根据事实严明赏罚，对有严重犯罪行为的大臣要进行严办，甚至撤免；对偶有过失的人则着重进行教育，只有这样才能达到惩恶扬善的目的。同时，他还要求朝廷广开言路，让职位卑微的官吏一起参与议论朝政。但是，黄履的建议并没有得到朝廷的采纳。

后来黄履由御史中丞转任同知太常礼院，后又升为监察御史。监察御史的权力非常大，黄履又敢于谏言，终因议论市易法触怒了王安石，被罢去了监察御史的职务。但是，黄履毕竟是沈括的女婿，在沈括、吕惠卿等人的周旋下，黄履和王安石的关系得到恢复。但是，保守派成员梁焘指责黄履是王安石一党，出面进行弹劾，所以朝廷就把黄履外放到地方任职。

黄履虽然被排挤出京城，但是他和保守派之间的斗争没有停止。黄履和时任宰相蔡确、枢密院事章惇不仅政见一致，而且私交也很深，为了使王安石变法得以顺利推进，黄履和蔡确、章惇等一起，与保守派一直在斗争。

然而，朝局的变化不是个人能够掌控的。元丰八年（1085），宋神宗赵顼死后，太皇太后高滔滔当政，司马光出任宰相，保守派全面控制朝政，变法派遭到全面排斥，蔡确、章惇先后被免职外放，黄履当然也没法幸免，以龙图阁直学士出任越州（今浙江绍兴）知州，后又转任洪州（今南昌），元祐五年（1090）以左朝奉郎、充天章阁待制任苏州知州，在苏州待了一年后又转任江宁府（今南京）担任知府。

元祐八年（1093），太皇太后死后，十七岁的哲宗赵煦亲政，决议恢复改革，改第二年为绍圣元年，召章惇回京担任宰相，黄履也迎来了自己的高光时刻，在地方转了一圈又回到京城担任御史中丞。像章惇一样，被压制了太久的黄履，爆发出了强烈的复仇火焰。绍圣元年（1094）七月，黄履上疏，"极论吕大防、刘挚、梁焘垂帘听政事，乞正典刑"；又说司马光变更先朝之法叛道逆理。因此，宋哲宗追夺了司马光、吕公著死后所赠谥号，毁掉所立的碑，吕大防、刘挚、苏辙、梁焘等人随之贬官。以章惇为首的改革派掌握大权后，对保守派进行

214

疯狂打压，黄履之"功"可以说非常大，因此史书把他列为奸臣也不算完全冤枉他。

由于在反对旧党的斗争中表现积极，而且黄履本就敢于谏言，所以到了元符二年（1099），黄履被提拔为尚书右丞。然而，不知道是被胜利冲昏了头脑，还是年纪大了糊涂，黄履竟然掺和到了皇室内部的斗争。当时，章惇请立刘妃为皇后，正言邹浩出面反对，结果受到迫害。本来这事与黄履无关，而且他又是和章惇一党的，但是黄履偏偏要出面为邹浩鸣不平，结果惹恼了章惇，被贬到亳州担任知州。第二年宋哲宗就驾崩了，宋徽宗赵佶即位后召黄履为资政殿学士兼侍读，恢复了他右相的职务。第二年（1101），黄履以大学士提举中太一宫使告老还乡，当年就去世了。

黄履在苏州只做了一年的知州，但是也留下了不少政绩。据《续资治通鉴长编》卷四百七十记载："二月丙辰，诏吴泰伯庙以'至德'为额。先是，知苏州黄履言：'吴泰伯以礼仪变夷之风，今庙貌虽崇而名号未正。'故有是诏。"另外，《苏州府祠庙考》关于至德庙条目也有类似的记载。据此，黄履到苏州任职后，看到泰伯庙没有匾额，所以奏请朝廷赐匾额，从此泰伯庙有了正式的名称。另外，据有关资料记载，当年苏州水患不断，朱长文曾经写了《救荒议》四篇递呈给黄履，其中的建议得到了黄履的采纳，因此，"灾民获益不少"。

黄履还留有一首诗，名字叫《题紫溪驿》：

行尽高山到紫溪，昔年曾此侍亲归。

而今只见经游地，不见慈颜泪满衣。

黄履在题注重说："出内相丁忧，服除赴召。"可见这首诗是回老家为母亲守孝除服后离开家乡，路过紫溪驿站的时候所写。整首诗浅显易懂，读来却让人深受感动。

黄履离开苏州后，范锷出任苏州知州。

范锷，字隐之，浙江兰溪香溪人。皇祐五年（1053）进士，曾任江西乐平知县、密州（今山东诸城）知州、苏州知州、太府少卿等职，封府尹特进光禄大夫、上柱国，死后赠封长社郡公。

范锷的官做到部级已经不算小了，而且其后人中也有不少名人，但是《宋史》没有传记，不知何因。范锷的情况主要散见在一些史料之中，从这些资料上看，范锷是一个清正廉洁、一心为民、忠心为国的人。

范锷的父亲范大录在北宋年间曾为兰溪县吏，因此就举家迁居浙江兰溪。其父生性怜悯，为人淳厚，常行善事，是一位勤俭节约而又非常注意修持的人。据《光绪兰溪县志》记载："宋，范大录，字中孚，香溪人，为本县吏，行案公平，不挠法以求略，虽贫窭甘心焉。中年乏嗣，因迓监司至白砂，收一流离女为侍妾。生子锷，登进士第，官至少卿，孙曾相继登第，多为显宦，赠大录正议大夫，后人着其事于《为善阴骘》《劝善书》。"从这段记录中可以看出，当时，范大录一直到中年都没有子嗣，有一次到白砂迎接监司的时候，看到一个流落在街头的女子十分可怜，就把她收留到了家里。这个姓赵的女子本来也是大家闺秀，因为家庭变故而流落他乡。这个蓬头垢面的女子经过梳洗后，露出了端庄秀丽的面容。赵姓女子对范大录的收留心存感激，就嫁给他为妾，生下了范锷。

在范锷七八岁的时候，范大录知道自己去日不多，就把赵氏叫到身边对她说："我没有什么留给你，真是对不起你，唯一只有你我的这一个儿子，以后就全靠你辛苦了。"然后没多久就去世了。范大录的去世，使这个家庭立即陷入了困境。有人劝赵氏改嫁，但是赵氏深知忠孝节义的重要，所以就谢绝了别人的好意，白天辛勤纺织，晚上缝衣织布，带着范锷艰难度日。看着母亲这么辛苦，范锷从小勤快孝顺，刻苦攻读。十九岁那年，范锷一举考中进士，从此进入仕途。所以，兰溪地方志上说："香溪长社范氏百世忠孝家风之传，皆由赵氏夫人始焉。"

进入仕途的范锷，一直以忠心为国、勤政爱民事亲居政。范锷在担任江西乐平县知县的时候，为了使乐平学子有"正学"的地方，兴建了乐平"古学府儒学里"，也被称为"孔庙""学宫"。该学宫遗迹现位于江西乐平市委大院内，是乐平十大旅游景点之一。

北宋时期，海外贸易十分发达。密州（今山东诸城）的板桥镇，区位优势十分明显，自古就有海外贸易存在。到了宋神宗时期，板桥镇的海上贸易比以前又有了长足发展。东北、西北需要经过海路运往南方和海外的商品，东南沿海和西亚、南亚运往北方的商品也有很多需要在这里交易。在这些商品中，有一部分属于朝廷限制的金、银、铁等，有一些进口的珍奇物品是朝廷明令禁止私下买卖的，但是，由于板桥镇尚未设立市舶司，难以行使管理职能。为此，元丰六年（1083），时任密州知州的范锷上书朝廷，列举了在板桥镇设立市舶司的六大好处，请求朝廷尽快在板桥镇设立市舶司。

范锷的上书引起了宋神宗的重视，宋神宗将范锷的上书批转给都转运使吴居厚，让他调查后尽快提出意见。吴居厚经过调研后认为："其取予轻重之权，较然可见，于今无不可推行之理。""请自七年三月推行。"然而，没多久，因为朝中保守派大臣反对在板桥镇设立市舶司，吴居厚迫于压力，只好改变主张，向宋神宗上奏说："锷所请置抽解务，如此则牵制明、广二州已成之法，非浙广江淮数路公私之便。海道至南蕃极远，登莱东北，密迩辽人，虽立透漏之法，势自不可拘拦。"结果，在板桥镇设立市舶司的事情就此搁置了下来。

但是，范锷并没有放弃争取，到了宋哲宗元祐三年（1088），已经升迁为金部员外郎的范锷，约请了京东路转运使等有关官员，专程到板桥镇进行实地考察，然后联名上奏，再次要求在板桥镇设立市舶司，很快得到了朝廷的批准，于当年三月正式在板桥镇设立市舶司。

密州板桥镇市舶司是北宋五大市舶司之一，板桥镇也是长江以北唯一设立市舶司的大口岸。据《宋史》记载，板桥镇设立市舶司之后，进出口货物远多于杭州和明州两个口岸，极大地增加了国家商税收入。这中间的贡献，范锷可以说功不可没。

范锷在苏州知州任上干了一年后就离开了，由贾易接任。

贾易，字明叔，无为（今安徽无为）人。贾易和上文提到的范锷有点相似，七岁的时候父亲就去世了，他和母亲相依为命，母亲靠纺纱织布卖钱的微薄收入养活儿子，生活十分艰苦。因此，贾易从小就养成了勤俭节约、刻苦学习的品德。他母亲每天给他十文钱叫他上学、吃饭，但是贾易从来都不舍得花，而是把钱积攒起来，每过十天再还给母亲。

贾易从小刻苦学习,被誉为神童,嘉祐六年(1061),"年逾冠,中进士甲科"。考中进士后,贾易被派往常州任司法参军。元祐元年(1086),贾易被任命为太常丞、兵部员外郎,迁左司谏。当时,宋哲宗即位,旧党全面执掌朝政。贾易虽然也属于保守派,却和章惇、吕公著等人十分友善,而和苏轼等人有很大的矛盾。旧党成员吕陶等得势后,极力攻击蔡确、韩缜、章惇等为小人,这些人在旧党的围攻下,被贬出京城。吕陶与张舜民不和,张舜民因为西征灵夏无功而返而写了讽刺的诗词获罪,吕陶不仅不为张舜民说好话,还落井下石。贾易因此上章弹劾吕陶,从此和吕陶成为死敌。贾易上章说吕陶党附苏轼兄弟,奏章上还涉及文彦博和范纯仁。太皇太后高滔滔看了之后勃然大怒,说贾易这个人非常奸诈,想要治他的罪,在吕公著的极力周旋下,贾易才没有被免职,只是被外放到怀州(今河南沁阳)担任知州。但是,旧党并没有放过他,御史上疏说贾易的谢表文过饰非,所以他又被贬为广德军知军。元祐二年(1087),贾易被改任为提点江东刑狱,后被召回任殿中侍御史。贾易上任后,首先上疏弹劾文彦博,说他在至和建储时(当年,仁宗的几个儿子都早亡,因此立储的事情就成了头等大事。到了至和年间,仁宗身体出了问题,大臣纷纷进言,要求建储,文彦博也一样发表了自己的意见)提出的意见不当,太皇太后高滔滔把贾易的奏章交给史馆,文彦博知道后内心不安,就主动辞去了平章政事的职务。

元祐六年(1091),朝廷任命龙图阁直学士、杭州知州苏轼为吏部尚书。当时,苏辙刚好从御史中丞升为尚书右丞,为了避嫌,二月,苏轼改任为翰林院承旨,也就是翰林院的一把手。到了五月份,朝廷又下旨任苏轼为翰林院承旨兼侍读。七月,苏轼上奏说:"浙西诸郡已受二年的水患灾害,今年的水灾更严重,杭州被淹死的有五十多万人,苏州有三十万人。"于是,朝廷下拨赈灾粮食一百万石、钱二十万缗进行救助。苏轼的话显然有所夸大,所以侍御史贾易、杨畏、安鼎等上书,说苏轼"姑息邀誉,眩惑朝听,乞加考实",指出浙西受灾死亡人数不实,要求进行调查。弹劾奏章送上去后,朝廷准备派员进行核实。

但是，范祖禹（吕公著的女婿，时任右谏议大夫）把朝廷的诏书封还后为苏轼辩解。朝廷听从了范祖禹的建议，没有派人去核实死亡人数。八月，贾易再次上书弹劾苏轼："轼顷在扬州题诗，以奉先帝遗诏为'闻好语'；草《吕大防制》云'民亦劳止'，引周厉王诗以比熙宁、元丰之政。弟辙早应制科试，文谬不应格，幸而滥进，与轼昔皆诽怨先帝，无人臣礼。"贾易把苏轼、苏辙比喻成李林甫、杨国忠一样的奸臣，而且还多次上奏弹劾苏轼。当时，正值旧党当政，贾易这么做无异于给自己找麻烦。针对贾易连续弹劾苏轼，当时的宰相、副宰相们纷纷向太皇太后和哲宗上书说："我们都知道贾易被王安礼所赏识，所以王安礼才向朝廷举荐了贾易，此人是王安石一党的。王安石一党很多都是江、淮一带的，他上奏的目的不一定是想动摇朝廷根本，只是故意以阴谋诡计弹劾苏轼为王安石一党泄愤。"

贾易弹劾苏轼，确实有党同伐异的成分。但是，苏轼说杭州因为水灾死了五十万人、苏州死了三十万人，也确实是夸大其词。在党争进入白热化时，大臣们你方唱罢我登场、进进出出朝廷已经成为常态，贾易也不可能置身事外。但是，他不该把苏轼、苏辙比喻成李林甫和杨国忠，这种比喻超出了政见不同的范围，结果"议者由是薄易，出知宣州"。

当时，太皇太后召见御史中丞郑雍、殿中侍御史杨畏，在太皇太后的授意下，郑雍弹劾刘挚久居要职，在宰相位置上党同伐异，任用亲党，排斥异己。贾易出任宣州知州的诏书下发后，很长时间都没有下达，于是杨畏又立即上疏弹劾尚书右仆射兼中书侍郎苏颂，说他滞留皇帝诏书达二十多天，庇护自己的党羽。苏颂上疏辩护，认为贾易任御史时，敢言直谏，刚直不阿，不畏权贵，因而太皇太后特意下诏让执政大臣对贾易、曾肇的任命重新进行讨论。而杨畏又立即上书弹劾苏颂藏匿皇帝诏书，有意不往下传达。于是，苏颂被罢相，被任命为集禧观使，贾易只好去宣州上任。

贾易曾撰写了《宣州谢上表》给哲宗："信而后谏，愧无平仲之言，罪不容诛，误脱成汤之网，屈严科而赋命，畀善地以宁亲。圣泽隆宽，自古未有，愚心感激，欲报何从。伏念臣蒙蔽之人，迂阔于事，以直道为敬天之实，以诡情为骇俗之非，杀其身有益于君，行之无悔，见其利不顾其义，死不敢为。知万折而必东，故三己而无愠，汲黯之戆，宁免世嫌；子文之忠，盖出天性。切服两宫之知遇，稍希八彦之激昂。故有横逆之来，曾无左右之助，口欲清而愈浊，外无正而不行，独伤忠敬之难明，亟比欺诬之重坐，既免投于荒裔……有区区忧国之心，谓不事权贵者，非汲汲谋身之辈，方免官而从众，竟薄责以劝忠，臣敢不敬体惠慈，退加修省，凡正心而诚意，必明辨而笃行，金石可磨，底慎子臧之达节，死生不变，庶几徐邈之有常。殚夙夜治民之劳，全始终报上之志。"在这封文表中，贾易在表达对太皇太后和哲宗皇帝感激之情的同时，也表明了并不因为自己的谏言而感到后悔，文中也强调了"杀其身有益于君，行之无悔，见其利不顾其义，死不敢为"的忠君之心和"区区忧国之心，谓不事权贵者，非汲汲谋身之辈，方免官而从众"的忧国情怀，以及不随波逐流的政治风格。

从宣州离任后，贾易出任京西转运副使，然后又到苏州和徐州担任知州，加为直秘阁，后累迁至保静军行军司马。宋徽宗即位后，召贾易出任太常少卿，进官位右谏议大夫，但是贾易遭到了陈次升的弹劾，说他是曾布一党，所以就被改任为权刑部侍郎，后又先后到工部、吏部任职，再以宝文阁待制出任邓州知州。七十三岁去世，谥文肃。

贾易在苏州做了三个月就离开了，由刘定接任苏州知州。

刘定，字子先，鄱阳（今江西鄱阳）人。关于刘定的资料比较少，《宋史》没有传记，《续资治通鉴长编》《江西通志》等有些散见的记载。从这些记载上看，刘定是皇祐五年（1053）考中进士的，熙宁七年（1074）充秦凤路转运判官，熙宁十年（1077）出任衢州通判，元丰二年（1079）权发遣河北西路提点刑狱，改河北东路提点刑狱。元祐三年（1088），出任临江军知军，改为陈州、青州知州。元符二年（1099），出任庐州知州。

王鏊《姑苏志》载："刘定，元祐中以朝散大夫任。卢氏作熙宁八年二月自知庐州徙苏，绍圣二月丙申为广东提刑，未详。"这段话显然矛盾很多，熙宁八年是1075年，而绍圣是1094到1098年的年号。如果刘定是从庐州转任苏州的，那也是元符元年以后的事情，不可能在熙宁或者绍圣年间，不知道卢熊何以会有这样的记录。也许王鏊和笔者有着一样的困惑，才在《姑苏志》中不加评论，只给我们留下两个字："未详"。

虽然关于刘定在仕途上的记载不多，但是我们知道他做了一件非常有意义的事情。刘定对刘姓的起源进行了深入研究，写了一本书叫《刘氏源流辨误说》，他在书的后记中说："上考祖宗所自来，则本原之地清；下详子孙所由分，则支派之流晰。要以嫡脉相传，无庸攀援之妄，不予紊乱之讹。斯得谱牒之正，而明姓氏之本者也。"说得确实非常有道理。他的落款是："大宋仁宗朝历三年甲申，天圣戊辰岁状元及第、吏部侍郎、镇南军总镇刘定敬撰。"这个落款是有问题的，他的职务笔者不知道真假，但是可以确定的是刘定并没有中过状元，不知道何以会有这样的落款。

刘定还留有三首诗存世，一首叫《谢章子厚》：

故人天上有书来，责我疏愚唤不回。
两处共瞻千里月，十年不寄一枝梅。
尘泥自与云霄隔，驽马难追德骥才。
莫谓无心向门下，也曾终夕望三台。

子厚是章惇的字，这首诗是答章惇的。从诗中的意思看，章惇和刘定在不同的地方为官，章惇责怪刘定十年期间没有片言只语相寄，也不愿意投身他的门下，所以刘定才写了这首诗表达心意。

另外两首诗为游览风景后所作，叫《游齐山招提二首》，其一：

楼迥山饶翠，湖平水漫黄。
开帘无午暑，隔洞有秋香。
冰枕聊相慰，云帆亦未忙。
月明与溪色，好在紫微郎。

其二：

忆上青萝磴，流年三十三。
僧人头似雪，寺坦竹如蓝。

萧使登高石，吴公守隐岩。

清风殊未远，咫尺看云岚。

刘定在苏州担任了一年知州，离任后由吴居厚接任。

吴居厚，字敦老，江西洪州（今南昌）进贤人。嘉祐八年（1063）考中进士。吴居厚是变法的坚定支持者和推行者。熙宁三年（1070），吴居厚出任武安（今长沙）节度推官，尽心尽力推行王安石新法，对闲田荒地进行丈量核准后，平均分给枚山的徭役耕种，取得明显成效，被提拔为大理寺丞。元丰二年（1079），吴居厚出任河北常平仓提举，他按照新法的精神，增订《损役法》51条进献给朝廷，得到宋神宗的赏识，被赐予银绯。晋升为京东路转运判官，不久，又升为副使、转运使。

吴居厚不仅全力支持新法，而且非常善于理财。他在京东路任职期间，更易盐法，募民养马，竭尽心力，财政收入剧增。当时，朝廷大兴盐铁贸易，吴居厚发挥其善于理财的特长，精心筹划，征收赋银数百万缗。他还鼓励莱芜、利国两地的官员自铸大钱，每年可以获得10万缗的收入。神宗皇帝对其进行褒奖，提拔吴居厚为天章阁待制。元丰四年（1081），吴居厚出任京都转运使。在任期间，以盐铁赋税之利购置绢品，资助河东换马牧养；拨出大铁钱20万缗，支援陕西边关军饷；招募牧民养牧马匹，安置游民散夫。神宗知道后，对他大加赞赏，称其"于职分之外，恤及他路，非才智有余不能"。

吴居厚靠聚敛为朝廷积累了大量财富，却给老百姓带来了无穷的灾难。《朱子语类》说："居厚在京西（应该是京东），括民买镬，官司铸许多镬，令民四口买一，五口则买二，其后民怨，几欲杀之，吴觉而免。"他在京东转运使任上的时候，认为"铁从官兴煽，所获可多数倍"，建议朝廷将莱芜、利国二监收归官营，恢复"官榷铁，造器用以鬻民"之制，结果引起矿工的强烈不满。元丰七年（1084）六月，"剧盗"王冲聚众数千，准备趁吴居厚经过徐州的时候将其劫持投入冶炉，吴居厚得到消息后半路逃走了。

宋哲宗即位后，旧党掌握朝政，吴居厚遭到弹劾，被贬为黄州

（今湖北黄冈）团练副使。好在吴居厚只是因聚敛过度导致王冲起义，并没有过多地参与对旧党成员的打击。所以，到黄州没多久就被提拔为庐州（今合肥）知州。到了绍圣元年（1094），新党重新掌权，吴居厚也得到起复，于当年五月以左朝奉郎、天章阁待制的官衔出任苏州知州。不过，三个月后，吴居厚就以集贤殿修撰出任江、淮、荆、浙转运使，掌管东南六路漕运，兼管制茶、盐等事。吴居厚到任后，对运河进行了疏浚，不仅大大方便了漕运，而且也给农业灌溉带来了极大好处，深受老百姓好评。因此，没多长时间他就被提拔为户部侍郎、户部尚书，后又晋升光禄大夫、中书侍郎加门下侍郎。绍圣二年（1095），以龙图阁学士出任开封府府尹。不久，奉旨修建永泰陵（宋哲宗赵煦的陵墓），出任桥道顿递使。但是，因为遇到持续的雨水，耽误了竣工的日期，被贬为和州（今安徽和县）知州。后来又从和州转任陕西转运使，再回到开封担任开封府尹。

宋徽宗即位后，吴居厚的官运更加亨通。崇宁二年（1103），吴居厚晋升中大夫，官拜尚书右丞。第二年，又被提拔为右光禄大夫、尚书右丞加中书侍郎，进入最高领导层。崇宁五年（1106），以右光禄大夫、中书侍郎加门下侍郎（都是副宰相，管理的事情不同），可见徽宗对他的倚重。大观元年（1107），因吴居厚年事已高，徽宗为照顾其身体，让其以资政殿学士改任鸿庆宫提举、东太一宫使，恩准仍服团金球文带。后来吴居厚又到亳州、洪州（今南昌）两个地方担任知州，再改太原道东门、佑神观使（宋徽宗时专门设置的一个官职，由前任宰相充任，后来执政退下来后也充任这个官职，但是只是一个虚衔，没有具体的工作）。大观四年（1110）八月，以资政殿学士、宣奉大夫、佑神观使加门下侍郎，十月，迁知枢密院事。政和三年（1113），以武康军节度使出任洪州知州，第二年病逝，徽宗追赠他开府仪同三司，赐御葬于进贤麻山。吴居厚一生著有《吴居厚集》100卷、《吴居厚奏疏》120卷，但均已不存。

吴居厚在苏州仅待了三个月，所以政绩无考。不过，他在掌管东南六路漕运的时候对运河进行疏浚，对苏州农业和交通运输的贡献值得我们纪念。吴居厚是理财高手，却聚敛过度，因此受到当时和后世

人的诟病。《续资治通鉴长编》说他:"居厚久居政府,以周谨自媚,一时聚敛者,推为称首。"后世也有不少人认为他是"横征暴敛的专家",也确实不太冤枉。

吴居厚写有一首有关苏州的诗,名字叫《吴王宫》:

> 吴王宫殿作飞尘,野鸟幽花各自春。
> 料得寒溪暄笑日,也曾惊动武昌人。

另外,南宋喻良能写有一首《悼吴居厚》,也值得一读:

> 学问从来著月评,慈恩何事欠题名。
> 贤哉难老堂虽就,惜也陈情表未成。
> 畴昔几回同把酒,于今一涕独沾缨。
> 张公当日称操履,江汉伤心昼夜倾。

第二十四章　风流佳地

——党争之中的苏州知州（五）

（章衡、蒋之翰、贾青、王子京、吕公雅、祝安上、陈师锡）

吴居厚离任后，章衡接任苏州知州。

章衡，字子平，福建浦城（今福建南平蒲城）人。章衡少年的时候，家里比较穷，靠卖柴度日。他还经常要到很远的地方挑水，因为章衡年纪小，经常被村民插队，但他从不与人计较，所以每次都要到天黑才能打到水。为了解决挑水耽误学习和卖柴的问题，章衡就在自己家门口挖了一口井，深达一丈多，水不仅清澈而且甘甜。章衡考中状元后，这口井就被称为"状元井"。章衡还开垦了不少荒地耕种，后人称他开垦的田地为"狀元田"。

章衡聪慧过人，能文能武，而且志存高远。弱冠之年，也就是二十岁的时候，他拜著名学者、理学家陈襄（时任浦城县主簿并暂管县事）为师。陈襄后来曾写了一首赋，名字叫《隐君子为章衡赋》："吾闻隐君子，大隐廛市间。道义充诸中，测度非在颜。尧舜神且智，知人亦孔艰。勉哉二秘阁，贤行如高山。"对章衡的才智赞誉有加，对章衡的业绩倍加推崇。

前文在林希的章节已经提到过，章衡考中状元的那一科（1057）被称为"天下第一榜"。那一科

的大主考是欧阳修,主持科举考试的考官是梅尧臣。当年那一科总共录取进士388人,其中产生了三位文学大师(苏轼、苏辙、曾巩)、两位思想家(程颢、张载),还有9位官至宰相。殿试前,林希连夺开封府试和省试两个第一,夺魁的呼声很高,仁宗赵祯也对他高看一眼。那一科的题目是《民监赋》,林希破题:"天监不远,民心可知。"仁宗看了心中不快,就把林希的卷子扔在了一边。当看到章衡的破题"运启元圣,天临兆民"的时候,龙颜大悦,说:"此乃祖宗之事,朕怎么敢当?"话虽这么说,但是内心的喜悦还是掩盖不住,就钦定章衡为状元。前文提到的章惇是章衡的叔叔,也参加了这一科的考试,但是,因为名次在章衡的后面,所以就放弃了这一科的成绩。

章衡中了状元后,先到润州(今镇江)担任长史,迁左光禄大夫,后到湖州担任通判。任满后召试直集贤院,改任盐铁判官,同修起居注。章衡因查出三司有吃空饷的现象,并且奏请皇上裁免,得罪了三司官员,被迫到汝州(今河南汝州)、颖州(今安徽阜阳)担任知州。

神宗即位后,于熙宁元年(1068)初把章衡召回京城,任命其为同判太常寺。章衡向神宗建言:"自唐开元纂修礼书,以国恤一章为豫凶事,删而去之,故不幸遇事,则掯摭坠残,茫无所据。今宜为《厚陵集礼》,以贻万世。"得到了神宗的采纳。章衡从中状元到同判太常寺,一晃十多年过去了,朝中大臣都觉得章衡提拔太慢,所以纷纷向神宗建议。不久,章衡被擢升为起居舍人(从六品)、直集贤院。

熙宁五年(1072),章衡受命出使辽国。辽国以武力治国,而北宋重文轻武,这次又派出了一位状元出使辽国,辽国皇帝知道在文的方面讨不到什么便宜,所以就想欺负章衡是个文人,在武的方面羞辱他一番。于是就在酒宴上提出射箭助兴,没想到章衡欣然同意。当时在座的北宋官员都不敢作声,只是盯着章衡,担心章衡这是鸡蛋碰石头。章衡不慌不忙,拿起弓箭随手挽弓,连射十箭,箭箭射中靶心,把辽国的射箭高手全部比试了下去。辽国皇帝见章衡能文能武,佩服得五体投地,不仅不敢再刁难,而且还礼遇有加。章衡在辽国期间,还细心观察辽国的防御情况。回到朝廷后,章衡向神宗汇报,说辽国对大宋没有防备，建议出兵收服山后八州。但是神宗当时正在全力推行改革，根本没有交战的打算，所以并没有采纳章衡的建议。

　　章衡看到很多大臣不懂历史，就专门编纂了十卷历代帝王世系《编年通载》。神宗阅览后大为赞赏，认为"可冠冕诸史"，于是面赐章衡三品服、授判吏部流内铨。章衡以耿直出名，而且在朝中不畏权贵、敢于谏言。当时，三班院发现部门官员有缺额，拟好方案后马上把缺额给填满了。官员出现缺额，应该由吏部铨选，但是三班院不仅擅自做主，而且还反咬一口把吏部给告了。当时的宰相不了解情况，支持三班院的做法。章衡不服，连续上疏进行辩论。有人劝他说，宰相势力大，不能与他深究。但是，章衡坚持进行申辩，一直闹到了神宗面前。宰相大怒，想要治罪于章衡。章衡说："我是为了执行朝廷法规，并不是为了个人恩怨。"章衡把申诉状送给宰相看，宰相看后才醒悟，认为吏部是正确的，于是处罚了三班院。不久，章衡知通进银台司、直舍人院（通进司掌接受银台司所领天下章奏案牍及文武近臣奏疏进呈，以及颁布之事。银台司掌抄录天下奏状案牍事目进呈，并发付有关机构检查，纠正其违失，监督其执行。舍人院主要负责给皇帝起草诏书）。神宗觉得章衡是个能臣，为他一直得不到重用而鸣不平，说："卿为仁宗朝魁甲，宝文藏御集之处，未始除人，今以之处卿。"章衡即被任命为宝文阁待制（从四品），到澶州（今河南濮阳）担任知州。

　　澶州立法禁止老百姓贩盐，章衡认为，澶州的百姓本就靠贩盐为生，为了生存，老百姓是不惜犯法的，制定这样的禁令，只会把监狱塞得满满的。于是，章衡下令取消了禁贩盐令，得到当地百姓的欢迎和拥戴。

　　元祐年间，章衡先后到秀州（今浙江嘉兴）、襄州（今湖北襄阳）、河阳（今河南孟县）、曹州（今山东曹县）担任知州，绍圣元年（1094）章衡调任苏州知州，官衔也提拔到了集贤院学士。在苏州待了一年后，又以宝文阁待制出任扬州、庐州（今安徽合肥）、宣州（今安徽宣城）、颖州（今安徽阜阳）知州。元符元年（1098），章衡在颖州任上去世，享年七十五岁。死后赐葬杭州。

哲宗朝的十四年间，章衡先后在九个州、府担任知州、知府，为老百姓做了很多好事。据《正定府志》记载：正定府滹沱河每年都要发大水，章衡在任的时候主持修筑河堤二十多丈，从此消除了洪水的危害，造福一方百姓。

另外，杭州大名鼎鼎的苏堤也是章衡提议修筑的。元祐五年（1090），苏轼被任命为杭州知州，上任前章衡对他提出了一个要求，就是把西湖治理好。苏轼到任时，西湖已经是水涸草长，淤积十分严重。苏轼集思广益、变废为宝，用淤泥水草堆积成一条三公里长的大堤，不仅大大节约了治理成本，而且沟通了南北交通，方便百姓出行，为西湖增添了一道靓丽的风景。在治理的过程中，由于缺人缺钱缺物，苏轼就给章衡写了一封求助信："您劝告我治理西湖，现已着手并且已经初具规模，想必您一定会不惜余力继续帮助我，请您将贵府罚没的船只尽数给我，多多益善，我大约需要四百只，请您派人送来。本州其他的物资不缺，就是缺乏士兵，也请您一并帮助。"章衡接到苏轼的求助信后，给予了大力支持，保证了西湖疏浚工程的顺利完工。在西湖的治理上，章衡不仅有首倡之功，而且还有鼎力相助之力，可谓功劳很大。

章衡虽然在文学方面远不及苏轼，在做官为人方面却让苏轼极为佩服。章衡死后，苏轼评价说："子平之才，百年无人望其项背。子平以文章之美，经术之富，政事之敏，守之以正，行之以谦，此功名富贵之所迫逐而不赦者也，虽微举首，其孰能加之，然且困踬而不信，十年于此矣，意者任重道远，必老而后大成欤。"神宗皇帝称赞章衡"资识敏明，器度凝远，博雅好古"。就连后来的宋徽宗赵佶也对他佩服得五体投地，称赞他："内德温纯，外容庄重，翰苑词宗，国家栋梁，幼学壮行，明体达用。"

章衡一生道德高尚、能力出众，忠君为国、心系百姓，心地坦荡、不畏权贵，但是，因为他不唯上、不攀附、不结党，所以在党争成为主流的情况下，尽管几任皇帝对他赞誉有加，他却仍然得不到重用，只能长期在地方任职，不能不说也是一种遗憾。不然，以章衡之才，一定能够做出更大的成绩。

章衡离开苏州后，蒋之翰接任苏州知州。

蒋之翰，字文叔，宜兴人。蒋之翰是蒋之奇的堂兄，也是蒋堂的侄子。在宋朝，宜兴蒋氏人才辈出，除了前面提到的蒋堂外，蒋昂做到凉州（今甘肃张掖）经略使；蒋之勉（蒋之奇的堂兄）做到谨身殿大学士（宰辅）；蒋之奇是庆历八年（1048）的解元，也是嘉祐二年（1057）"天下第一榜"的进士，做到同知枢密院（副宰相级别）；蒋之武（蒋之奇的弟弟）做到鄜延环庆经略安抚使；蒋堂的儿子蒋长生、蒋长源也都做到了部级干部。其他还有很多，可谓群星灿烂。

蒋之翰考中进士后被任命为将作监，负责监督黄州和无为军茶盐酒税，后又改为监督杭州清酒务，迁金书镇东军节度判官，出任监内酒坊马军粮院，然后到登州（今山东蓬莱）担任知州。从登州离任后，出任荆湖北路常平，然后丁忧回家守孝。除服后出任福州路提点刑狱，又改为湖北路提点刑狱，擢升为常平官，因为参与党争罢为楚州（今江苏淮安）知州，又改任为广南西路提点刑狱。后到亳州、寿州（今安徽寿春）任知州，迁京西北路提点刑狱，再迁职方郎中（兵部的下属官员）。哲宗亲政后（1093），蒋之翰权摄吏部，也就是暂时管理吏部。因为身体有病，要求外放地方，先到宣州（今安徽宣城）担任知州，绍圣二年（1095），以右朝散大夫衔出任苏州知州。在苏州做了一年知州后被任命为荆湖北路兵马都钤辖。因为忤逆了当朝宰相章惇，又被改任为湖州和亳州知州，最终的官衔是朝请大夫、上柱国，建中靖国元年（1101）在任上去世。

《宋史》没有蒋之翰的传记，因此我们对其任职期间与新旧党的关系不太清楚。苏轼在《辨黄庆基弹劾札子》中有一段话提到蒋之翰："庆基所言臣在颍州失入尹真死罪，此事已经刑部定夺，不是失入，而是提刑蒋之翰妄有按举。公案俱在刑部，可以覆验。右臣窃料庆基所以诬臣者非一，臣既不能尽知。又今来朝廷已知其奸佞，而罢黜其人。臣不当一一辩论，但人臣之义，以名节为重，须至上烦天听。"从这段话中可以看出，当时黄庆基弹劾苏轼，蒋之翰也参与了其中，说明蒋之翰和苏轼的政见不同。黄庆基是王安石的同学，"深相亲爱"，但是，黄庆基并不支持王安石变法，曾经反复对其进行劝说。黄庆基比较欣

赏司马光、吕公著、孙固、程颢等，却非常不喜欢苏轼，这也许正是他弹劾苏轼的主要原因。从时间上看，苏轼到颍州担任知州是元祐六年（1091）。前文已经提到，当时贾易弹劾苏轼，最终的结果是贾易到庐州（今合肥）担任知州，苏轼到颍州（今安徽阜阳）担任知州。而苏轼第二次获罪是章惇回朝担任宰相之后，说明这应该是高滔滔死后哲宗亲政后的事情，也就是元祐八年（1093）以后的事情。但是，从蒋之翰的任职情况看，他在离开苏州后又得罪了章惇，所以被贬为湖州、亳州知州，说明他也不是新党一伙的。那个时代新旧党争非常严重，几乎所有的官员都被牵扯其中，没有翔实的资料，实在说不清楚到底是怎么回事。

史书上说蒋之翰"工书善诗"，而且对《楚辞》很有研究，明朝的时候王世贞对他给予了高度评价。蒋之翰留有两首关于苏州的诗，录于此以飨读者。

《换苏印和弟颖叔》其一：

耻向承平便拂衣，乡邦还得拥旌麾。
昔年曾预儿孙列，投老犹疑笔砚随。
忠义一门均许国，箕裘万石亦遭时。
朝廷虚日方圆任，功业当看帝载熙。

其二：

从来疏拙懒身谋，揽辔登车已倦游。
幸有醉乡为乐地，何妨吟啸老东州。

颖叔是蒋之奇的字，这首诗应该是蒋之翰到苏州上任的时候，蒋之奇写诗相赠，蒋之翰写诗回赠留下的。

蒋之翰离任后，贾青接任苏州知州。

贾青，字春卿，真定（今河北真定）人。贾青是贾昌朝的次子，其任职经历不详，《宋史》关于他只在他父亲贾昌朝传最后留一句话："子章，馆阁校勘，早世。青，朝请大夫。"据《续资治通鉴长编》记载，贾青神宗熙宁三年（1070）为京西路提点刑狱，五年（1072）为大名府通判，元丰二年（1079）为福建路转运使，四年

（1081）转任河北路转运副使，哲宗元祐四年（1089）被贬为监常州酒税、管勾洞霄宫，绍圣四年（1097）以知苏州权两浙转运副使，元符元年（1098）罢知河中府。王鏊《姑苏志》记载："贾青，朝散大夫，绍圣中任。"从这些记载看，贾青的仕途可谓跌宕起伏，究其原因就是他参与到了党争之中。和他一起进入仕途的贾蕃是贾青的堂弟，两个人虽然是堂兄弟，但是政见完全相反，两个人都经历了一再贬官的命运。

贾蕃是贾昌朝的侄子，曾于熙宁四年（1071）任东明县（属开封府管辖）知县。贾蕃是改革的坚决反对者，当年东明县的百姓到开封府越级上访，但是身为知县的贾蕃不仅不加以制止，还阻止别人的干涉，任凭事态发展，在朝堂上引起了激烈辩论。贾蕃这么做的主要原因就是他反对变法。贾蕃是范仲淹的女婿，范纯仁是他的妻弟；提拔他当知县的是当朝大学士韩维，而在事件发生后为他辩解的是御史中丞杨绘、监察御史刘挚，事后将他调走的是枢密使文彦博，这些人有一个共同的身份，都是王安石变法的反对者。王安石曾经对宋神宗说："知县贾蕃乃范仲淹之婿，好附流俗。"这些人结合在一起，目的就是要颠覆王安石的变法，结果以失败而告终，贾蕃也因"不奉法之罪"而受到降职处分，被贬为监顺安军酒税，一直到元祐四年（1089）去世，贾蕃都没有受到重用。

与贾蕃相反，贾青是改革的坚定支持者，也是具体的实施者。元丰二年（1079），贾青出任福建路转运使兼提举盐事，主持福建的盐茶改革，采取多种措施增加盐茶的收入。据有关史料记载，贾青任福建转运使的时候，开发了新的茶叶品种密云龙茶，"其云纹细密，更精绝于小龙团也"。到了绍圣年间，密云龙茶又被改为瑞云祥龙。因为推进改革收到很大成效，元丰三年（1080），贾青受到宋神宗的褒奖："贾青相继奉行，方尔期年，已见就绪。盗贩衰止，岁课有赢，东南一方公私所赖不细。"但是，由于贾青的改革措施过于激进，出现强行认购、与民争利的现象，受到朝臣的攻击。宋哲宗即位后，失去了宋神宗的庇护，贾青的好运也就到头了，先是被贬为监常州盐税，管勾洞霄宫。后来，哲宗亲政后蔡确、章惇掌权，贾青仍然得不到重用，最后只担任提举崇福宫的虚职。

不过，贾青毕竟出身官宦世家，才气还是有的，书法也不错。在福州江田镇灵峰寺归云洞内，留有《归云洞贾青题刻》："己未仲冬望日，按部宿此，同游云洞权转运使贾青春卿。"从这段话可以看出，当年贾青巡察地方经济时，住宿于灵峰寺，因而游玩归云洞，并撰书于此地。

另外，贾青的诗也写得不错，录两首以飨读者。

《黯淡院》：

溪声滩外急，草色两中深。
客意自南北，山光无古今。

《钓台》：

万叠层峰夹两溪，雨余清气却炎晖。
何时学得严陵傲，洗尽尘襟卧钓矶。

严陵即严光，东汉会稽余姚人（今杭州桐庐），年轻的时候和东汉开国皇帝刘秀一同游学，关系非常好。刘秀登上皇位后，严光把自己的名字改掉隐居了起来。刘秀派人到处寻找，把他请到京城，授予谏议大夫，但是严光拒绝了，退隐到富春山，后人把他隐居的地方称为严陵山、严陵濑、严陵钓台等。这首诗是贾青游览严陵钓台时所作。

贾青在苏州担任了一年的知州，离开后由王子京接任。

王子京的生辰不详，其仕途情况散见于《续资治通鉴长编》和部分地方史料之中。从这些散乱的史料看，王子京和贾青一样，都是改革的坚定支持者和参与者。元丰三年（1080），宋神宗对海外贸易体制再次进行改革，王子京当时任福建转运判官，直接参与了这件事情。据《宋会要辑稿》记载："尚书省言，广州市舶条已修定，乞专委官推行。诏广东以转运使孙迥，广西以运召陈倩，两浙以转运副使周直孺，福建以转运判官王子京。迥、直孺兼提举推行，倩、子京兼觉察拘拦。其广南东路安抚使更不带市舶使。"也就是说，从此开始，免除地方长官的市舶兼职，改由"专委官"的运使直接负责市舶司的事务。

另外，据陈瑾《先君行述》记载："泉人贾海外，春去夏返，皆乘风便。熙宁中，始变市舶法，往复必使东诣广，不者没其货。至是命转运判官王子京拘拦市舶。子京以尽利之说以请，拘其货止其舟以俟报。公（指陈偁——引者）以货不可失时，而舟行当乘风便，方听其贸易而籍名数以待。子京欲止不可，于是踪迹连蔓起数狱，移牒谯公沮国法，取民誉。朝廷所疾，且将并案会公。得旨再任，诏辞温渥。子京意沮，而搜捕益急。民骇惧，虽药物燔弃不敢留。公乃疏其事请曰：'自泉之海外，率岁一往复。今远诣广，必两驻冬，阅三年而后返，又道有礁石浅沙之险，费重利薄，舟之南日少而广之课岁亏。重以拘拦之弊，民益不堪。置市舶于泉，可以息弊止烦。'未报。而子京倚法笞没以巨万计。上即位，子京始惧，而遽以所籍者还民。"从这段记载看，当时，王子京在福建推行改革的时候不仅态度坚决，而且执法过严，甚至有些不近人情。凡是违背市舶法的人，一律对其进行严惩，没收其货物，导致百姓恐惧，士绅反对。一直到哲宗即位，王子京才感到害怕，把没收的货物还给百姓。

据《资治通鉴续编》载元丰七年（1084），"福建路转运副使王子京，奏准福建茶叶仍旧施行榷法，建州岁榷 300 万斤，南剑州岁榷 20 万斤。哲宗即位后，王子京被以'买腊茶抑民'罪罢职，遂改行通商"。从这段记载看，到了元丰七年（1084），王子京已经晋升为转运副使，继续推行盐茶改革，但是，到了宋哲宗即位后，保守派全面复辟，王子京的改革当然无法进展下去，被免职也是必然的。

王子京在福建转运副使任上还做了一件事情，就是把洛阳江万安桥图进献给宋神宗，博得宋神宗龙颜大悦，神宗因此对王子京慷慨封赏。

罢职后王子京被贬为鸿庆宫管勾，这是一个没有任何权力的闲职。据《续资治通鉴长编》卷四百三十三记载："又诏责授成州团练副使、黄州安置吴居厚为左朝奉郎、少府少监、分司南京，朝奉大夫、监常州茶税贾青管勾洞霄宫，右朝奉大夫、监泰州酒税吕孝廉管勾仙源县景灵宫太极观、朝请郎、监海州酒税王子京管勾鸿庆宫，仍并许于外州军任便居住。"前文已经提到过，宋哲宗即位后，旧党全面复辟，改

革派受到无情打击，这些参与改革的人纷纷被贬，吴居厚、贾青、王子京这些后来到苏州担任过知州的人没有人能够幸免。

尽管王子京等人被贬到了鸿庆宫这样的地方，但是旧党仍然不肯放过他们。据《续资治通鉴长编》卷四百一十八记载，苏轼上章对他们进行了无情贬论，他在奏章中说："臣观二圣（指高滔滔和宋哲宗）嗣位以来，斥逐小人，如吕惠卿、李定、蔡确、张诚一、吴居厚、崔台符、杨汲、王孝先、何正臣、卢秉、蹇周辅、王子京、陆师闵、赵济，中官李宪、宋用臣之流，或首开边隙，使兵连祸结，或渔利榷财，为国敛怨，或倡起大狱，以倾陷善良，其为奸恶，未易悉数，而王安石实为之首。今其人死亡之外，虽已退处闲散，而其腹心羽翼，布在中外，怀其私恩，冀其复用，为之经营游说者甚众……朝廷日近稍宽此等，如李宪乞于近地居住，王安礼抗拒恩诏，蔡确乞放还其弟，皆即听许；崔台符、王孝先之流，不旋踵进用，杨汲亦渐牵复，吕惠卿窥见此意，故敢乞居苏州。此等皆民之大贼，国之巨蠹，得全首领，已为至幸，岂可与寻常一眚之臣，计日累月，洗雪复用哉？今既稍宽之，后必渐用之，如此不已，则惠卿、蔡确之流必有时而用，青苗、市易等法必有时而复……今稂虮虱小臣，而敢为大奸，愚弄朝廷，若无人然，不幸而有淮南王，当复谁惮乎！臣不敢远引古人，但使执政之中，有如富弼、韩琦，台谏之中，有如包拯、吕诲，或司马光尚在，此鼠辈敢尔哉？昔王安石在仁宗、英宗朝，矫诈百端，妄窃大名，或以为可用，惟韩琦独识其奸，终不肯进。"在这篇洋洋洒洒一千多字的奏章中，苏轼对改革派的攻击可以说是酣畅淋漓而又无所不用其极，连"虮虱""鼠辈"这样的字眼都用上了，并且把他们比喻成西汉的淮南王，可见对他们恨到了什么程度。难怪章惇复为宰相后感叹找不到苏轼这样的笔杆子！

不仅苏轼上章极论改革派的不是，其弟弟苏辙也写有同样的奏章。《颖滨遗老传》中载，苏辙上章说："是以皇帝践祚，圣母临政，奉承遗旨，罢导洛，废市易，损青苗，止助役，宽保甲，免买马，放修城池之役，复茶盐铁之旧，黜吴居厚、吕孝廉、宋用臣、贾青、王子京、张诚一、吕嘉问、蹇周辅等。命令所至，细民鼓舞相贺。臣愚不知朝廷以为凡此谁之罪也？上则大臣蔽塞聪明，逢君之恶；下则小臣贪冒荣利，奔竞无耻。二者均皆有罪，则大臣以任重责重，小臣以任轻责轻，虽三尺童子所共知也。"兄弟两个大文豪接连上阵，可想而知这些人的下场。不过，等到章惇等人也再次掌权的时候，苏轼等人也遭到了更加疯狂的报复，结果也更惨。

到了绍圣年间，改革派重新掌握朝政，王子京也得以起复，先以朝奉大夫的官衔出任庐州（今安徽合肥）知州，然后转任苏州知州，在苏州一共待了两年时间。

王子京离任后，吕公雅接任。

吕公雅是寿春（今安徽淮南寿春）人。自吕夷简担任宰相之后，寿春吕家可谓是人才辈出，吕夷简的长子吕公绰官至侍读学士、右司郎中，死后被赠为谏议大夫；次子吕公弼官至西太乙宫使，死后被赠为太尉；三子吕公著官至司空、平章军国重事，死后被赠为太师、申国公；四子吕公孺官至提举醴泉观，死后被赠为右光禄大夫；幼子吕公铼，死后被赠为右赞善大夫。吕公雅和吕夷简是同族，但不是同一房，和吕夷简的儿子是一辈，说明他是吕夷简的侄子辈。

吕公雅虽然和吕公弼、吕公著是堂兄弟的关系，但是政见完全相左。吕公弼、吕公著都是变法的反对派，吕公雅却是变法的坚定支持者。当年王安石推行保甲法、保马法的时候，吕公雅不仅积极参与，还提了不少建议，"公雅即领提举事，多所见白"。说明他对这件事情非常积极，不仅出任保甲提举，而且积极提出自己的看法。

《续资治通鉴长编》卷三百四十三记载："河北转运司言，保甲三百许人入澶州观城旧县镇劫民财物。诏追赴澶州根勘，同提举开封府界保甲吕公雅监之，先体量作过因依以闻。枢密院言，公雅与知澶州吕希道乃叔侄，欲改差河北西路转运使吕温卿。诏止差京东路提点刑狱李宜之。"同上书三百四十四记载："又手诏'京东、京西两路保甲领于提举司，近已专置官提举，都保内所养马则保民相干，理难两属。令霍翔、吕公雅兼保甲'。"由此可见，神宗的时候，吕公雅担任过保甲，而且在提举保甲的事情上非常用心，在推行保甲法、保马法的过程中有些急功近利，以至于十多年后仍然有人拿着这件事情弹劾他。

吕公雅在神宗朝因为支持、参与改革，所以仕途还算顺利，但是，到了哲宗即位以后旧党执政的时候，他的好运就到头了，先是被贬为濠州（今安徽凤阳）知州，第二年又被人弹劾，说他："提举保马不遵诏旨，至减朝廷原立年限之半，督责收买，急图己功，两路骚然，民力困弊。昨来虽各移任，然其欺罔害民之罪，未加黜责，无以惩沮。"结果又被贬为监舒州（今安徽安庆）盐酒税务，相当于现在地级市的税务局长。一直到哲宗亲政、新党重新掌握朝政，吕公雅才被重新提拔上来，先到常州担任知州，然后到齐州（今山东济南）担任知州，元符二年（1099）以江东提刑出任苏州知州，很快就离任了。但是，尽管新党掌握了朝政，吕公雅仍然没有逃脱被弹劾的命运。

据《续资治通鉴长编》卷四百九十二记载：绍圣四年（1097）九月，"诏新江淮等路提点坑冶铸钱吕公雅与知齐州王奎对易其任"。公雅初除江淮等路提点坑冶铸钱，殿中侍御史陈次升言："臣窃惟先帝立保马之法，以寓兵政，以张国威，法意甚良，年限不迫。京东限十年，又以京西民贫，特限十五年。公雅提举京西路保马公事，急于功赏，督迫烦扰。先帝闻之，急降御前劄子云：'访闻本路见欠买马，极苦难得，兼众既争买，价遂倍贵，至驽之格，亦不减百缗，深恐本司所责之数过多，民间未悉朝廷取效在远之意，遂致如此。'公雅又诬奏，以谓民间易为收买，令每都保先选二十户充主养户，逐都各买马二十匹。韩绛寻具奏陈，保马司催督太急，若逐都各买二十匹，是将十五年之数，作二年半买足，显是违越敕条。朝廷令依元条限，本司犹且督责不已，公雅当时若依元立年限及御前劄子指挥，其保马之法，岂为民害乎？以是知先帝缘保马事，负天下之谤者，公雅所致也。今有此进用，则公雅之过不显，何以彰先帝爱民之深，御前劄子丁宁如此其切耶？伏愿圣慈追寝公雅新命，以明先帝之德，使四方闻之，不胜幸甚！"不听。次升又言："公雅敢肆诞谩，使先帝负天下之谤，其罪不容诛。在陛下义不戴天，岂可复用？"卒不听。于是，公雅自言母老，有请于朝，因使与奎易任，寻改江南东路刑狱。

吕公雅离任苏州知州后的任职情况史书没有记载。吕公雅于政和三年（1113）去世，享年七十五岁。

吕公雅离任后,苏州通判祝安上代管州务。

祝安上的生卒不详,史料上对他的基本情况和任职经历基本上没有记载。据王鏊《姑苏志》载:"祝安上,元符二年(1099)通判管勾军州事。"据此,祝安上当时担任苏州通判,因为吕公雅离任,新的知州还未到任,所以暂时代理知州。在代理期间,他有两件事情在史书上留下了印记。

一是为《吴郡图经续记》写了后记,并刊刻出版。前面已经提到过,朱长文在晏知止的动员下,撰写了《吴郡图经续记》,后来章岵出任苏州知州的时候到朱长文家,在交谈中得知此事,就把朱长文写好的书稿要来拿到了州衙,但是并没有刊刻印刷。祝安上到苏州后,也去拜访了朱长文的后人,并从朱长文的后人手上得到此书,便"镂板于公库",并且写了后记。祝安上在《吴郡图经续记》后序中写道:"秘书省正字枢密院编修朱公伯原,尝为前太守晏公作《吴郡图经续记》三卷,既成而晏公罢去,遂藏于家。其后,太守章公虽求其本以置郡府,而见之者尚鲜也。元符改元,安上以不才滥绾倅符,到郡之后,周览城邑,顾瞻山川,窃欲究古兴替盛衰之迹,而《旧经》事简文繁,考证多阙,方欲博访旧闻,稍加增缀,而得此书于公之子粗,读之终卷,惜其可传而未传也。于是不敢自秘,偶以承乏郡事,俾镂版于公库以示久远。若乃著述之本意,则祥于自序,而其摭辞之博赡,措意之深远,则又祥于常林二君之后序矣,兹不重见,姑志其刊镂之岁月云。越明年,岁在庚辰八月望日,朝请郎通判苏州权管军州事祝安上书。"从这段后序中可以看出,祝安上到苏州后,在翻阅地方史志资料的时候,感觉"事简文繁",所以就想重新对地方史志进行修订,不意间从朱长文的子嗣手中得到了《吴郡图经续记》,所以就刊刻了出来,并且写了这篇后序。《吴郡图经续记》一共有四篇后序,一是元祐元年(1086)常安民作;二是元祐七年(1092)林虑作;三是元符二年(1099)祝安上作;四是绍兴四年(1134)孙佑作。祝安上刊印之后,到了南宋初年,孙佑访得此书,交给学官孙卫补葺校勘,于绍兴四年(1134)成书刻传,现在的传本就是孙佑作后序的补校本。我们今天能够看到这部书,可以说祝安上有很大的功劳。

二是祈雨抗旱，造福百姓。元符元年（1098），吴郡大旱，通判祝安上摄郡，到重玄寺祈雨而应，因此赐封慧感夫人。据《中吴纪闻》记载："慧感夫人，旧谓之圣姑，或以为大士化身，灵异甚著。祝安上通守是邦，事之尤谨，每有水旱，惟安上祷祈立验。后以剡荐就除台守，既至钱唐，诘旦欲绝江，梦一白衣妇人告之曰：'来日有风涛之险。'既觉，颇异之，卒不渡。至午，飓风倏起，果覆舟数十，独安上得免……建炎间，贼房将至城下，有一居民平昔谨于奉事，梦中告之曰：'城将陷矣，速为之所。谨勿以此告人，佛氏所谓劫数之说，不可逃也。'不数日，兵果至。其它神验不一。后加封慧感显祐善利夫人。"说慧感夫人灵验如此显然是夸大其词，这种迷信不可信。但是，从这一记载也可以说明，祝安上在苏州刚好遇到大旱，到庙里进行祈雨，证明此人还是比较关心民瘼的。

祝安上代理了几个月后，朝廷任命陈师锡为苏州知州。

陈师锡，字伯修，建州建阳（今福建南平建阳）人。宋神宗熙宁九年（1076）考中进士，名列甲榜第三，也就是探花。提起陈师锡中进士这件事情，还有一段小插曲。

熙宁年间，陈师锡在太学求学，以才智出众著称。所以，宋神宗早就听说过陈师锡这个人，知道他才华出众。等到廷试的时候，陈师锡的名次只在甲榜和乙榜之间，宋神宗在读到陈师锡的试卷时，觉得他写得非常出色，再三阅读而且屡加赞叹，回头对身边的人说："这一定是陈师锡所写。"打开密封一看，果然是陈师锡的考卷。于是，宋神宗就把陈师锡提升为第三名，陈师锡这才考中了探花。

考中进士后，陈师锡被任命为昭庆军掌书记，驻所在吴兴（今浙江湖州）。当时，苏轼担任湖州刺史，对陈师锡非常器重，很多工作都依靠陈师锡去做。后来，苏轼因"乌台诗案"获罪，朝廷派人到湖州抓捕苏轼，亲朋好友大多害怕受到牵连而躲开了，唯独陈师锡出面为他饯行，苏轼被带走后，陈师锡又把苏轼的家人安顿得好好的。所以，这件事情让苏轼非常感动，后来旧党掌握朝政的时候，苏轼专门向宋哲宗推荐了陈师锡。

离开昭庆军后，陈师锡出任临安（今杭州）知县，同时担任监察御史。陈师锡给宋神宗上疏说："宋兴，享国长久号称太平者，莫如仁宗，切考致治之本，不过延直言，御群下，进善退邪而已。明道中，亲览万机，见政事之多辟，辅佐之失职……其后，不次擢用杜衍、范仲淹、富弼、韩琦，以成庆历、嘉祐之治。愿稽皇祖纳谏、御臣之意，以兴治功。"同时，陈师锡还上疏要求废除进士学习诗词格律的规定，让他们一心学习怎样治理国家。宋神宗认为陈师锡的建议很好，但是，宋神宗一心推进改革，凡是反对改革的都在打击之列，虽然宋神宗对陈师锡非常欣赏，但是，陈师锡属于保守派，所以并没有采纳他的建议，也没有重用陈师锡。

宋哲宗即位后，保守派上台，苏轼的冤情也得到了昭雪，在苏轼的推荐下，陈师锡被任命为校书郎，后又转任工部员外郎，负责管理京城附近的县镇。当时，京郊的将官对士兵过于严苛和残酷，得不到士兵的拥护。有一天，正好遇到军中检阅，士兵借机喧哗鼓噪，不服从调配，眼看就要出现哗变，将官们不知如何应对。得到消息，陈师锡飞马来到军中，查出领头闹事的人，按照军法对其进行了处置，又罢免了虐待士兵的将官，军队上下为之一振，很快恢复了秩序，京畿人士无不叹服。陈师锡虽然果断处理了这次事件，显示了自己的才华，却引起了上级的不满。枢密院以事先未向上级报告为由，免除了陈师锡的职务，要他到解州（今属山西运城）任知州，后其又以考公员外郎出任宣州（今安徽宣城）知州，元符二年（1099）九月转任苏州知州。

宋徽宗即位后，召见陈师锡，并授予其殿中侍御史一职。陈师锡连续上章弹劾当朝大臣，他对宋徽宗说："章惇极力诬陷司马光、吕公著，包藏祸心。今章惇犹居高位，司马光等赠谥未还，墓碑尚未恢复，愿陛下早日考虑治国方略，不要辜负朝廷内外众人的期望。"当时，蔡京担任翰林学士，却并不满足，到处结交权贵。对此，陈师锡向宋徽宗进言："京与弟卞同恶，迷国误朝。而京好大喜功，锐于改作，日夜交结内侍、戚里，以觊大用。若果用之，天下治乱自是而分，祖宗基业自是而隳矣。京援引死党至数百人……是皆国之深患，为陛下忧，为宗庙忧，为贤人君子忧，若出之于外，社稷之福也。"宋徽宗对陈师锡说："此于东朝有碍，卿为我处之。"意思就是说，这件事情会有来自太后方面的阻力，先生替我想想办法吧。陈师锡回答说："审尔，臣当具白太后。"意思是我明白，我会把事情的缘由详细向太后禀报。于是，陈师锡专门写了奏章呈送给太后。但是，陈师锡的谏言并没有得到太后的采纳，太后反而把陈师锡改任为吏部考公郎中。对此，陈师锡很不满意，不肯接受这一职务，上疏给宋徽宗说："臣在职数月，所言皆当今急务。若以为非，陛下方开纳褒奖，若以为是，则不应遽解言职。如蔡京典刑未正，愿受窜贬。"意思是，我在职几个月的时间，所提的建议都是针对朝廷的当务之急。如果我说得对，就不应该解除我的职务；如果认为我对蔡京的弹劾是不恰当的，我情愿被贬到偏远的地方。于是，陈师锡被贬出京，先后到颍州（今安徽阜阳下属）、庐州（今安徽合肥）、滑州（今河南滑县）担任知州。后来又以和朋党勾结的罪名，被贬到衡州（今湖南衡阳）担任监酒，后又被削职为民，被安排在郴州，活到六十九岁去世。一直到南宋绍兴年间，才被追赠龙图阁学士。

回顾陈师锡的一生，可以用骨鲠之臣进行概括。陈师锡一生经历神宗、哲宗、徽宗三朝，无论在哪个皇帝手下，他都一贯正直敢言。他担任监察御史后，就一再劝告神宗要善于察纳雅言，褒善黜恶。徽宗时，他又慷慨陈词，历数奸臣蔡京等人的丑恶行径，恳请罢免蔡京之流，以利国家、百姓。但是，在党争不断的年代，以旧党面目出现而又敢于直言的陈师锡，注定无法实现自己的抱负，其悲惨的结局也是早就注定的。

陈师锡虽然在仕途上百般不顺，但是他在书法上的贡献不会被历史所淹没。陈师锡和陈瓘一样出名，时人称之为"二陈"。陈师锡和米芾也多有交往，米芾留存下来的名帖《面谕帖》就是写给陈师锡的一封书信。当时，陈师锡在苏州担任知州，米芾于元符二年（1099）由涟水军使改任蔡河（在山东济宁境内，是古运河的重要组成部分）拨发运，基本上都在江淮之间，离苏州不算远，所以才能面谕，并且他托付陈师锡寻找自己想要的东西。可见二人应该早有来往，而且私交不错，不然也不会有这幅名帖了。

陈师锡于元符三年（1100）五月离开苏州，在苏州一共待了六个月的时间。

第二十五章　全面兴盛

——最后的辉煌（一）

（张公庠、吴伯举、丰稷、林邵）

元符三年（1100）二月，年仅二十四岁的宋哲宗赵煦走完了自己短暂的一生，因为没有子嗣，向太后立其弟弟赵佶为皇帝，是为宋徽宗。

宋徽宗是宋神宗第11个儿子，即位之前被封为端王。宋哲宗驾崩之后，到底让谁继位在太后和宰相之间发生了激烈冲突。时任宰相章惇主张按照礼制和律法，立哲宗的同母弟弟赵似，否则的话应当立赵煦的大弟弟赵佖，但是向太后（宋神宗的皇后）以自己没有儿子，宋神宗的儿子都是庶出，在排除了眼睛有毛病的赵佖后，主张立哲宗的次弟端王赵佶，而章惇则指出："端王轻佻，不可以君天下。"但是，向太后在曾布、蔡卞、许将等执政大臣的支持下，坚持立赵佶为帝，章惇的阻拦不仅没有成功，反而成为其被一再贬黜的主要罪证。

章惇的话不是没有道理。赵佶出生于元丰五年（1082），自幼养尊处优，逐渐养成了轻佻浪荡的性格。据说，赵佶出生之前，宋神宗曾到秘书省观看收藏的南唐后主李煜的画像，"见其人物俨雅，再三叹讶"。随后赵佶就出生了，"生时（神宗）梦李后主来谒，所以文采风流，过李主百倍"。这种李后主托生的说法当然不可信，但是，在赵佶的身上确实有李煜的影子。赵佶自小爱好笔墨、丹青、骑马、射箭、蹴鞠，对奇花异石、飞禽走兽有着浓厚的兴趣，尤其是在书法绘画方面，更是表现出非凡的天赋。

《宋史》作者元代的脱脱在写完《徽宗记》后掷笔感叹说："宋徽宗诸事皆能，独不能为君耳！"诚哉斯言！从古至今对宋徽宗进行评价的专著、文章可谓汗牛充栋，多数都认为他贪玩好性、穷奢极欲，以至于把好端端的大宋王朝给葬送了。这个评价并不准确，或者说并不客观，更不全面。综合各方面的资料和宋徽宗一生的经历，可以用四句话概括他：很会玩、很有才、很好色，也很不幸。

宋徽宗很会玩。骑马、射箭、马球、蹴鞠，琴棋书画，凡是那个朝代能玩的他都会，而且玩得很投入、很精通，以至于跟他兴趣爱好相近的人都能得到重用，投其所好的人都成了大臣。赵佶从小就结交了一帮臭味相投的人，跟他玩得最好的朋友叫王诜。王诜藏有名画《蜀葵图》，但只有其中的半幅，他时常在赵佶面前提及此事，遗憾之情溢于言表。赵佶便记在心里，派人四处寻访，终于找到了另外半幅画。赵佶就把王诜手中的那半幅也要了去，王诜以为赵佶拿去后就不会给他了，结果赵佶将两个半幅画裱成一幅完整的画后将其送给了王诜。赵佶对王诜如此慷慨，王诜自然投桃报李。有一次赵佶在皇宫里遇到了王诜，恰巧忘了带篦子，就向王诜借篦子梳头。赵佶见王诜的篦子做得极为精美，就爱不释手，直夸篦子做得新奇可爱。王诜趁机讨好赵佶说："近日我做了两把篦子，还有一把尚未用过，等会儿我派人给您送过来。"当晚，王诜就派高俅把篦子给赵佶送过去。高俅到王府的时候，赵佶正好在踢蹴鞠，高俅就站在边上观看等候。赵佶善踢蹴鞠，而高俅也是这方面的行家里手。见到赵佶踢出好球，高俅就在边上大声叫好。赵佶就招手让高俅一同上场玩，高俅自然是使出浑身解数陪赵佶玩。赵佶玩得高兴，便吩咐下人去告诉王诜，要将篦子和送篦子的小吏一同留下。从此，高俅日益受到赵佶的宠幸，最后竟然官至太尉。高俅本来是苏轼的小吏，也就是秘书之类的小官，而苏轼和王诜也是好朋友，元祐八年（1093）苏轼把高俅推荐给了王诜，这才有了后来的这一机缘。当然，高俅也并非无能之辈，史书上说他为人乖巧，擅长抄抄写写，不仅写得一手漂亮的毛笔字，有一定的诗词歌赋功底，而且会使枪弄棒，有一定的武功基础。高俅能够得到赵佶的重用，会踢球只是一种相识的机缘，会写诗、会书法是趣味相投，会奉承才是根本。当然，如果赵佶不会玩、不好玩，也不可能认识高俅。

宋徽宗很有才。宋徽宗是一个极其出色的画家，他的《御鹰图》可以和赵孟頫的画作一较高下。宋徽宗是一位极为难得的书法家，他创造的瘦金体独步天下，至今没人能够超越。宋徽宗是一个大收藏家，他收藏了历代书画、金石和众多器物，并且专门修建了秘阁对其进行保存。因为爱好书画，宋徽宗还发展了宫廷绘画，广集画家，创造了宣和画院，培养了王希孟、张择端、李唐等一批杰出的画家。此外，宋徽宗还是一位杰出的茶艺大师，不仅多次为臣下点茶（宋朝的茶艺），而且撰写了中国茶书经典之一的《大观茶论》，为历代茶人所引用。宋徽宗还十分信奉道教，为此而大兴宫观。

宋徽宗很好色。年轻的时候赵佶轻佻好色的特点就表现了出来，他经常微服出入青楼歌馆寻花问柳。前文提到的王诜娶了英宗的女儿魏国贤惠大长公主，被封为驸马都尉，此人和赵佶一样放荡不羁，所以和赵佶的关系最好。宋神宗为此两次将王诜贬官，但是他不思悔改，甚至在公主生病的时候当着公主的面和小妾寻欢作乐。有这样一个死党，赵佶当然玩得如鱼得水。当了皇帝后，赵佶的生活更加糜烂，后宫佳丽三千仍然无法满足赵佶对美色的猎艳，他与汴京名妓李师师之间的事情几乎人人皆知。

宋徽宗很不幸。平心而论，赵佶并非把全部心思都用在了玩上，也并非不想当好皇帝，只是他即位的时候宋朝已经开始走向衰退，多年的党争使帝国的活力丧失殆尽。在这样的局面下，宋徽宗也曾经励精图治，整顿吏治，试图使国家重新走向繁荣，可惜时运不济，加上能力有限，最后成为阶下之囚。

宋徽宗即位后，向太后"权同处分军国事"。向太后在神宗时就是守旧派，当政后随即任命守旧派韩琦的长子韩忠彦为执政，不久又升任其为右相，左相章惇、执政蔡卞等相继遭到攻击，蔡卞被贬为知府，不久章惇被罢相,韩忠彦升任左相,曾布升任右相。徽宗亲政后,试图调和新旧党之间的矛盾,颁布了一系列诏书,并下诏改元为"建中靖国",以示"本中和而立政"。然而,朋党之间的斗争已经根深蒂固,并非一己之力和短时间内能够消除,改元后新旧党争不仅没有停止反而还愈演愈烈。建中靖国元年(1101)十一月,邓洵武首创徽宗应绍述神宗之说,攻击左相韩忠彦并推荐蔡京为相,得到执政温益的支持。宋徽宗采纳了他们的建议,决定改第二年为崇宁元年,意思是崇法熙宁变法。从此,蔡京走上政治舞台,并把持朝政二十多年,一直到北宋灭亡。蔡京的上任,结束了党争的乱象,却又形成了宰相专权的局面,最终把好端端的北宋给葬送掉了。

蔡京是一个典型的政治机会主义者,王安石变法的时候他积极拥护变法,司马光上台后他又积极推翻新法,宋哲宗亲政后他又积极附和新法,宋徽宗即位不久他受到守旧派攻击而被夺职,出任提举宫观闲居杭州。当时,童贯受命到南方搜集书画,蔡京用心巴结。蔡京本就擅长书法,又受到邓洵武、温益和童贯的极力推荐,逐渐为宋徽宗所赏识。也就是在这次到南方搜集书画的时候,童贯在苏州认识了朱勔的父亲,从此拉上了关系。

蔡京打着绍述新法的旗帜,排斥异己,贿赂公行,卖官鬻爵,无恶不作,终于把帝国推向了灭亡的边缘。

汴京的政治风云和权力更迭不可能不影响到苏州,但是,影响的只是政坛人物的命运和老百姓的生活,经济发展的车轮仍然在滚滚向前。此时的苏州,街面店铺林立,商船川流不息,酒店欢歌笑语,无论是农业、商业、手工业、交通运输还是文化教育,都达到了全面兴盛的局面,正如朱长文在《吴郡图经续记》中所说:"垂髫之儿皆知翰墨,戴白之老不识戈矛。所利必兴,所害必去。原田腴沃,常获丰穰;泽地沮洳,寝以耕稼。境无剧盗,里无奸凶,可谓天下之乐土也。"

从宋徽宗即位到苏州升格为平江府(1113),十四年间苏州相继有20人担任知州。走马灯一样变动的地方牧守,体现的正是那个时代的政治状况,他们每个人的命运都与那个时代紧紧相连。

陈师锡离开苏州后,张公庠成为徽宗朝第一任苏州知州。

张公庠的生卒和籍贯都没有相关史料，只知道他的字叫元善，宋仁宗皇祐元年（1049）就考中进士了，说明他出道很早。嘉祐八年（1063）为秘书省著作郎，哲宗元符元年（1098）出任晋州（今石家庄下属）知州，元符三年（1100）出任苏州知州，在苏州待了两年后又到邛州（今四川邛崃）担任知州，最后出任提举南京（今河南商丘）鸿庆宫。

虽然张公庠的仕途并不顺利，而且也没做过什么大官，但仍然史书留名，主要原因是他的诗写得不错，尤其是宫诗，别具一格，留下了一百多首。宫诗是从唐朝开始出现的一种诗歌体裁，多写宫廷生活琐事，一般为七言绝句，唐代很多见，后世沿用之作很多。张公庠写有很多这方面的诗歌，这里录用一首让读者一窥全貌。《道中一绝》：

一年春事已成空，拥鼻微吟半醉中。
夹路桃花新雨过，马蹄无处避残红。

这是一首讽刺诗。整首诗看似写景，实际上是同情落第士子的不幸，嘲笑他们的丧气和失望。前两句写神姿，神情恍惚，似痴若醉，可笑也可怜，刻画入木三分；后两句写心情，反用孟郊的诗句，残红遍地，无处下脚，恰成了鲜明对比，充满辛酸苦涩。张公庠一生仕途蹉跎，最终只是一个鸿庆宫提举，能写出这样的诗也在情理之中。

正因为张公庠喜欢写诗，所以在历史上留下了一段部下用诗"干谒"的佳话。

"干谒"，用现在文雅一点的说法就叫拜谒，也就是文人士子为了达到延誉、入幕、入仕、升迁的目的，拜访达官显贵或者文坛名宿的行为，说白了就像现在的跑关系、走后门。不管办什么事情，但凡拜访长辈、上级，总是要带点东西的，古代那些未显名、未入仕的文人，大多都是贫寒之家出身，根本拿不出像样的东西相送，即便出身豪门，有钱有家底，但是送钱送礼也显得俗套，而且有行贿之嫌。所以，他们大多是通过展示自己的才华，把自己的诗作、画作当成见面礼和敲门砖。这事早已有之，"唐人最盛，至宋犹存"（钱穆语）。前文已经提到过，当时柳永在杭州的时候想要拜见孙何，但是进不了孙何的家门,就填了一首词让名妓在孙何的寿宴上演唱,成为拜见孙何的敲门砖。

张公庠在邛州任知州的时候,手下有一个小吏叫张才翁。此人风韵不羁,有点恃才傲物,所以不怎么受张公庠待见。张才翁善于琢磨上司的心思,知道张公庠喜欢作诗,每到一处名胜古迹都会挥毫题诗。于是,对官妓杨皎说:"老子到彼,必有诗词,可速寄来。"有一天,张公庠率领属官一同到白鹤山游宴,因为张公庠不喜欢张才翁,所以并没有邀请他。张公庠游完白鹤山之后果然口占一首《游白鹤山》:

初眠宫柳未成阴,马上聊为拥鼻吟。
远宦情怀消壮志,好花时节负归心。
别离长恨人南北,会歙休辞酒浅深。
欲把春愁闲抖擞,乱山高处一登临。

在这首诗中,张公庠表达了远宦为官的烦恼和思乡之情。诗写完后,张公庠一行就地歌舞宴饮。杨皎把这首诗抄录后派人送给了张才翁,张才翁读罢,沉吟片刻,便立即改编成一首《雨中花》:

万缕青青,初眠官柳,向人犹未成阴。据雕鞍马上,拥鼻微吟。远宦情怀谁问,空嗟壮志销沉。正好花时节,山城留滞、忍负归心。

别离万里,飘蓬无定,谁念会合难凭。相聚里,休辞金盏,酒浅还深。欲把春愁抖擞,春愁转更难禁。乱山高处,凭阑垂袖,聊寄登临。

张才翁写好后就派人立即送给了杨皎,杨皎就在酒宴上演唱。一词歌罢,张公庠惊诧无比。张才翁的这首词虽然是根据张公庠的诗改编的,却把张公庠的心情全部写了出来,张公庠不得不感叹这是"知音"。从此之后,张公庠对张才翁另眼相看,而且礼遇有加。张才翁凭借一首改编的词完成了人生的逆转,可谓是诗词媚上的典范。张才翁也因为这首改编的词而在历史上留下大名。

张公庠离开苏州后,吴伯举接任苏州知州。

吴伯举是括苍(今属浙江丽水)人,生卒及仕途情况没有详细记载,《宋史·宋徽宗传》《续资治通鉴长编》和一些地方史志资料有零星记载。从这些资料看,吴伯举在神宗元丰年间担任过崇德(原嘉兴,今桐乡崇福镇)知县。当时,秀州(今嘉兴)各县的孔庙、县学全部被废弃,吴伯举到任后,恢复了孔庙、县学,聚集士子于县学,聘请名师对其进行教育。四方之士听说吴县令有贤德,纷纷到崇德县读书,该地培养了不少人才。

崇宁元年(1102),吴伯举出任苏州知州。当时,蔡京从杭州被召入京,路过苏州的时候得到了吴伯举的热情接待和周到服务,蔡京与吴伯举一见如故,对他十分赏识。蔡京当了宰相后,立即推荐吴伯举到京任职,而且一连提拔三级,让吴伯举担任中书舍人,相当于现在的国务院副秘书长。

蔡京对吴伯举如此厚爱,吴伯举应该投桃报李,全力支持蔡京才对。但是,吴伯举这个人比较正直,并未如此。有一次,蔡京新任命了四名郎官,这四个人原本都是县级官员。按照宋朝的官职序列,文官中的各部员外郎都是从五品的级别,郎中则是正五品的官衔,而知县只是正七品的级别。所以,所谓的郎官都要比知县的级别高很多。按照惯例,官吏提拔要一级一级地往上提,除非有特殊的才华和突出的贡献,一般不能越级提拔。蔡京这么做,显然有违法律。吴伯举看不下去,就上疏弹劾,认为这次提拔不合规矩。结果,蔡京大怒,把吴伯举贬到扬州担任知州。

过了一段时间,蔡京的一个亲信到扬州办事,吃了亏的吴伯举抓住这次机会,好酒好肉进行款待,接待非常周到。蔡京的亲信回京后对蔡京说:"吴伯举是个非常有才干的人,将他长期外放在州郡为官实在可惜了。"蔡京听了这话后断然拒绝了亲信的建议,并对亲信说:"既要做好官,又要做好人。这两者怎么能够兼顾呢?"在蔡京看来,你吴伯举的官职是我蔡某识拔、赏赐给你的,你在官场的一言一行都要唯我马首是瞻,我不管对错,你都得无条件支持。既想做好官,又要当好人,世上哪有这样的好事情?你要这么做,那就干脆从哪来到哪去吧。从此,吴伯举在官场上销声匿迹,再也没有任何记载。

不过,吴伯举虽然在苏州仅仅待了几个月的时间〔崇宁元年

（1102）到任，当年就离开了］，但是在苏州还是留下了不少印记。

据王鏊《姑苏志》记载："吴相伍大夫庙，在吴县盘门内，旧在县西南三十二里胥山上，即子胥死处，俗云胥王庙。宋元嘉三年，吴令谢询始徙庙入城，宋建中靖国间，太守吴伯举重修。"

另据范成大《吴郡志》记载："南双庙，在盘门里城址西隅。二庙：左英烈王伍员也，右福顺王隋陈果仁也……建中靖国中，太守吴伯举重修。是时蔡京自翰长罢过吴门，为作《记》。"

从这两段记载看，吴伯举在担任苏州知州期间，对双庙进行了重修，刚好蔡京被贬赴杭州上任的时候路过苏州，他就请蔡京写了双庙记，为苏州的文化事业贡献了自己的力量。

这两段记载都说是建中靖国期间（1101）的事情，但是与吴伯举的任职时间不相符合。王鏊《姑苏志》关于吴伯举的记载说他"元丰三年十月以新知湖州改除，崇宁元年五月甲子入为起居郎。壁记作崇宁元年六月到"。这段记载本身就有矛盾，元丰三年是1080年，当时是晏知止在任。所以，这里估计是笔误，应该是元符三年（1100），但是那个时候张公庠刚刚到任（也是王鏊《姑苏志》记载），吴伯举不可能到任。而蔡京就任宰相的时间是崇宁元年（1102）五月，说明蔡京到苏州的时间应该在这之前。吴伯举的继任者林邵是崇宁元年（1102）六月到任的，说明六月以前吴伯举已经回京了。综合这些史料看，吴伯举应该是建中靖国元年（1101）到任，第二年五月离开苏州的。

吴伯举离开苏州后，由林邵接任。不过，在林邵之前还有一位苏州知州，只是这个人被任命后并没有到任，而是立即被改任为越州（今绍兴）知州。这个人就是北宋有名的直臣、诤臣丰稷。

据王鏊《姑苏志》记载："丰稷，字相之，实录。建中靖国元年十月甲申，以枢密阁直学士出知苏州，未赴，改越州。旧本作崇宁元年二月辛卯除会稽至，三月自苏移越，未详。"从这一记载看，对丰稷到没到任苏州有着不同的记载，王鏊采用了建中靖国元年十月被任命的说法，但是其并没有到任。

丰稷是明州鄞县（今宁波鄞县）人，仁宗嘉祐四年（1059）考中进士，历任真州（今江苏仪征）六合县主簿、襄州（今湖北襄阳）谷城县县令，以廉明著称。神宗元丰元年（1078），以著作郎跟随安焘出使高丽，在海上遇到大风，桅杆被吹断，船几乎被吹翻。船上的人无不惊慌失措，不知道该怎么办，唯独丰稷神态自若，毫不惊慌。安焘看到丰稷泰山崩于前而面不改色，感叹道："丰君未易量也。"回到京城后，丰稷于元丰三年（1080）被任命为封丘知县，宋神宗召见丰稷的时候问道："卿昔在海中遭风波，何以不畏？"丰稷回答说："巨浸连天，风涛固其常耳，凭仗威灵，尚何畏？"意思是说，大海广阔无垠，风涛海浪本就是常事，加上有神灵保佑，又有什么好害怕的？这话明显有点溜须拍马的味道，宋神宗听了非常高兴，就把丰稷提拔为监察御史。

元丰二年（1079），章惇出任参知政事。第二年，章惇的父亲章俞侵占百姓沈立的田地，沈立拦路向章惇告状，章惇把他抓到开封投进了监狱。丰稷等借此事弹劾章惇，章惇因此被罢相，到蔡州（今湖北枣阳）、陈州（今河南淮阳）担任知州。丰稷随后被任命为著作佐郎、吏部员外郎。哲宗元祐二年（1087），提点利州（今四川广元）、成都路刑狱。元祐六年（1091），被提拔为权刑部侍郎（也就是副部长）。

在刑部没待多久，丰稷就被任命为殿中侍御史，谏言极为大胆直率。他上疏对哲宗说："陛下明足以察万事之统，而不可用其明；智足以应变曲当，而不可用其智。顺考古道，二帝所以圣；仪刑文王，成王所以贤。愿以《洪范》为元龟，祖训为宝鉴，一动一言，思所以为则于四海，为法于千载，则教化行，习俗美，而中国安矣。"扬、荆二王是天子的叔父，受尊重宠爱没有人能比（并行，并列），他们秘密下令蜀道为他们制作锦制垫褥。丰稷在正衙奏论说："二圣以俭先天下，而宗王僭侈，官吏奉承，皆宜纠正。"从朝堂上退下来后，御史赵屼对他说："听到你说的一席话，我汗流浃背。"

后来，丰稷改任为国子司业（正六品官职，负责国子监及各学的教法、政令，是国子祭酒的副手）、起居舍人，又被提拔为太常少卿、国子祭酒。有一天，宋哲宗专门到国子监视察，命令丰稷讲解《尚书·无逸篇》，哲宗听了很高兴，就赐给丰稷四品朝服，提拔他为刑部侍郎兼侍讲。元祐八年（1093）春天，京城经常下雪，丰稷上疏说："今嘉祥未臻，沴气交作，岂应天之实未充，事天之礼未备，畏天之诚未孚欤？宫掖之臣，有关预政事，如天圣之罗崇勋、江德明（仁宗即位后刘太后身边大太监），治平之任守忠（仁宗晚年的大太监）者欤？愿陛下昭圣德，祗天戒，总正万事，以消灾祥。"当时，高滔滔垂帘听政，丰稷的这些话明显有所指。等宋哲宗亲政后，马上把自己喜欢的太监乐士宣等人召进宫，对此，丰稷立即上疏说："陛下初亲万机，未闻登进忠良，而首召近幸，恐上累大德。"

宋哲宗亲政后，起用改革派章惇为宰相，丰稷的好日子也就到头了。前文已经提到过，当年，章惇的父亲侵占别人的田地，丰稷等人进行弹劾，章惇因此而被罢免（当然，主要的原因是党争的结果）。现在章惇大权在握，当然不会对丰稷客气。于是，丰稷先被任命为集贤院学士、颍州（今安徽阜阳）知州，又转任江宁府知府，再以礼部侍郎的官衔出任河南府（今河南洛阳）知府，官衔被提拔为龙图阁待制，却一直在地方上任职。章惇为了整治丰稷，在任内安排丰稷到六个州担任知州，叫丰稷一直在路上奔波。

宋徽宗即位后，任命丰稷为左谏议大夫，召他回京，回京路上又改任丰稷为御史中丞。上朝的时候，遇到蔡京，蔡京对丰稷说："天子自外服召公中执法，今日必有高论。"丰稷板着脸对蔡京说："行自知之。"意思就是说，等会你就知道了。到了朝堂之后，丰稷就当着蔡京和宋徽宗的面指出蔡京的奸邪情形，接着陈瓘和江公望也连续弹劾蔡京，但无法动摇蔡京的地位。下朝后，丰稷对陈师锡说："京在朝，吾属何面目居此？"于是，连续对蔡京进行弹劾，最终蔡京被免去了翰林学士一职，但他很快又重得重用。当时，宦官的势力逐渐壮大，丰稷就拿着《唐书·仇士良传》读给宋徽宗听。仇士良是唐朝的大太监，权倾朝野，宋徽宗不会不知道。丰稷读了几行后，宋徽宗就对丰稷说："已谕。"意思是我知道了。但是，丰稷装着没听见，一直把《仇士良传》读完才停止。

当时，曾布因为在赵佶即位这件事情上支持了向太后的意见，因此被拜为宰相，丰稷把御史召集起来，一起议论曾布。为了堵住丰稷的口，宋徽宗把丰稷转任为工部尚书兼侍读，曾布这才出任宰相。丰稷在写给宋徽宗的谢表中有"佞臣"这样的字眼，宋徽宗问他这是说谁，丰稷回答说："曾布也。陛下斥之外郡，则天下事定矣。"但是宋徽宗并没有听丰稷的建议，又把丰稷改任为礼部尚书。当时，宋徽宗召集大臣讨论哲宗升祔的事情，讨论谁可堪当升入祖庙附祭先祖的功臣，丰稷认为应当用司马光和吕公著。有人提出异议，认为这两个人曾经获罪，不能用。丰稷说："止论其有功于时尔，如唐五王岂非得罪于中宗，何嫌于配享？"又说："陛下以'建中靖国'纪元，臣谓尊贤纳谏，舍己从人，是谓'建中'；不作奇技淫巧，毋使近习招权，是为'靖国'。以副体元谨始之义。"

丰稷论事都把话说尽，做事则坚守正义，宋徽宗待他很优厚，想要任用他为尚书左丞（相当于副宰相）。但是，丰稷因为直言敢谏，得罪了很多权贵，宋徽宗的想法无法实现，于是，丰稷以枢密直学士的官衔出任苏州知州，还没成行又被改为越州（今浙江绍兴）知州。蔡京出任宰相后，"整理旧怨"，丰稷被贬为海州团练副使，被安置在台州。后又被除去名籍，流放建州（今福建建瓯）。七十五岁去世。建炎年间，追复学士，谥号为清敏。

丰稷被改任越州后，林邵出任苏州知州。

林邵是林概的三子，也是林希的弟弟。林概一共四个儿子，林希、林旦、林邵、林颜，四兄弟同中进士，传为佳话，被称为"融邑之世家也"。

林邵二十岁的时候进京参加考试，"入京师，僦居戴楼门内，所处极荒僻，人多言彼宅凶怪"（洪迈《夷坚丁志》）。就是说到京城应试的时候林邵租住在戴楼门内，那个地方非常偏僻，而且所租住的房子是凶宅，可见当时林邵身上并没有多少钱。

林邵于嘉祐四年（1059）考中进士后，担任过南新县（今杭州富阳区）知县。哲宗元祐三年（1088）提点河西路刑狱，转任光州（今河南信阳光华）知州。绍圣四年（1097），出任淮南转运副使。元符年间，在京担任吏部郎中。崇宁元年（1102）六月出任苏州知州，八月回京担任卫尉卿。崇宁四年（1105），出任颍昌府（今河南许昌）知府。最后的官职是宝文阁直学士，死后谥正肃。

林邵在苏州只待了两个月就离开了，具体原因不详，史书上没有记载。林邵是个很有才气的官员，一生写了很多诗词，这里录用两首以飨读者。

《和张祜韵》：

> 山中多白云，云气归如吞。
> 目无尘埃污，耳足清净根。
> 僧归踏层径，鸟远迷孤村。
> 来过人迹少，无客扫松门。

《和孟郊韵》：

> 山僧庞眉苍，翻径坐禅床。
> 层轩豁远目，静室便异香。
> 微风仙籁响，过雨晴岚光。
> 何须向庐阜，此即真道场。

两首诗浅显易懂，却意境深远，颇有张祜、孟郊、王维、孟浩然的风格。

虽然林邵在史书上事迹不多，但是其儿子林摅做到了宰相级别，而且因为读错字而在史书留名。

林摅的祖籍是福建，后来移居苏州，因此也算是苏州人。林摅是靠其父亲林邵恩荫进入仕途的，并非科举出身。林摅进入官场后，先当了一个叫敕令检讨的官，后来被提拔为屯田员外郎、右司员外郎。宋徽宗即位之后，蔡京出任宰相，想迎合宋徽宗锐意进取、大胆改革的想法，派出一些官员到地方巡察。林摅被派往河北视察，临走的时候，林摅向宋徽宗建议："大府宜择帅，边州宜择守，骄兵宜更戍。"受到宋徽宗的赞赏，被当场赐进士及第，被提拔为起居舍人、翰林学士。

当时，北宋出兵收复被西夏侵占的湟、鄯、廓等州，西夏屡吃败仗，所以就请辽国从中斡旋。林摅奉命出使辽国，到了辽国后，林摅义正词严地斥责西夏屡起边衅，而辽国不但不遏制这种行为，反而替西夏说情，违背了宋辽之间的约定。但是，辽国为了遏制北宋，继续为西夏说情，希望北宋把收复的失地割让给西夏。林摅据理力争，当场拒绝。辽国皇帝大怒，下令停止为宋使提供饮食。但是，林摅坚持原则，拒不让步，辽国最终不得不把他送回北宋。林摅回到京城后，主和派大造舆论，把林摅维护国家尊严说成是"怒邻生事"。这事让蔡京非常生气，就把林摅给贬到颍州（今安徽阜阳）当知州去了。

没过多久，林摅被提拔为开封府尹。开封府是京畿重地，富商很多。当时，朝廷正在商议要出台"变钱法"，有些富商和官员相互勾结，趁着"变钱法"还没有公布之际，谋取私利。林摅到任后，严惩了一批违法乱纪、中饱私囊的官员，开封贪腐之风为之一变。

宋徽宗崇信道教，因此很多道士四处招摇撞骗，皇上和京城官员不但不制止，反而纵容支持，弄得京城乌烟瘴气。崇宁五年（1106），妖道张怀素犯了谋逆大罪，林摅亲自进行审理，发现牵扯到了朝中很多王公大臣。为了防止牵扯面太大，引起官场地震，林摅请示上级后，把张怀素和朝中官员的往来书信全部烧毁。朝中官员如释重负，尊称林摅为"长者"。林摅因为非常能干，而且政绩显著，又能顾全朝廷脸面，所以不久后就被提拔为兵部尚书，进同知枢密院、尚书左丞、中书侍郎，位至副宰相。

但是，林摅毕竟是恩荫出身，估计书读得不多，结果在后来的"胪唱"中闹了笑话，并因此断送了自己的前程。大观三年（1109），宋徽宗举行科举殿试。按照规定，皇帝要召见考中的进士，按照考试名次当庭宣读名字，以示嘉奖，称为"胪唱"。当年，林摅被选为胪唱贡士，也就是宣读进士名单。这可是一个扬名的好机会，但是林摅的学问不行，其中一个考生的名字叫甄盎，林摅把他的名字读成了"烟央"。宋徽宗手上也有一份名单，听到林摅的读音后，当即笑出声来，不过说话还算客气，对林摅说："林爱卿，你没看清楚吧，读错了。"在这种情况下，林摅应该马上磕头认错，但是不知道林摅怎么想的，他没把宋徽宗的话当回事，继续往下读。新科进士不敢取笑林摅，但是朝中大臣忍不住轻声窃笑。看到大家窃笑，林摅大声呵斥道："朝廷之上如此轻浮，有失礼仪，这是对皇上的大不敬！"听了这话，朝臣安静下来,林摅继续宣读名单,等读到一个叫蔡蘔的考生时,林摅又读成了"蔡疑",又引起了一阵哄笑。林摅有点蒙圈:"怎么?我又读错了?"宋徽宗也忍不住笑着说:"这次错得不算太远。"结果引得满堂大笑,连新科进士也忍不住笑出声来。大臣们纷纷议论:"连字都认不全,还敢在朝堂上倨傲不恭,不顾群臣礼仪,太不像话了。"宋徽宗见大臣们认真起来,也不能不当回事,朝林摅挥挥手说:"回去再好好读点书吧。"第二天,宋徽宗就下诏罢了林摅的职,把他贬到滁州担任知州,后来他被起用为端明殿学士,又出任庆远军节度使,遭到弹劾后罢官回到苏州,活到五十九岁去世,死后被赠开府仪同三司。宋钦宗靖康元年(1126),以蔡京死党,追贬节度副使。

林摅虽然党附蔡京,而且自身也很能干,但是毕竟读书太少,不然以宋徽宗对他的信任和蔡京的权位,他还可以走得更远。所以,读书真的很重要,不管古今,概莫能外。

第二十六章　全面兴盛

——最后的辉煌（二）

（宇文昌龄、张恕、黄诰、邵篪、王汉之）

林邵在苏州待了两个月就离开了，宇文昌龄接任苏州知州。

宇文昌龄字伯修，成都双流人。考中进士后，宇文昌龄被任命为荣州（今四川自贡）推官。熙宁六年（1073），泸州（今四川泸州）的罗夷族、晏夷族举兵反抗北宋朝廷，皇帝下诏令熊本察访梓州路、夔州路，授予便宜行事的权力。熊本征召宇文昌龄为干当公事。宇文昌龄到任后，军队所有的讨伐招抚，以及修建南平各城堡垒，都由他进行谋划，平叛工作进展非常顺利。熊本回到朝廷后，向皇上大力举荐宇文昌龄，讲述他征战有功、能力出众。于是，宇文昌龄被提拔为秦凤路常平，又改任两浙常平官。

宋神宗即位后，宇文昌龄受命出使夔路。神宗担忧司农管理图书不严，准备选拔官员进行整顿。宇文昌龄入朝辞行的时候，神宗就把他给留了下来，让他出任司农寺主簿，并授监察御史。当时，鄜延的将帅上奏部下刘绍能和西羌人勾结，担心会成为祸患。神宗看了奏疏后，感觉其中有问题，就安排宇文昌龄前去调查这件事情。结果，和神宗猜测的

一样,这事果然是假的。宇文昌龄于是建议朝廷严肃警告边将,不要试图通过挑起事端来求取奖赏,以安定边境人心。宇文昌龄回到京城后,神宗赏赐五品服。

宋神宗即位后,对官制进行改革,取消"中书门下体制",恢复三省制,中书省再次成为最高政务决策机关,负责颁发皇帝的命令;门下省则成为最高政务审议机关,负责对中书省的各种命令进行复核审查;而尚书省则成为最高政务执行机关,领导六部负责执行中书省颁布并通过门下省审核的命令。三省制刚恢复的时候,宇文昌龄被任命为尚书比部员外郎。当时,官员更替,制度不全,宇文昌龄全身心投入工作之中,往往到了晚上仍然在考核官员。他通过加班加点赶出了一份制度大纲,呈送给皇帝实行。新旧制度更替之际,三司的旧官吏习惯了原来的那一套,而且往往玩忽职守,感到新的制度体系很不方便,想找点事情陷害宇文昌龄,就指使巡夜的士兵检举宇文昌龄,说他在值班的时候派遣小吏回去取衣被,这是役使部下,可以按照"私役"的罪名进行处罚。神宗知道宇文昌龄工作很认真,就没有处罚他,而是改任其为吏部员外郎,后其出任京西转运副使,不久又被召回京城担任左司员外郎。

当时,辽国派使者出使北宋,公事完成后,宇文昌龄负责送辽国的使者回国,到了雄州(今河北保定雄县)的时候,北宋官员宴请辽国使团人员,辽国使者的侍从不作揖就坐了下来,宇文昌龄指责辽国使者说:"两朝聘好百年矣,入境置宴,非但今日,揖而后坐,此礼渠可阙邪?"辽国使者表面上表示不服,但是内心也知道侍从这么做不对,最终还是按照礼节辞行而去。

哲宗即位后,宇文昌龄被提拔为太常少卿。当时,皇上诏令朝臣讨论郊祭的时候是否把祭天和祭地合二为一,大臣争论不休,宇文昌龄说:"天地之数,以高卑则异位,以礼制则异宜,以乐舞则异数,至于衣服之章,器用之具,日至之时,皆有辨而不乱。夫祀者自有以感于无,自实以通于虚,必以类应类,以气合气,合然后可以得而亲,可以冀其格。今祭地于圜丘,以气则非所合,以类则非所应,而求高厚之来享,不亦难乎?"意思就是说,祭祀天地是有规律的,从礼制来说应该有不同的安排，相互区别而不能混淆。祭祀的人一定要按照自然的性质来举行仪式，合乎自然规律才能亲近自然。现在在圜丘祀地，显然有悖自然规律，这样来求取天地厚待不是很难的事情吗？通过朝臣讨论后，皇上最终采纳了宇文昌龄的建议。

在哲宗朝，宇文昌龄被改任为直秘阁，先后到梓州（今四川三台）、寿州（今安徽寿县）、河中府（今山西永济）、邓州（今河南邓州）、郓州（今山东东平）、青州（今山东青州）等地担任知州（知府）。宋徽宗即位后，征召宇文昌龄回京出任刑部侍郎，没多久又调任其为户部侍郎。以前，陕西供给边地的粮草，都是内地的郡县转运过去的，运送粮草成为老百姓的一项沉重负担。宇文昌龄到了户部后，建议只在边地附近州县收取粮草，内地的郡县按照道路远近支付道路里程费，用于资助边地州县收购粮草，得到朝廷的采纳。这样一来，每年可节省五百万买粮草的钱，老百姓也免除了长途运送粮草之苦，可谓公私两便。随后，宇文昌龄以宝文阁待制的身份出任开封府尹，然后以户部侍郎的官衔出任青州知州，转任杭州知州。崇宁元年（1102）九月从杭州知州任上被改任苏州知州，十月到任，十一月又被改任为越州（今浙江绍兴）知州，在越州任上去世，享年六十五岁。宋徽宗专门下诏，要求沿途各个关隘护送宇文昌龄灵柩回乡，官府供给丧葬费用。

宇文昌龄在苏州任上不到一个月就离开了，由张恕接任苏州知州。

张恕是张方平的儿子，其生卒和仕途情况不详。张方平是北宋的名臣，曾于景祐元年（1034）担任过昆山知县。张方平在益州（今四川成都）担任知州的时候，苏洵听闻张方平的大名，带着苏轼兄弟前去拜访。张方平一见苏轼，惊为天人，以为人间骐骥。苏洵与张方平商量，想让苏轼兄弟先在蜀中应乡试，张方平却认为，这是"乘骐骥而驰闾巷"，大材小用，力劝苏洵让二子直接赴京应举。但想要赴京应举，没有人推荐是不行的。苏洵便想请张方平作为两兄弟的推荐人。张方平说："吾何足以为重，其欧阳永叔乎？"（事载《避暑录话》）张方平不顾自己与欧阳修原有嫌隙，毅然写信向欧阳修推荐苏轼兄弟，并资助盘缠。从此，苏轼与比他年长三十岁的张方平结成了忘年之交。

可以说，张方平对于三苏父子，有知遇之恩。

神宗元丰二年（1079），苏轼遭遇乌台诗案，形势险恶，人人避之唯恐不及。早已退休闲居在南京（今河南商丘）的张方平，得知苏轼入狱，打算上书为苏轼鸣冤。但是，张方平已经退休在家，只能通过南京官府的朋友递送自己的奏折，然而，南京官府的官员认为此事非同小可，没有敢帮他递交奏折的。张方平又找了很多以前的好友，但是没人肯帮忙。无奈之下，张方平只好派自己的儿子张恕到南京衙门敲登闻鼓递送奏章。在宋朝，敲登闻鼓非同小可，不管敲鼓之人有没有理，都会被官府杖责。张恕从小胆子就小，他拿着父亲的奏章在登闻鼓前徘徊了好几天，最终也没敢敲。

虽然张方平最终没能想到办法为苏轼说情，但是，当时的太皇太后曹氏（仁宗的皇后，曹彬的孙女）亲自替苏轼求情，宋神宗对祖母非常孝顺，加上宋朝有不杀文人的铁律，宋神宗最终还是对苏轼网开一面，把苏轼贬为黄州团练副使，苏轼也侥幸保住了性命。

苏轼出狱后，张方平心怀愧疚地向苏轼解释为何未能替他说上话，并把当时写好的奏章副本拿给苏轼看。苏轼看完后脸色大变，吐着舌头不肯说话。对苏轼这个表情，张方平非常不解，以为苏轼生气了。过了几天，苏轼的弟弟苏辙到张府做客，张方平问起了此事。苏辙说："我哥哥之所以有今日之祸，第一是他写诗讥讽新法，第二是他名气太大，遭到改革派官员的忌恨。你在奏折中不仅夸我哥哥名气响亮，而且还继续指出新法的不足之处。你以为是在为我哥哥叫屈，实际上是在戳改革派官员的敏感之处，你这不是害他吗？"

张方平这才明白是怎么回事，赶紧向苏轼道歉。苏轼感叹道："你当时为了救我，到处奔走，我很感激你。但你的奏章差点害了我，幸好官府没有理你，否则，你的奏章交上去，我必死无疑。"

正因为张方平对苏洵、苏轼、苏辙父子有知遇之恩，而且将苏轼、苏辙兄弟视为己出，所以，张恕和苏轼、苏辙兄弟二人关系十分密切，交往也很频繁。苏辙写有很多与张恕有关的诗词，比如：《连雨不出寄张恕》《城南访张恕》《次韵张恕九日寄子瞻》《陪杜充张恕鸿庆宫避暑》《送张恕朝奉南京签判二首》《次韵张恕戏王巩》《张恕寺丞益斋》

等，有兴趣的朋友可以找出来欣赏。

张恕于崇宁元年（1102）十一月接任苏州知州，第二年十月转任齐州（今山东济南）知州，在苏州待了不到一年。张恕离开后，黄诰接任。

黄诰，字君谟，平江（今湖南岳阳平江）人。神宗熙宁三年（1070）中进士，被任命为长沙主簿。当时，担任三司账司的蒲宗孟被神宗派往湖南一带的荆湖北路、荆湖南路察访民情。蒲宗孟到了那里后，了解到湖南连年遭受灾害，收成很差，百姓的生活非常困苦，特别是辰州、沅州的情况更为严重。于是蒲宗孟将灾情迅速上奏朝廷，并申请免去辰州、沅州的役钱和荆湖南路的丁赋，朝廷批准了蒲宗孟的建议。就在这次察访过程中，蒲宗孟发现黄诰这个人很有才，所以回京之后就向朝廷举荐了黄诰，于是朝廷就任命黄诰为益阳县知县。当时，朝内供奉甘承立受命到益阳采购木材，甘承立自以为是京官，所到之处专横跋扈。但是，黄诰根本不买他的账，按照数额交上木材，却并没有给甘承立个人表示，甘承立非常不高兴，就发文追买沿江木材两万多方。黄诰据理力争，对甘承立说："木材已按数具足，若再收买，请示朝廷牒文。"甘承立拿不出牒文，只好忍气吞声。后来，甘承立又派手下起运木材，因为没有引牒，被黄诰杖责后遣返回了京城。

离开益阳后，黄诰被任命为长沙左使，因为父亲病故，回去守孝三年。到了哲宗绍圣二年（1095），黄诰以朝散郎出任歙州（今安徽歙县）知州。在歙州任上劝谕父老送子弟进儒学。同时，黄诰还兴建了学舍，以此吸引学子前来学习。一年后，歙州有十多人在乡试中登第。

因为政绩突出，黄诰转任建州（今福建建瓯）知州，崇宁二年（1103）七月被任命为苏州知州，八月到任，九月上奏弹劾苏州的朱冲，但是没有被朝廷采纳。

朱冲是朱勔的父亲。朱冲虽然出身低贱，但是头脑灵活，而且桀骜不驯。年轻的时候，朱冲受雇给别人做苦工，犯了罪后没钱赎罪，就接受鞭背之刑以抵罪。在苏州混不下去了，朱冲就到城外流浪游荡，遇到一个游方道人，从老道那儿得了几个治病的药方。此后朱冲回到城中，开始摆摊卖药。因为药效良好，一传十十传百，买的人就多了，朱冲因此发家致富。朱冲发迹后经常结交朋友，资助往来之人，名声越发响亮。后来蔡京被贬到杭州，路过苏州的时候想修建一座寺庙，要花数万钱。那个时候朱冲的声名远扬，于是和尚向蔡京推荐了朱冲。朱冲二话没说，慷慨应允捐资，并且愿意独自负担这项工程。第二天，朱冲请蔡京到寺庙丈量土地，到工地一看，数千根大木头堆在院子里，蔡京看了非常震惊，心中不由对朱冲的能力表示佩服。第二年，蔡京被召回京，路过苏州的时候，吴伯举和朱冲对蔡京热情招待。因为之前的事情，蔡京对朱冲本就留下了很好的印象，这次又受其热情款待，所以，离开苏州的时候就把朱冲的儿子朱勔一同带回了京城，并把父子二人的名字交给童贯安置在军籍里，父子二人从此都得到了官职。

宋徽宗这人很会享受，蔡京看到徽宗喜欢奇花异石，就暗示朱勔告诉他的父亲，秘密取江浙的珍奇花木进献。开始的时候，朱氏父子送了三棵黄杨，宋徽宗非常喜欢。趁着徽宗高兴，蔡京把朱勔引荐给了宋徽宗，徽宗当面夸奖朱勔会办事。为了满足宋徽宗对奇花异石的疯狂追求，朱勔给宋徽宗出了一个主意，在苏州设立应奉局，专门从事奇花异石的搜集工作。朱勔的建议正合徽宗之意，于是，从崇宁四年（1105）开始，朱勔主持苏州应奉局，搜集各种奇花异石，用船从运河运往汴京，运送花石的船队称"花石纲"。

朱冲本就是一个桀骜不驯的人，加上蔡京这层保护伞，更是胆大包天。黄诰到苏州任知州的时候，苏州应奉局还未成立，但是向京城进奉奇花异石已经开始增多，民间的怨声已经多起来。所以，黄诰就上奏对朱冲进行弹劾。但是，因为这事本就是蔡京授意的，黄诰的弹劾只能是搬起石头砸自己的脚。于是，黄诰一怒之下于第二年二月份提出辞职，在苏州待了半年时间就离开了。后来，黄诰以朝请大夫、直秘阁，出任江州（今江西九江）知州、兼管勾学事、兼管内劝农事、兼江南东路兵马都监，官衔到上柱国。在任上，曾写过《题道岩二十韵》，建议地方官把平江道岩观上奏给朝廷。宋徽宗十分信奉道教，接到地方官员的上报后，于大观元年（1107），敕封葆真观匾额。黄诰还因此而撰写了《敕赐葆真观记》，对葆真观的美景进行了详细描述，使平江美景闻名天下，为地方文化事业发展做出了很大的贡献。

黄诰离开苏州后，邵篪接任苏州知州。

邵篪，字仲恭，丹阳人，生卒不详。据《至顺镇江志》《续资治通鉴长编》记载，邵篪于熙宁六年（1073）考中进士，早年担任过司农寺丞、承议郎、开封府推官、都官郎中、驾部郎中、金部郎中、户部郎中等职务，都是五品以下的小官。

邵篪在各个部门转了一圈后，被任命为朝请郎，兼陕西路转运副使。朝请郎虽然是个闲职，但是有机会参加朝会，能跟朝中大臣和皇帝见面。元符元年（1098）六月，在一次朝会上，邵篪不合时宜地放了一个屁，结果惹恼了宋哲宗，被贬到东平做地方官去了。据《桐江诗话》记载："一日，邵篪因上殿泄气，出知东平。"意思就是说，一天朝会，邵篪在大殿内，因为腹中气压积累，实在憋不住了，就在大庭广众之下放了一个屁。如此严肃的场合，邵篪发出这样的响声，确实有伤大雅。邵篪的这个屁放得实在不是场合，结果被"特降一官，展一期叙"。邵篪本来是一个十分平庸的官员，没人会注意到他，但是他在不合适的场合和不合适的时间放了一个屁，结果因此而吸引了众人的目光。因为邵篪长相怪异，胡子往上翘，于是好事者就调侃："邵高鼻卷髯，社人目之曰：凑氛狮子。"

邵篪的这个屁还成就了一副名对。早年间，改革派大臣吕惠卿察访京东时，因为他身体很瘦，说话时喜欢指手画脚，好事者就给他起了一个绰号："说法马留"，"说法"，即针对变法而言；马留，即猴子。后来，大家把他们两个的绰号连在一起，就凑成了一副对联：说法马留为察访，凑氛狮子作知州。成为历史笑谈。

宋徽宗即位后，邵篪时来运转，重新入朝为官，出任朝散大夫、直龙图阁学士。邵篪之所以受到提拔，主要是因为他的字写得非常漂亮，得到宋徽宗的青睐。但是，邵篪能力实在有限，而且又涉及党争，所以，在朝中时间不长就被外放到常州担任知州，崇宁三年（1104）三月转任苏州知州，八月死于任上。

邵篪病逝后，王汉之接任。

王汉之，字彦昭，衢州常山人。王汉之是王介的第三个儿子，是王涣之的兄长。王介是仁宗、英宗、神宗、哲宗时期著名诗人，学识渊博，善于文辞，生性负气，喜直言、善讥谑，专交贤豪名士。王介和王安石是挚友，因为和王安石政见不合，一度被罢官，晚年无心仕途，嗜书成癖，不问政事。生有四子：王沆之、王沔之、汉之、王涣之；其弟王忞及侄子王汋之，皆登进士第。时有"一门九进士，历朝笏满床"之誉。

王汉之于熙宁六年（1073）考中进士甲科，初任秀州（今浙江嘉兴）司户参军，元丰二年（1079）调任汝州（今河南平顶山汝州市）、亳州州学教授。在亳州州学教授任上，王汉之遇到了人生第一个贵人，当时的知州曾巩对其十分赏识，"待以国士"，推荐他出任和州（今安徽马鞍山和县）防御推官。哲宗即位后，王汉之再次迎来了新的机遇，他通过吏部铨试，于元祐元年（1086）开始，先后到金华、渑池担任知县，政绩十分卓绝，被称为王渑池。绍圣四年（1097）升迁为鸿胪丞，先后到颍州（今安徽阜阳）、真州（今江苏仪征）担任知州。建中靖国元年（1101），朝廷下诏要各道将财政收支情况上报朝廷，王汉之上疏进言："由于户籍制度不健全，因此官府无法掌握具体的收支损耗情况而加以统筹。如果郡县建立户籍田产制度，然后汇总到道一级，天下财赋情况就可以了如指掌了。"朝廷采纳了他的建议，并把他调入京城出任提举河东路常平，升任开封府推官，历经工部、吏部、礼部员外郎，太常少卿。崇宁二年（1103），被推荐为参详官，然后升任礼部侍郎，转任户部侍郎，以显谟阁待制出任瀛洲（今上海崇明岛）知州。在瀛洲任上，王汉之上疏说："自何承矩规塘泺之地屯田，东达于海。其后又修保塞五州为堤道，备种所宜木至三百万本，此中国万世之利也。今浸失其道，愿讲行之。"离开瀛洲后，王汉之又出任河南（今洛阳）知府。当时，雄州（今河北保定）、归信（今河北归义）、容城（今河北容城）出现灾害，有农民提出请求蠲免赋税，但是地方官吏没有批准，为此，王汉之上疏说："雄州规小利，失大体，万一契丹蠲之，为朝廷羞。"可见王汉之不仅非常体恤百姓，而且很有大局观。崇宁三年（1104）八月，王汉之出任苏州知州，第二年正月转任潭州（今湖南长沙）知州。

到了政和六年（1116），安徽六安发生暴乱，匪首率领起义农民在周边州县烧杀抢掠。时任濠州（今安徽凤阳）知州的王汉之，一面迅速占据险要地势，一面召集大户人家的兵勇家丁排兵布阵，匪徒屡攻不能得逞，只好悻悻而去，濠州地区免遭匪患之害，当地百姓都非常感激他。第二年，朝廷对王汉之进行嘉奖，晋封"信安郡开国侯"。

宣和二年（1120），方腊在江西青溪起义，时任江南东路兵马钤辖的王汉之，调兵遣将，严明纪律，多次击败义军，抓获多名义军首领，因此被授予江南东路安抚使。但是其老家常山芙蓉章舍遭到义军的疯狂报复，包括其兄弟王沇之、王泂之的儿子在内，王氏族人几乎被屠杀殆尽。王汉之强忍悲痛，会同朝廷大军一道平定了方腊起义。一直到第二年冬天，王汉之才从汴京回家料理家事。因"录奏报御捕功"，加龙图阁直学士，进封延康殿学士。宣和五年（1123）病逝，终年七十岁。朝廷因其调任张叔夜收抚宋江有功，赠尚书，封信安侯。

衢州名士、北宋诗人程俱称赞王汉之："以高明之姿，纯正之学，敏达之才，自经术、政事、文词、字画、养生之妙、方外之理，皆意出人上，自以无前，一时交游号为第一。"由此可见，王汉之不仅仕途顺达、政绩显著，而且多才多艺、交游广泛。

与王汉之兄弟交往最多的是米芾，米芾题写的《送王涣之彦舟》是书法名帖《蜀素帖》的压卷之作，今珍藏在台北故宫博物院。另外，米芾还写有《太师行寄王太史彦舟》《和王彦舟》《呈王彦舟》等诗。《奉呈彦昭使君陪壮观之赏》，是米芾在王汉之陪同下登山赏雪景之后的即兴之作。米芾《宠临帖》系致关景仁书札，作于元祐七年（1092），书札云："昨日特承宠临，属王氏兄弟饭，遂阻于门迎。"这里的王氏兄弟即王汉之、王涣之，可见米芾与王氏兄弟之间的交往之密切。宋代蔡绦《铁围山丛谈》记载了一桩米芾与王汉之之间的秘事：米芾退隐丹阳的时候，想找一处安居之所，可惜找了很长时间都没有找到。当时，苏仲恭有一座晋代的古宅，位于北固山甘露寺附近的江边上，米芾非常喜欢这座宅子，而苏仲恭则看中了米芾手中的名石——"研山"。研山是南唐后主李煜的心爱之物，米芾还为之作过传世书卷《研山铭》。后来，米芾和苏仲恭请王汉之兄弟作为中间人出面调和，一同到北固山游玩，达成了"研、宅"交换协议。米芾得到这座宅子后十分高兴，取名为"海岳庵"，寓意"山海间的宅院"。

除了米芾之外，王汉之还和当时的孔平仲、刘跂、张耒、蔡肇等人多有来往，并且相互酬唱，留下不少诗词。尤其是苏门四学士之一的张耒，和王汉之属于至交，张耒有五首诗与王汉之有关，《和陈器之谢王渑池牡丹》写的是王汉之任渑池知县时，组织了一场"以诗换牡丹"的活动，张耒因此写诗："十首新诗换牡丹，故邀春色入深山。……狂来满插乌纱帽，未拟尊前感鬓斑"，道尽了诗人的风雅与狂放。后来，王汉之兄弟迁居京口（今镇江），新居落成的时候，画家蔡肇前往祝贺并题诗《次韵王彦昭昆仲题京口新居》相赠，诗中提到："六合不为狭，五亩亦为谋。何妨傍城邑，心远地自悠。"既表露出对王汉之归隐的羡慕与祝贺，也体现了画家自身闲适恬淡的生活旨趣。

王汉之还是一位乐善好施之人，据程俱记载，王汉之显达之后，在乡里置办田产，凡是家族中有困顿落魄的人，全部予以救济扶持，众人"赴之如归"。临终之际，王汉之还留下遗嘱，要求凡是兄弟姐妹子侄中孤寡病弱者，"禀给如故"。王氏兄弟四人，除了大哥王沇之定居钱塘（今杭州）外，王汧之、王汉之、王涣之全部定居在南徐（今镇江丹徒），相互扶持照应。王汉之不仅对亲友敦睦友善，对乡邻也是如此。常山人江景房的四世孙江器博，性情旷达，好交友，精琴书，中年落魄无所依靠，王汉之得知后收留了他，同时将二哥王汧之的女儿嫁给江器博的儿子江参为妻，一同定居在南徐。江参后来成为宋代的绘画大家，名重一时，宋人吴则礼有诗赞曰："即今海内丹青妙，只有南徐江贯道。"可见其影响之大。

第二十七章　全面兴盛

——最后的辉煌（三）

（蔡渭、郭茂恂、蹇序辰、许光凝、孙杰、吴栻）

王汉之在苏州待了不到五个月就转任潭州知州了，蔡渭接任苏州知州。

蔡渭是蔡确的儿子，其生卒年不详。蔡确官至宰相，《宋史》把他和章惇、吕惠卿、曾布等21人列为奸臣。这21人中间，除少数人外，大多都是改革派，是全力支持王安石变法的。所以，把他们列为奸臣实在不妥。这与《宋史》作者的立场有关系，也是没办法的事情。写历史的人都是站在自己立场上写史的，包括司马迁这样的大家都有篡改历史的时候（笔者在《回望姑苏——苏州古城的前世今生》中曾做论述），何况后来的人远远没有司马迁那样的胸襟和笔力。此是题外话。

宋哲宗即位（1085）的时候，祖母太皇太后高滔滔垂帘听政，保守派陆续返回朝中，司马光、吕公著要全面废除新法，担任左相的蔡确坚决反对，把责任全部揽到自己的身上，说那些新法都是自己建议实行的。但是，当时以王安石为首的改革派基本上全部被清除出朝廷，蔡确单拳难敌众手，在保守派的全面攻击下，于元祐元年（1086）二月被罢为观文殿学士、陈州（今河南周口淮阳）知州。第二年，因为弟弟蔡硕招权纳贿，蔡确受到牵连被削去官职，转任安州（今湖北安陆），又迁邓州（今河南邓州）。在安州的时候（1087），蔡确游览安州车盖亭，水光山色让他一扫胸中郁闷，他即兴赋诗十首，没想到这事给自己带来了大麻烦。

据《泉州府志》记载，当年知汉阳军的邵武人吴处厚，因为蔡确出任宰相前曾经跟他学过诗赋，蔡确当了宰相后，吴处厚给蔡确写信，要求蔡确举荐提拔自己，被蔡确拒绝，因而一直耿耿于怀。吴处厚偶然得到蔡确的这十首诗后，大喜过望，立即对这些诗加上笺注，并随意曲解，无限上纲，上奏给宋哲宗和高太后。高滔滔收到奏疏后极为震怒，谏官刘安世又乘机进谗，说蔡确"罪恶昭著，何待分析"，于是，谏官梁焘、范祖禹、王岩叟等纷纷上章要求高太后马上给蔡确定罪。结果，在保守派的围攻下，蔡确被一贬再贬，先是被贬为光禄卿、分司南京（今河南商丘），后被贬为英州（今广东英德）别驾，发配新州（今广东新兴）安置。这里被当时的人认为"烟瘴最甚"，有"人间地狱"之号，很少有人被发配到这里，就连反对变法的左相吕大防和中书侍郎刘挚都以蔡确的母亲年老，请求将其改任到其他地方。与蔡确政见完全相反的右相范纯仁也极力反对把蔡确流放到岭南，但是高滔滔决心已定，对反对的人说："山可移，此州不可移。"

蔡确被贬到岭南后，只有一个叫琵琶的爱妾相随。蔡确养了一只鹦鹉，这只鹦鹉十分乖巧，只要蔡确敲一下小钟，鹦鹉就会呼唤琵琶的名字。不久，琵琶死于瘟疫，从此蔡确再也没有敲过小钟。一天，蔡确误敲小钟，鹦鹉闻声，又叫琵琶。蔡确大感悲怆，写了一首诗寄托自己的悲凉心情："鹦鹉声犹在，琵琶事已非。堪伤江汉水，同去不同归。"蔡确郁郁成疾，于哲宗元祐八年（1093）正月死于贬所，时年五十七岁。蔡确死后不久，高滔滔也去世，改革派重新上台。如果蔡确多活一年半载，也许命运又会发生新的变化。可惜历史没有假设，人生更没有。

蔡确死后的第二年，也就是绍圣元年（1094），冯京去世，宋哲宗亲到灵堂祭奠。蔡确的儿子蔡渭是冯京的女婿，蔡渭抓住这个机会在丧礼上向宋哲宗诉冤。第二天，宋哲宗就下诏恢复蔡确为正议大夫。

第二年，又赠其为太师，谥忠怀，派使者保护他的棺椁下葬，并在京师赐给宅第。宋徽宗即位后，把蔡确配飨哲宗庙庭。蔡京请宋徽宗手书"元丰受遗定策殊勋宰相蔡确之墓"赏赐给蔡确家。蔡京与太宰郑居中不和，郑居中是王珪的女婿。当时，蔡渭改名为蔡懋，蔡京让他重管原来的政事，以此来牵制郑居中，并追封蔡确为清源郡王，宋徽宗亲自写了碑文立在墓前。就是在这样的背景下，蔡渭以奉议郎、直秘阁出任真州（今江苏仪征）知州，崇宁四年（1105）四月转任苏州知州，在苏州待了一个月又被提拔为同知枢密院事。蔡确的二儿子蔡庄、弟弟蔡硕，以及女婿都得到了重用，可谓贵宠一时。然而，到了南宋宋高宗的时候，又下诏列举群奸的罪状，追贬蔡确为武泰军节度副使，把蔡渭流放到英州，儿子也走了老子一样的路子，最终不知下场如何。

蔡渭在苏州待了一个月就离开了，由郭茂恂接任。

郭茂恂的生卒年不详，为官情况史书很少记载。《宋史·兵志》记载，元丰四年（1081），应群牧判官郭茂恂的建议，北宋正式成立统一的茶马官营机构，更名为大提举茶马司，简称茶马司，统一管理榷茶马事宜。大提举茶马司建立后，积极制定管理办法，明确奖惩制度，在茶马司职官选授、责任和奖惩等方面制定了明确的法律规定。茶马官营机构的设立，促进了茶马互市的发展，为川藏地区的繁荣奠定了基础。这也是后世茶马古道形成的主要原因。从这段记载看，元丰年间，郭茂恂出任过成都判官。

据《续资治通鉴长编》记载：元祐元年（1086）二月，吕陶在批评韩缜的奏折上提道："郭茂恂、王钦臣在陕西为监司，皆有丑迹，恶声喧闻一道，其事连及缜侄宗儒。"从这段记载中可以看出，当时，郭茂恂在陕西当监司，而之所以受到攻击，主要是因为牵扯党争。另外，据《宋史·顾临传》记载：绍圣初（1094），顾临"以龙图阁学士知定州，徙应天、河南府。中州人梁惟简坐事宣仁太后（指高滔滔）得罪，过洛，转运使郭茂恂徇时宰意，劾临与之宴集，夺职知歙州（今安徽歙县），又以附会党人，斥饶州（今江西鄱阳）居住"。从这段记载看，到了1094年，郭茂恂已经升任为转运使，而且根据时任宰相的

意思，出面弹劾顾临，说明郭茂恂属于改革派，不然也不会拿吃喝这样的事情去弹劾保守派。宋徽宗即位后，郭茂恂以朝请大夫、直龙图阁出任润州（今镇江）知州，崇宁四年（1105）八月转任苏州知州，第二年三月出任江淮荆浙六路转运使。

郭茂恂虽然在历史上没什么地位，其兄长郭茂倩却因为编写《乐府诗集》而青史留名。郭茂倩编写的《乐府诗集》以解题考据精博为学界所重视，书中收录的《木兰诗》与《孔雀东南飞》被后人合称为"乐府双璧"。

郭茂恂在苏州任上做了五个月就离开了，由蹇序辰接任。

蹇序辰，字授之，成都双流人。蹇序辰考中进士后出任泗州（今安徽泗县）推官，几年后主管广西常平。当时，蹇序辰的父亲蹇周辅被派往福建负责平息廖恩叛乱，蹇周辅给朝廷上书说，父子二人都被任命到远方为官，家里没人照顾，希望把儿子改到离家近一点的地方。于是，蹇序辰被改任到京西，但是很快又被任命为提举江西常平，他继承父亲的做法，大力改革盐政。因为推行新法十分得力，所以被提拔为监察御史，后又升迁为殿中侍御史、右司谏。

到此为止，蹇序辰的官运都很不错。然而，他和其父亲蹇周辅都是改革的坚定支持者和实践者，注定仕途不会顺遂。宋哲宗即位后，保守派全面复辟，其父亲蹇周辅首先获罪，保守派大臣说他父亲的罪恶是蹇序辰帮助完成的，也就是说蹇序辰是其父亲的帮凶，因此蹇序辰被贬为庐州（今合肥）签书判官。后来又被起用为楚州（今江苏淮安）知州，提点江东刑狱。

宋哲宗亲政后，改革派掌握朝政大权，蹇序辰也重新得到重用，被任命为左司员外郎，又被提拔为起居郎、中书舍人、同修国史。因为受到保守派的迫害，蹇序辰和章惇一样，心中充满了怒火。所以，得势以后，蹇序辰跟随章惇一道，不遗余力地打击保守派。据《宋史》和《续资治通鉴长编》记载，蹇序辰回到京城后，多次上疏弹劾保守派官员，并提出建议说："朝廷前日正司马光等奸恶，明其罪罚，以告中外。惟变乱典刑，改废法度，讪讟宗庙，睥睨两宫，观事考言，实状彰著，然踪迹深秘，包藏祸心，相去八年之间，盖已不可究质。其章疏案牍，散在有司，若不汇缉而藏之，岁久必致沦弃。愿悉讨奸臣所言所行，选官编类，入为一帙，置之一府，以示天下后世大戒。"于是，朝廷安排蹇序辰和徐铎负责搜集旧党的言论，并编辑成册，按图索骥，"由是缙绅之祸，无一得脱者"。因为在反对旧党上十分卖力，所以他被提拔为吏部尚书。元符二年（1099），蹇序辰奉命出使辽国，在出使的过程中有些礼节不到位。这本是一件小事，但是因为牵扯党争，所以旧党揪住不放，蹇序辰因此而被贬为黄州（今湖北黄冈）知州。因为宋哲宗亲政后一直支持改革派，所以，过了四个月就把蹇序辰提拔为龙图阁待制，让其出任扬州知州。

宋徽宗即位后，向太后专权，守旧派官员韩忠彦等掌握朝政，指责蹇序辰学习元祐期间的办法，广泛收集材料，罗织罪名，谤讪朝廷。于是，下诏将他和章惇一并除名，放归田里。第二年，向太后病逝，宋徽宗召蔡京回京出任宰相，重新任命蹇序辰为刑部、礼部侍郎，出任翰林学士。但是，旧党对他的攻击并没有停止，有人上疏弹劾他在宋哲宗"遏密"（指皇帝驾崩期间停止娱乐活动）期间以音乐自娱，因此他又被贬为汝州（今河南平顶山下属县级市）知州。崇宁五年（1106）正月，转任苏州知州，结果不到一年时间，就因为"纵部民盗铸钱案"被贬为单州（今山东单县）团练副使、江州（今江西九江）安置。

关于"盗铸钱案"其实是因蔡京而起，要把这事的来龙去脉说清楚需要不少文字。

宋徽宗即位后，想要收回高滔滔垂帘听政的时候归还给西夏的土地，但是打仗靠的是银子，出兵西夏需要强大的财力作为支撑，而当时北宋国库空虚，不足以支撑这场战争。于是，宋徽宗要蔡京围绕茶、盐、酒、教育、救助、货币等进行一系列改革。在这次改革中，除了教育和救助是惠民工程外，其他改革基本上都是与民争利。蔡京通过盘剥农民和商人，获得了巨额利润，国库很快得到充实。宋徽宗于是接连出兵，重创西夏，收服河湟，取得了对外战争的胜利。此后，宋徽宗开始走向荒淫无度的生活。

蔡京推行的货币改革，最重要的一项就是发行"当十钱"。所谓的

"当十钱"，就是以一当十，一枚"当十钱"可以换取十枚小钱，但是这是一种不足值的钱，当时，三枚小钱就可以铸一枚"当十钱"。"当十钱"的大量发行，导致货币贬值，物价飞涨。因为这种钱是不足值的，因此，"当十钱"的发行引发了严重的私铸现象。私铸现象的出现进一步扰乱了货币市场，朝廷只好明令禁止，甚至祭出了死刑。然而，在巨大的利润面前，什么样的刑罚都产生不了震慑作用，"自此盗铸遍天下，不可禁。物价踊贵，商贾不行，冒禁而破家身死者众"。苏州作为当时东南地区最为发达的城市之一，商人盗铸货币自然不可避免，地方官员也卷入其中，"访闻东南诸路盗铸当十钱，率以船筏于江海内鼓铸，当职官全不究心，纵奸容恶"。结果，一批打击私铸不力的官员受到处罚，龙图阁待制、苏州知州蹇序辰因此被贬单州（今山东单县），两浙转运使孙虞丁，判官胡璞、提点刑狱马珆等一同被罢职。

在这种情况下，朝中官员赵挺之等纷纷上奏，要求废除"当十钱"。当时，刚好遇到彗星出现在西方，"其长竟天"，宋徽宗大惊，急忙下诏令群臣直言朝廷阙失，中书侍郎刘逵趁机接连上书，请求打碎矗立在端礼门外的"党人碑"，废除蔡京所推行的全部改革措施。

宋徽宗虽然是个玩家，但是并不糊涂，所以就借这次天象事件罢免了蔡京的宰相一职，这是蔡京第一次罢相，但不是最后一次（蔡京一生四次被罢相）。

刘逵这人本来是蔡京的党羽，史书上说他"无他才能，初以附蔡京，故躐进"，这次却利用异常天象赶走了对自己有提携之恩的蔡京，出手十分老辣。

把蔡京赶走后，刘逵也像以前的宰相一样，打击异己，排挤右相赵挺之。刘逵的妻子是名将章楶的女儿。章楶在西北战场立下赫赫战功，致仕后定居苏州。章楶与章惇是同族，但是政见完全不同，加上在新君即位这件事情上反对端王赵佶继位，所以宋徽宗掌权后，他被蔡京打入以司马光、文彦博为主体的"元祐党籍"。

章楶有七个儿子：章縡、章综、章绲、章绾、章绽、章缜、章缜。章縡担任淮南东路刑狱、权知扬州兼提举茶盐事的时候，坚决反对发行"当十钱"，并采取了一些措施加以纠正，却收效甚微。于是，章縡上书给宋徽宗，说新法误民，请求废除，结果既得罪了宋徽宗，又得罪了蔡京。

蔡京对刘逵的背叛恨之入骨，一直在寻找机会报复。刘逵把蔡京排挤走了以后走了和蔡京一样的专权和打击异己的路子，而且刘逵也没有蔡京的迎合与理财能力，所以逐渐引起了宋徽宗的不满，宋徽宗就想找个机会把刘逵给撤换了。这个机会很快就送到了蔡京和宋徽宗的面前。

章惇的儿子章绎当时居住在苏州，在苏州的势力很大。有人发现章绎的家里有"私铸钱数万罂"，据说是章绎与郁宝所铸，至于是否是他们所铸难以分辨，但是蔡京认为这是报复刘逵的绝好机会。于是，蔡京让伶人在宋徽宗面前吹风。也是事有凑巧，当时朝廷铸了九个鼎，而江浙一带又发生了洪水，伶人借机作俳："今岁东南大水，乞遣彤鼎往镇苏州。"身边有人听了后作鼎神联句说："不愿前去，恐一例铸作当十钱。"结果引起了宋徽宗的疑心，派人到苏州调查此事。蔡京的党羽余深、石公弼趁机弹劾刘逵包庇妻兄章绎私铸"当十钱"，于是宋徽宗把刘逵贬为亳州知州。随后，蔡京的党羽郑居中、刘正夫上疏给宋徽宗说："今所建立，皆学校、礼乐，以文致太平，居养、安济等法，以厚下恤民，何所逆天，而致谴怒？"这几件事情确实是蔡京改革所做的好事，宋徽宗听了后深以为然，于是重新启用蔡京，拜为左仆射，这是蔡京第二次拜相。

蔡京第二次出任宰相后，对章家和刘逵穷治不舍，先后派出三批官员到苏州审理此案，最后得到了蔡京想要的结果，不仅把章惇的七个儿子和两个孙子一网打尽，还把刘逵和十多名官员全部牵扯进来，"绎刺面配沙门岛，追毁其出身以来文字，籍没其家。窜綡台州，綜秀州，綜温州，绾睦州，缤永州"。不过，这件所谓的"私铸案"毕竟没有确凿的证据，所以到了大观三年（1109）蔡京第二次被罢相后，新上任的宰相张商英重新审理此案，章氏子孙全部被平反昭雪，而且全部恢复了官职。章绎对此案一直耿耿于怀，重新入朝为官后，有人劝他用药水把脸上的刺字抹掉，章绎说："面已文矣，终不齿于缙绅，止欲注。"

塞序辰受到私铸钱的牵连被贬后，又有人告他在苏州担任知州的时候，因为天宁节（宋徽宗的诞辰，被定为天宁节——笔者注）和他父亲的忌日是同一天，他就在前一天设宴祭奠。结果，他因此又被贬到永州（今湖南永州）。后来遇到大赦，恢复中奉大夫一职，不久就去世了。《宋史》评价说："序辰亦有文，善傅会，深文刻核，私其父云。"不过，在那个党争不断的年代，不攀附很难在仕途上有所作为，但是攀附的结果就是大起大落，这也是没有办法的事情。

塞序辰因私铸钱查处不力被削职后，许光凝接任苏州知州。

许光凝的生卒年不详，其事迹散见于《宋史》和《续资治通鉴长编拾补》等史料之中。从这些史料上看，许光凝曾做过中书舍人、翰林学士、礼部尚书等职，出任过成都知府和苏州知州。据王鏊《姑苏志》记载，许光凝是以通直郎的身份，于崇宁五年（1106）十二月由蕲州（今湖北蕲春）知州转任苏州知州，但是因为章绖盗铸私钱一案涉及许光凝，改由孙杰出任苏州知州，许光凝和孙杰是同一个月到任的。这中间显然有着矛盾的地方。

据《宋史》卷四百九十六记载：大观元年（1107）五月，中书舍人许光凝奏："臣向在姑苏，遍询民吏，皆谓欲去水患，莫若开江浚浦。盖太湖在诸郡间，必导之海，然后水有所归。自太湖距海有三江，有诸浦能疏涤，江浦除水患犹反掌耳。今境内积水去岁损二尺，视前岁损四尺，良由初开吴淞江继浚八浦之力也。吴人谓开一江有一江之利，浚一浦有一浦之利。愿委本路监司与谙晓水势精强之吏，遍诣江浦，详究利害，假以岁月，先为之备，然后兴夫调役，可使公无费财而岁供常足，人不告劳而民食不匮，是一举而获万世之利也。诏吴择仁相度以闻，开江之议复兴矣。"

据《吴中水利全书》记载："大观三年（1109），命中书舍人许光凝浚治吴淞江。四年，命两浙提举常平官考求练湖故迹。"

从这些记载看，许光凝应该是到任过苏州的，而且对苏州的水利设施有着深入的调查，不然也不会在奏疏上称"臣向在姑苏，遍询民吏"了。也许正因为许光凝对苏州的水利建设有着独到的见解，所以三年后朝廷要他到苏州负责疏浚吴淞江，对苏州的水利建设做出了自己的贡献，也因此而青史留名。

许光凝与北宋著名画家郭熙关系非常好，郭熙写有一本书叫《林泉高致》，是郭熙对自己山水画创作经验的一本总结，许光凝为该书作序，称其"不学而小笔精绝"，对郭熙的评价非常高，说明两个人感情很深。

许光凝到任不到一个月，就由孙杰接任苏州知州。

孙杰的生卒年不详，其事迹散见在《宋史》和《续资治通鉴长编》之中。从这些散见的资料看，孙杰是改革的坚定支持者，也是蔡京一党的主要成员。

据《宋史·食货志》记载："建中靖国元年（1101），陕西转运副使孙杰以铁钱多而铜钱少，请复铸铜钱，候铜铁钱轻重稍均，即听兼铸。崇宁元年（1102），前陕西转运判官都贶复请权罢陕西铸铁钱。户部尚书吴居厚言江、池、饶、建钱额不敷，议减铜增铅、锡，岁可省铜五十余万斤，计增铸钱十五万九千余缗。所铸光明坚韧，与见行钱不异。"从这段记载看，宋徽宗上任后，针对当时的财政状况实行货币改革，从崇宁二年（1103）开始铸造大钱，也就是现在在市场上十分火爆的"圣宋元宝"。而提议铸造这种钱的人，正是当时担任陕西转运副使的孙杰。也许正是这个原因，在对章缜私铸案的审查上，蔡京看中了孙杰。

前文已经提到，当时，蔡京先后三次派出官员，彻查章缜私铸案，第一次来到苏州的是蔡京的党羽李孝寿和张茂直，这俩人按照蔡京扩大株连的指示，将很多同姓和无辜的人牵扯进来，被捕入狱的达到数千家，严刑拷打至死的人很多。但是，这样的结果蔡京仍然不满意，又派殿中侍御史沈畸和监察御史萧服到苏州审查此案。这俩人到达苏州，并没有扩大此案，而是把"无佐证者"700多人无罪释放。结果，惹得蔡京大怒，把沈畸贬为监信州（今江西上饶）盐税，贬萧服羁管处州（今浙江丽水）。第三次，蔡京把孙杰和吴择仁派到苏州审理此案。

章缜在得到消息后，把所铸的私钱、铸钱的炉子连同货船一起沉入太湖。孙杰到任后，直接下令把钱和船一并捞了上来，把章缜的罪名坐实，这才有了前文章氏一家的处罚结果。

据王鏊《姑苏志》记载："孙杰，朝请郎、直龙图阁，崇宁五年（1106）十二月自知宿州（今安徽宿州）徙苏，大观元年（1107）五月诏与发运副使吴择仁再鞫章缜狱，九月奏狱成。二年三月以朝散大夫升集贤殿修撰，充两浙转运使。"也就是说，在审理章缜私铸案这件事情上，孙杰是立有大功的，因而得到提拔。至于章缜被平反昭雪后，孙杰被如何处理，最后的结局怎么样，史料无载。

孙杰在苏州知州任上待了两年，其主要任务就是审理章缜案，此案审理清楚后他就被提拔出任两浙转运使了，然后由吴栻接任苏州知州。

吴栻，字顾道，瓯宁（今福建建瓯）人。宋神宗熙宁六年（1073）中进士，其前期仕途情况史书没有记载，宋徽宗即位后，担任给事中的吴栻和户部侍郎刘逵一起于崇宁二年（1103）出使高丽，宣传宋廷以德修好的意旨。当时，高丽因受辽国控制，从仁宗天圣八年（1030）后，不通中国已达43年。一直到神宗熙宁六年（1073），高丽礼宾省移文福建转运使，说"蕞尔平壤与大辽接境，附之则睦邻，疏之则成劲敌，应仕两国，甚为困难，故积年不能述职"。熙宁七年（1074），高丽曾派使者到北宋通好。元符三年（1100）宋哲宗驾崩、宋徽宗即位后，高丽又派懿王前来吊丧和贺新。因此，宋廷派出以刘逵和吴栻为正副使的使团到高丽访问。从此，高丽不断派出使节前来进贡。吴栻这次出使高丽，曾著有《鸡林记》二十卷（鸡林位于今韩国庆州）。

出使高丽回国后，吴栻出任开封府府尹，晋升为工部、户部侍郎。到了崇宁四年（1105），吴栻坐事（至于何事没有详细记载）被降官至单州（今山东单县）知州，第二年四月改任齐州（今山东济南），在去单州的路上和在齐州期间，他都曾路过济南灵岩寺，并作诗三首。他在跋中说："余赴治历下，谨拜香于灵岩道场。灵岩固东州胜绝处，今闻之旧矣，然不知与武夷升真洞天相若也。余既幸供佛饭僧，又经行宴坐之地，了了然如家山间。住山仁钦师初不与余接，问之，盖乡人也。因作三小诗，以志其事。"从这段跋中可以看出，当年吴栻因其他事情受到牵连而被贬，宦海沉浮，心情肯定不是太好。不意在齐州灵岩寺遇到了自己家乡的人在这里当住持，止不住感慨万千，于是写下了三首小诗，表达自己的思乡之情："丹峰翠壑一重重，香火因缘古寺钟。若有金龙随玉简，武夷溪上幔亭峰。""一麾邂逅得东秦，忆别家山六度春。何意眼看毛竹洞，主人仍是故乡人。""大士分身石罅开，轻烟微雨证明台。洒然一觉乡关梦，换骨岩高好在哉。"

一年后的大观元年（1107）春天，吴栻在齐州任满后回京城，再次前往灵岩寺拜谒仁钦住持，两人相谈甚欢，因此又作了三首小诗："三齐何处古丛林，石作门阑岱岳阴。云暗鸡鸣川谷浅，月明龟吐水泉深。未须赞叹袈裟铁，且可归依世界金。弹指上方还一梦，梦中聊续去年吟。""济南惊蛰隐新雷，底事阳关叠叠催。不称泺源涌鬐沸，只堪崧阜上崔巍。他年发已千茎雪，今日心仍一寸灰。文雅台边蜗有舍，瓮头归去泼春醅。""飞锡道人知几年，青蛇白兔亦茫然。焚香且上五花殿，煮茗更临双鹤泉。今日别栽庭下柏，当时曾种社中莲。证明佛事真何事，聊策藤枝结胜缘。"

回到京城的第二年，也就是大观二年（1108）五月，吴栻以朝奉郎的身份出任苏州知州，但是不知何因（估计也是受章縡私钱案的影响），十一月份就被贬为提举杭州洞霄宫（王鏊《姑苏志》载）。后来，吴栻又到陈州（今河南淮阳）、河中府和成都府担任知州（知府），调入京城后出任兵部侍郎，又从兵部侍郎任上升迁为龙图阁大学士（宰相），然后第二次出任成都知府。吴栻以年龄大为由，上朝辞职准备返回老家，宋徽宗称赞他"清勤循良"，调他到中山府（1113年宋徽宗升定州为中山府，治所在今河北定州）任知府，后他在任上去世。

吴栻虽然在历史上名声不是很大，其儿子吴激却是宋朝有名的诗人和书画家。吴激是著名书画家米芾的女婿，工诗能文，书画超绝，尤其精通乐府。宣和年间（1119年之后）吴激奉命出使金国，因为其名气太大，被金国给留了下来，被任命为翰林待制。就是在这样的背景下，吴激写下了流传至今的名词《人月圆·宴北人张侍御家有感》：

南朝千古伤心事，犹唱后庭花。旧时王谢，堂前燕子，飞向谁家？

恍然一梦，仙肌似雪，宫鬓堆鸦。江州司马，青衫泪湿，同是天涯。

寥寥数句，却融尽了前人的佳句胜意，不仅十分贴切，而且把稽留他国的痛苦与哀伤淋漓尽致地表达了出来。

据刘祁《归潜志》记载，当时同席的宇文叔通作《念奴娇》，有"宗室家姬，秦王幼女，曾嫁钦慈族。干戈浩荡，事随天地翻覆"之语。等到彦高（吴激）作《人月圆》词，宇文叔通览之大惊。从此，有人向宇文叔通讨要诗词的时候，他都会说："当诣彦高也。"又说："彦高词集，篇数虽不多，皆精微尽善，虽多用前人诗句，其剪裁缀点若天成，真奇作也。"

当时，吴激和宇文叔通在张侍御家宴饮，席间有一妇人，原为宋宗室女，被掳到金国，沦为侑酒歌妓，诸公感慨，所以每个人都写了一首词。吴激系官宦子弟，才学出众，因使金被留，内心十分痛苦，看到这一女子，触动了内心的隐痛，所以挥笔写下了这首词，成为古今名篇。

吴栻在苏州担任知州不到半年就离开了，由蔡靖接任。

第二十八章　全面兴盛

——最后的辉煌（四）

（蔡崈、李孝寿、王诏、马防、盛章、董正封）

蔡崈是蔡京同族的儿子，也就是蔡京侄子之类的。因为和蔡京的这层关系，所以史书上基本上没有他的资料。《宋史·蔡京传》中有一段话提到他，说他"性矫妄，善谈鬼神事。当承门荫，固推与庶兄，宗族称为贤"。也就是说宗族中的人都认为蔡崈有贤能，所以把他推荐给了蔡京，他因此而进入官场。不过，到底是通过考试进入仕途还是靠着蔡京的关系进入仕途，《宋史》的作者脱脱也不敢肯定，所以才用了"当承门荫"几个字。

宋徽宗这人十分信奉道教，因此，崇宁初年（1102）的时候，蔡京的党羽皆以学习修行为时髦，蔡崈本就"善谈鬼神事"，因此也常常穿着道士服装招摇过市。在蔡京的举荐下，宋徽宗召见了蔡崈，任命蔡崈为给事中兼侍读。到了大观二年（1108）十一月，蔡崈以显谟阁待制出任苏州知州，第二年在蔡京第二次罢相之后被"言官所攻"，于当年七月被免掉苏州知州一职，出任提举崇福宫的闲职。但是，弹劾他的人并没有就此罢手，上章说他"不学无文，结豪民，规厚利，持道家吐纳之说以为论思，侍立集英睢目自若为不恭"，因此蔡崈被削夺职务。

当时，陈朝老上疏追究蔡京十四大罪状，其中提到蔡嶷在杭州的时候说蔡京有后福，因此蔡嶷又被削去官籍。蔡京第三次出任宰相的时候，宋徽宗告诫蔡京，要他不可再用蔡嶷。但是，蔡嶷毕竟是蔡京的侄子，所以没多久蔡京还是恢复了蔡嶷的集英殿修撰的职务，很快又让其恢复显谟阁待制，提点洞霄宫，蔡嶷宣和年间就去世了。

蔡嶷虽然因为是蔡京的侄子而受到歧视，在历史上也没有什么名声，却与著名词人周邦彦有交集。周邦彦年轻的时候曾到苏州游玩，与苏州歌妓岳楚云交往甚密。后来，周邦彦离开苏州回到京师，对岳楚云的情思仍然丝毫不减。蔡嶷在苏州任知州的时候，周邦彦再次来到苏州，但是，此时的岳楚云已经嫁为人妻。几天后，周邦彦在参加蔡嶷举办的宴会时，遇到了岳楚云的妹妹，情丝未断的周邦彦"睹物思人"，写下了著名的《点绛唇·伤感》：

辽鹤归来，故乡多少伤心地。寸书不寄，鱼浪空千里。
凭仗桃根，说与凄凉意。愁无际。旧时衣袂，犹有东门泪。

当岳楚云的妹妹把这首词送给她的时候，岳楚云感动得数日流泪不止。

蔡嶷离开苏州后，李孝寿接任苏州知州。

李孝寿，字景山，河南新郑人。李孝寿是北宋名臣李及的儿子，却并没有继承乃父"清高耿直"之风，不仅善于攀附，而且为官"残忍苛虐"，留下了不好的名声。

李孝寿开始的时候担任开封户曹参军，元符年间吕嘉问出任开封府尹，受章惇、蔡卞的指使，锻炼上书人，命李孝寿暂摄司录一职，把上书的人投进监狱给定了罪。宋徽宗即位后，吕嘉问已经被免，李孝寿也因此而被罢官。蔡京出任宰相后，起用李孝寿为开封府推官，迁大理、太仆卿，擢升为显谟阁待制，出任开封府尹。此前，开封府管辖的地方有个乡间无赖，自己把自己的手臂和手腕打断，却以身残之名欺负凌辱乡邻，非常嚣张，无所忌惮。李孝寿到任开封后，把他的罪状全部收集起来，交给临近的其他郡进行了处理。

因为在开封府政绩还不错，加李孝寿为直学士，出任兴仁府（今山东曹县）、开德府（原澶州升格）知府。刚好遇到章绖私钱案，李孝寿还没离开开封，蔡京就让李孝寿到苏州查办此案。前文已经说过，李孝寿到苏州后穷治不放，逮捕了上千人，但是蔡京仍不满意，就把李孝寿召了回去，安排他出任虢州（今河南灵宝）、兖州（今山东济宁兖州区）知州。但是此前李孝寿在兴仁府的时候与巡检一起"戏射狂人张立死"，此时被揭露了出来，加上蔡京已经被罢相，陈禾等人上奏弹劾，要求罢免李孝寿，所以就被除名了。不过，蔡京重新上台后很快就起用了李孝寿，其于大观三年（1109）以朝奉郎除集贤殿修撰出任苏州知州，大观四年（1110）六月离任，出任显谟阁待制、提举醴泉观。

政和初年，李孝寿被提拔为刑部侍郎，再次出任开封府尹。奉宸库吏吕寿偷盗库金，被抓后关在监狱，结果他越狱逃跑了。李孝寿一怒之下把所有看库的士兵全部抓了起来，说他们是故意把吕寿放走的，那些没有参与这件事情的官吏和在前面当值的人员，也以没有及时追捕或事后掩饰的名义被绳之以法。因为这件事情被抓起来的官吏达到四十多人，李孝寿贿赂监狱的执法者，让他们在杖责这些官吏的时候加大力气，结果其中的六七个人刚出监狱的大门就死了。这件事情被宋徽宗知道后，徽宗下令把其余的人全部释放了。针对这件事情，谏议大夫毛注上章弹劾李孝寿，说他"残忍苛虐"，请求皇上对他进行责罚，但是宋徽宗并没有采纳。在这件事情上李孝寿不仅不接受教训，还以监狱空无一人而上章表示祝贺。

李孝寿虽然狂妄无状，但是也有值得称赞的地方。他在当开封府尹的时候，有个举子受到仆人欺凌，心里十分愤恨，准备好了诉状想去开封府控诉，后经同行的另一个举子劝阻才作罢。但是，这个举子内心的愤懑之气无法排遣，就拿起诉状，模仿李孝寿的字迹写上判词："不必审查，罚打二十大板。"但是并没有真打。第二天，那个仆人拿着这张诉状到府衙，控告主人模仿府尹大人的笔迹，私自用刑。李孝寿把那个举子叫来问话，了解了事情的经过后勃然大怒，说："这样的判决正合我的想法！"当场就打了那个仆人二十大板，并命令那个仆人向主人道歉。李孝寿的这个做法使得当时在京城的数千仆人没人再敢放肆。

李孝寿在开封府的时候还有一件事值得提一下。宋朝的时候有个叫康倬的人，是个十分会溜须拍马的小人。这人年轻的时候曾到过开封，发现开封果然不一样，吃喝嫖赌什么都有，康倬乐在其中，没几天身上的盘缠就用完了。康倬是个花花公子，心眼很多，发现丽春院这样的地方挥金如土，于是就隐瞒了自己的身份，更名叫李宣德。康倬在丽春院认识了一个女子，很快就骗取了这个女子的感情。这个女子以为找到了真爱，就把自己积攒下来的钱拿出来给自己赎了身，准备和康倬成亲。于是，康倬就买了一艘小船，装满了女子的财物，准备一同回家成亲。小船刚顺着汴河开了没多远，康倬看到路边有个小亭子，就建议把船停下来喝几杯再走。在康倬的花言巧语下，没几杯就把这女子给喝醉了，等女子醒来的时候康倬已经驾着小船不知所踪。没办法，这个女子只好继续回到丽春院干起了老本行。

　　过了几年，康倬因为职务升迁，再次来到开封，继续流连在青楼酒肆之中，结果被老鸨和被骗的女子认了出来，于是她们马上叫人把康倬扭送到了开封府。当时，李孝寿任开封府尹，李本身就以执法严酷出名，遇到这样的事情当然要亲自审问了。升堂后，李孝寿惊堂木一拍，却没能吓住康倬。这样的场合康倬见多了，他毫不怯场，大模大样地说："我是第一次到开封这样的烟花之地，从来不认识这位姑娘，恐怕她们认错了。不然请大人问问骗她们的人叫什么名字？"李孝寿一听有道理，就问原告那个骗子叫什么名字。两个人异口同声地回答说："他叫李宣德，化成灰我们也认识他。"结果康倬拿出吏部任命自己的文书，上面写的名字叫康倬。李孝寿把任命文书拿过来一看，果然不假，这不是明显的诬告吗？李孝寿一怒之下反而把老鸨和被骗的姑娘打了一顿。

　　但是，纸终归是包不住火的。过了几年，这件事情还是传到了李孝寿的耳朵里，结果李孝寿不仅不感到羞愧，反而为自己辩解说："在我这样威严的开封府尹跟前，康倬还能做出这样颠倒黑白的事情，他的胆子还真够大的。"

　　李孝寿第二次任开封府尹不到一年就病逝了，这事《夷坚乙志》卷九上还专门有一段记载："政和二年（1112），李孝寿为开封尹，以严猛居官，箠毂之下，无敢议其政者。有游士寓汴河上逆旅中，暴得疾，惛不知人者累日，忽洒然醒，问人曰：'大尹安否？'曰：'无恙。'曰：'是将死矣。'因言病中愦愦……因得复生，所见贵人，乃尹也。时孝寿犹无恙，已而有疾，遂改提举醴泉观，才一月果死。"原文比较长，意思就是说有个游士在开封得了病，梦中见到恶鬼，被贵人所救，这个贵人就是李孝寿。这样的鬼怪故事只当一笑。

李孝寿离开苏州后，王诏接任苏州知州。

王诏，字景献，真定（今河北正定）人。王诏是王举元的儿子，和他父亲一样，都是恩荫进入仕途。刚进入仕途的时候，出任广信军通判，然后转任博州（今山东茌平）知州。茌平这个地方民风比较彪悍，奸盗之徒往往相互勾结、互相包庇，王诏奏请朝廷出台反告杀并赎罪法，对其进行了严厉打击，从立法层面为彻底改善地方治安状况奠定了基础。

元祐初年，朝廷又有人开始提议将黄河回归故道，但是并没有形成决议，而下面各州县却因此而开始征调劳役，准备开工疏浚河道。前面第二十二章已经介绍过，当年因为修复故道的事情，曾担任过苏州知州的吴安持因此而被免职。这个时候，王诏上疏说："河朔地区到了秋天就会秋雨绵绵，水患不断，百姓流离失所，靠朝廷发放救灾物资艰难度日，现在农业稍微有所复苏，应该想办法使他们安定下来，不能再征调劳役伤害了他们。"王诏的建议得到了朝廷的采纳，回河之议这才消停下来。

没多久，王诏出任开封府推官。当时，有个富豪发放高利贷，贷给某人十三万缗，要贷款方以僧牒（由官方发给的凭证，持有僧牒的人可以免除地税和徭役）作为抵押，逾期不能还钱就要加倍偿还，结果贷款的人因为还不出这笔钱就自杀了，这位富翁禁锢贷款人的妻、子，要求父债子还。王诏了解情况后专门上奏朝廷，要求免除这笔贷款，帮助这家人度过了一劫。

离开开封后，王诏被任命为滑州（今河南滑县）知州。滑州靠近黄河，州内有黄河退水之后淤积的滩涂一百多顷，滩涂上长满了杂草，官府就每年征调老百姓割草养护河堤，这成了老百姓的一项沉重的负

担。王诏到任后，改变原来的做法，把这些滩涂租给别人耕种，由这些人负责割草养护河堤，官府还从中收取多余的利润，起到了官民两便的效果。

在滑州任满后，王诏被提拔为度支郎中，受命出使契丹。当时，北宋正在征讨西夏，迎接王诏的契丹官员对王诏说："河西无礼，大国能容之乎？"意思就是说，西夏对大宋无礼，大宋能够宽容他们吗？当时宋夏之间开战，西夏屡屡败北，请辽国从中斡旋，所以接待王诏的辽国官员才有这么一问。王诏回答说："夏人侮边，既正其罪矣，何预两朝和好事？"意思就是西夏人无礼挑起边事，对其罪行进行讨伐就是了，用不着你们来当和事佬，直接把辽国的建议给顶了回去。当王诏到辽国朝廷入贺的时候，按照以前的惯例，是要"跪而饮"的，这种礼仪容易引起"误拜"的现象，于是对方要求王诏进行更改，但是王诏很坚决地说："南北百年，所守者礼，其可纷更耶？"在王诏的坚持下，最终还是按照"跪而饮"的规矩行礼。

到了崇宁中（1103年左右），王诏由大理少卿转任为司农卿。有御史拿王诏在滁州担任知州的时候请苏轼书写《醉翁亭记》这件事情进行弹劾，结果王诏被罢为崇福宫。元祐六年（1091），王诏出任滁州知州，见陈知明所书写的《醉翁亭记》字迹褊浅而且字体偏小，担心无法长久保存，就请时任颍州（今安徽阜阳）知州的苏轼重新进行书写，并刻石立碑。苏轼书写的《醉翁亭记》共两种字体，宝宋斋内碑刻为楷书，其字端庄敦厚，神韵飘逸，体现了苏轼一贯的文风、诗风、词赋之风，明代冯若愚说："宋碑文字最著者莫如欧公滁二碑。"这本是一件弘扬文化、造福子孙的事情，王诏却因为苏轼是旧党而不断受到弹劾。不久，王诏出任汝州（今河南平顶山下属县级市）知州，遇到一个铸钱的士兵大骂大校，王诏一怒之下把这个士兵给杀了，然后上章说明情况，等待朝廷处罚。但是，朝廷并没有因此给王诏处分，而是调他回京出任直秘阁，结果御史又拿滁州的事情对其进行弹劾，王诏再次被罢官。但是，没多久就被起复为深州（今河北衡水下属县级市）、兖州（今山东济宁兖州）知州，又转任为同州（今陕西渭南大荔）知州，路过京城朝辞的时候被留了下来，出任左司郎中，转任卫尉、太府卿。大观四年（1110）六月以朝请大夫、充集贤殿修撰出任苏州知州，政和元年（1111）三月回京担任刑部侍郎，对北宋的敕令进行了详细勘定。后历任工部、兵部、户部侍郎，转任开封府尹。当时，王诏的儿子出使京西，权摄尹洛，父子二人两京（指汴京开封和西京洛阳）相望，这种殊荣让时人感到非常羡慕。离开开封府后，王诏出任刑部尚书，晋升为正部级干部，并且拜为延康殿学士，享受副国级待遇，提举上清宝箓宫，然后转任工部尚书。宋徽宗看到王诏年迈，非常心疼，就让他上朝的时候不要行跪拜之礼，这让王诏感到十分惶恐，所以就改为只在朔望（农历每月初一和十五）两天上朝一次。没多久就以银青光禄大夫衔致仕，死的时候已经七十九了。

王诏离开苏州后，马防接任苏州知州。关于马防的资料基本上查不到，东汉的时候马援的次子也叫马防，而且《汉书》中专门有传，也许是这个原因，宋朝的马防就显得籍籍无名了。王鏊《姑苏志》说马防是政和元年（1111）五月以集贤殿修撰的官衔从蕲州（今湖北蕲春）知州任上转任苏州知州，陛辞的时候被提拔为显谟阁待制衔，在苏州待了四个月，于同年九月出任刑部侍郎。笔者查阅了有关史料，涉及马防的记录有两处：一是出使辽国；二是为《临济录》作序。

据张亮采《补辽史交聘表》记载：辽乾统六年（1106），"春正月，宋遣刑部侍郎马防等，来贺正旦"。说明马防出任刑部侍郎后出使过辽国。但是，这段记载有一个矛盾的地方，辽乾统六年是宋朝的崇宁五年，也就是1106年，而马防出任刑部侍郎的时间是政和元年，也就是1111年，应该是张亮采把年份搞错了。但是，不管时间是否准确，马防在离开苏州担任刑部侍郎后出使过辽国是没有问题的。

《临济录》是唐代禅僧的言行录，书中以简明直接的方式，阐述了佛法的奥秘，被称为佛教中的语录之冠。其作者是镇州（今河北正定）义玄，居住在镇州滹沱河畔的临济院，因此世称"临济禅师"，死后被敕封为慧照禅师。《临济录》是义玄的弟子慧然编集而成，分为上下两卷。到了北宋末年，临济寺对这一传本进行重开，由马防作序。马防在《镇州临济慧照禅师语录序》中落款是"延康殿学士、金紫光禄大夫、真定府路安抚使、兼马步军都总管、兼知成德军府事"，时间是

"宣和庚子中秋"。宣和庚子是宣和二年，也就是1120年，说明这个时候的马防已经成为副宰相一级的人物，但是何以《宋史》没有传记，而且史籍基本上没有记载，笔者实在不解。

马防在苏州做了四个月的知州就离开了，由盛章接任。

宋朝有两个盛章，北宋末年和南宋期间各有一个，而这两个人都与苏州有关。南宋的盛章是吴江人，被封为吴江开国伯，可谓是清廉、正直的化身，而北宋的盛章却完全相反，是奸佞、残暴的代表。

盛章是湖北襄阳人，其生卒年不详，他的生平事迹散见于有关史料之中。从这些资料上看，盛章是靠党附、谄媚蔡京、朱勔而得到重用，而且提拔很快，势倾中外。

盛章攀上朱勔这个靠山后，被提拔为龙图阁待制，气焰开始嚣张起来。据《宋史·吴表臣传》记载："盛章者，朱勔党也，尝市婢。有武臣强取之，章诬以罪，系狱。表臣方鞫之，郡将曰：'知有盛待制乎？'表臣佯若不知者，卒直其事。"意思就是说，盛章是朱勔的党羽，曾经想买一个婢女，却被一个武臣先买走了，盛章就通过诬告把这名武将送进了监狱。吴表臣正好审查这个案子，下属官员提醒吴表臣说："你知道盛待制吗？"吴表臣装作不知道，最终依法对其进行了判决。可见盛章虽然党附朱勔，但是开始的时候并不能为所欲为，面对吴表臣这样的正直大臣，他也不敢太过分。

到了政和元年（1111）九月，已经升任为朝奉郎、直龙图阁、京畿转运副使的盛章以集贤殿修撰的官衔出任苏州知州。就在盛章来苏州之前的大观四年（1110），蔡京第二次被罢相，"甲子，诏蔡京特降授太子少保，依旧致仕，在外任便居住"。蔡京虽然被降为太子少保，并被责令退休，但是可以自己选择居住的地方。蔡京从出任钱塘尉开始，一生都在杭州经营，长达三十多年之久，而苏州则是其在杭州和汴京之间的主要落脚地。让他自己选择居住的地方，他自然就把杭州作为首选。也就是在这次去杭州的时候，蔡京在苏州停留了很长时间，并在盛章款待他的时候，召见名妓苏琼，留下了著名的《西江月》。

据宋吴曾《能改斋漫录》记载："苏琼善词，姑苏官奴姓苏名琼，行第九。蔡元长道过苏州，太守召饮。元长闻琼之能词，因命即席为之。乞韵，以'九'字。词云：'韩愈文章盖世，谢安情性风流。良辰美景在西楼，敢劝一卮芳酒。记得南宫高选，兄弟争占鳌头。金炉玉殿瑞烟浮，名占甲科第九。'盖元长奏名第九也。"

当时，蔡京被贬赴杭州居住，路过苏州的时候，盛章设宴款待，并邀请著名官妓苏琼陪宴。当得知苏琼善于填词的时候，蔡京就命她即兴创作。苏琼请求给出用韵时，蔡京就选用了"九"字头为韵。苏琼就按照蔡京的要求，填了一首以"九"为韵、以"西江月"为词牌的词，蔡京听后大为惊叹。当年，蔡京高中甲科第九名进士，其胞弟蔡卞同科考中进士，排名为第十一名。因此，苏琼在词中才有"兄弟争占鳌头""名占甲科第九"的句子，并且把他们兄弟二人比喻成韩愈、谢安，在词中大唱赞歌。盛章这次宴请蔡京，才有了苏琼的这首名词，也算是一段佳话。

盛章在苏州一共待了两年，因为是朱勔、蔡京的同党，其主要任务当然是帮助搜刮奇花异木供奉给宋徽宗享受，因此，在苏州并没有什么好的名声。政和三年（1113）四月，盛章改任真定府（今河北正定）知府，但是到了五月份又被任命为苏州知州，一直到九月份才受诏入京，正好赶上苏州升格，就让盛章继续担任平江府知府，十二月份出任枢密直学士。

从政和四年（1114）开始，盛章和王革交替几次出任开封府府尹。在开封期间，盛章"果于诛杀，以惨毒闻"。据《宋史·刘汲传》记载："（刘汲）通判河中府，辟开封府推官。自盛章等尹京，果于诛杀，率取特旨以快意，汲白府奏罢之。宰相王黼初领应奉司，汲对客辄诋之，黼闻，奏谪监蓬州税。"从这段记载看，刘汲出任开封府推官的时候，盛章正好在府尹的位置上，却杀心太重，往往以皇上的特旨为由大开杀戒，刘汲则经常上奏，挽救了很多人的性命。据史书记载，盛章通过诛杀狱犯的手段，使监狱成为空狱，并以此为由向朝廷邀功，可见此人的残忍程度。

据《宋史·刘昺传》记载："昺与弟焕皆侍从，而亲丧不葬，坐夺职罢郡，复以事免官。京再辅政，召为户部尚书。昺尝为京画策，排郑居中，故京力援昺，由为黜中还故班。……大理议户绝法，若祖有子未娶而亡，不得养孙为嗣。昴曰：'计一岁诸路户绝，不过得钱万缗。使岁失万缗而天下无绝户，岂不可乎？'诏从其议。加宣和殿学士，知河南府，积官金紫光禄大夫。与王寀交通，事败，开封尹盛章议以死，刑部尚书范致虚为请，乃长流琼州。死，年五十七。"从这段文字可以看出，刘昴和盛章一样，都是蔡京的党羽，因此而得到重用，他们应该属于一丘之貉。但是，令人不解的是，当刘昴出事的时候，盛章却落井下石，提出把刘昴判为死罪。刘昴这人"亲丧不葬"，可谓是灭绝人性，但是盛章也好不到哪里去。

前文已经提到，宋徽宗这人笃信道教，因此而大修宫观、重用道士，弄得朝廷乌烟瘴气。宋徽宗开始尊宠道士王老志，等王老志死后，他又尊宠道士王仔昔、林灵素，闹出了很多不可思议的事。林灵素原名叫林噩，后来宋徽宗给他赐名叫林灵素。据有关史料记载，林灵素出身贫寒，因此而进入佛门，曾是佛家的小沙弥，因为偷着喝酒被发现后被长老鞭打，一气之下弃佛学道。据《历世真仙体道通鉴》记载，林灵素曾是苏东坡的书童，苏轼曾问林灵素有何志向，林灵素回答说："生封侯，死立庙，未为贵也。封侯虚名，庙食不离下鬼。愿作神仙，予之志也。"据《老学庵笔记》记载，林灵素改学道教后，远游四方，得到一本书叫《五雷玉书》，修得五雷法。而据《宋史·林灵素传》记载："政和末，王老志、王仔昔既衰，徽宗访言士于左道录徐知常，以灵素对。"林灵素被宋徽宗召见后，徽宗问："有何术？"答曰："臣上知天宫，中识人间，下知地府。"因此而得到宋徽宗的宠信。林灵素不仅忽悠宋徽宗，还忽悠其身边的人，称"蔡京为左元仙伯，王黼为文华吏，盛章、王革为园苑宝华吏，郑居中、童贯及诸巨阉皆为之名。贵妃刘氏方有宠，曰九华玉真安妃"。这么一忽悠，谁都替他说好话。从这些记载看，盛章确实是一个善于附会的人，不然也做不到这么大的官。当然，比起朱勔和王黼，他的水平还是不够，王黼被蔡京一连提了八级，直接当上宰相，因此而创造了官场提拔之最。

盛章于政和三年（1113）五月离开苏州后，董正封接任苏州知州。但是，对于董正封是否就任苏州知州是存在争议的。王鏊《姑苏志》说："实录政和三年五月以中散大夫、集贤殿修撰、江淮发运副使除知州事，卢志作朝散大夫未赴，以徽猷阁待制改知杭州，未详。"也就是说董正封被任命为苏州知州后并没有到任，而是被改为杭州知州了，所以就要盛章继续担任。

董正封的籍贯和生卒年不详，宋朝李心传所著的《建炎以来系年要录》有一句话提到他："显谟阁待制、提举江州太平观董正封卒。正封，耘叔父也。"这里的"耘"是指董耘，董正封既然是董耘的叔父，说明他应该是山东人。据一些零散的资料看，董正封曾担任过荣州（今四川自贡）知州、永兴军安抚使等职，爱好诗文书画，因此在宋朝"郓学"上留下点滴记载。

董正封在历史上留下了一段改动风水的事，值得提一笔以飨读者。董正封以显谟阁待制出任荣州知州的时候，荣州官署有一座很高的楼，可以极目远望，却被一棵高大的梧桐树给遮挡住了。董正封下令把这棵梧桐树砍掉，把官府的下属们吓了一跳，他们认为这是惹怒神灵的事情，纷纷下拜，对董正封说："这棵树是我们荣州镇风水的宝物，已经历经两百多年之久，有神物住在上面，很是灵验。如果砍掉它，一定会引起大祸，而且也未必能够砍掉。"董正封这人性情刚强暴烈，根本听不进去下属的劝告，把一众下属呵斥了一顿后，亲自率领工匠，挥动斧头，从早干到晚，终于把梧桐树给砍倒了。正在这个时候，突然一阵狂风从树根而起，把屋顶上的瓦席卷而去，瓦片四下飞扬。刹那间，雷电交加，天昏地暗，暴雨倾盆。董正封和家人聚集在一间屋子里，只听得房子上好似奔驰的烈马在拼命踩踏，又好像猛兽恶鸟伸出蹄爪要穿透屋顶把人抓走，全家老幼十分恐惧，哭成一团，董正封却安然不动。过了三刻左右，终于风平雷息，内外平安无事，州人这才叹服董正封的胆子之大。董正封最后活到了八十岁才去世，说明这种风水之说纯属迷信。

从978年阎象成为第一任苏州知州，到1113年董正封成为最后一任苏州知州，历经135年，共有115人出任过苏州知州。从1113年开始，苏州升格为平江府，一直到南宋灭亡，其间也有一百多人担任过知府。限于篇幅，将在下部进行逐一介绍。

主要参考文献

[1] 脱脱．宋史［M］．北京：中华书局，1985.

[2] 白寿彝．中国通史［M］．上海：上海人民出版社，1999.

[3] 钱穆．中国通史［M］．叶龙，记录整理．成都：天地出版社，2017.

[4] 王国平．苏州通史［M］．苏州：苏州大学出版社，2019.

[5] 钱穆．中国历代政治得失［M］．北京：九州出版社，2012.

[6] 范成大．吴郡志［M］．陆振从，校点．南京：江苏古籍出版社，1986.

[7] 王鏊．姑苏志［M］．台北：台湾学生书局，1986.

[8] 卢熊．苏州府志［M］．台北：成文出版社，1983.

[9] 张晓旭．北宋苏州知州群体研究［D］．苏州：苏州科技学院，2014.

[10] 朱长文．吴郡图经续记［M］．南京：江苏古籍出版社，1986.

[11] 龚明之．中吴纪闻［M］．上海：上海古籍出版社，1986.

附录

宋朝苏州知州名录

序号	姓名	籍贯	任职时间	去职时间	任职时长	所在章节
1	阎象	山东巨野	太平兴国三年（978）五月	太平兴国五年（980）	2年	第三章
2	梁周翰	河南郑州	太平兴国五年（980）	太平兴国八年（983）	3年	第四章
3	柴成务	山东菏泽	太平兴国八年（983）	雍熙四年（987）	4年	第四章
4	宋玚	陕西渭南	淳化二年（991）	淳化四年（993）	2年	第五章
5	魏庠	籍贯不详	淳化四年（993）	至道元年（995）	2年	第五章
6	陈省华	四川南充	至道元年（995）	至道三年（997）	2年	第五章
7	裴庄	四川南充	至道三年（997）	咸平元年（998）	1年	第五章
8	乔维岳	河南项城	咸平元年（998）	咸平元年（998）	不到1年	第五章
9	张去华	河南睢县	咸平二年（999）四月	咸平四年（1001）	1年多	第五章

续表

序号	姓名	籍贯	任职时间	去职时间	任职时长	所在章节
10	王仲华	江西新余	咸平四年（1001）	咸平五年（1002）十一月	1年	第五章
11	王赞	四川成都双流	咸平五年（1002）六月	景德元年（1004）十月	2年	第五章
12	梅询	安徽宣城	景德元年（1004）十月	景德二年（1005）	1年	第五章
13	刘师道	河南兰考	景德二年（1005）	景德三年（1006）	1年	第六章
14	皇甫选	安徽合肥	景德三年（1006）	景德四年（1007）八月	1年	第六章
15	曾致尧	江西南丰	景德四年（1007）八月	大中祥符元年（1008）十一月	1年	第六章
16	黄震	福建福州	大中祥符元年（1008）十一月	大中祥符五年（1012）二月	4年	第六章
17	秦义	江苏南京	大中祥符五年（1012）二月	大中祥符九年（1016）四月	4年	第六章
18	方仲旬	安徽歙县	大中祥符九年（1016）四月	大中祥符九年（1016）	不到1年	第八章
19	梅询	安徽宣城	大中祥符九年（1016）	天禧元年（1017）三月	1年	第八章
20	陈靖	福建莆田	天禧元年（1017）三月	天禧三年（1019）	2年	第八章
21	孙冕	江西新干	天禧三年（1019）	天禧五年（1021）	2年	第八章
22	康孝基	浙江宁波	天禧五年（1021）四月	天禧五年（1021）十二月	8个月	第八章

续表

序号	姓名	籍贯	任职时间	去职时间	任职时长	所在章节
23	李适	籍贯不详	天禧五年（1021）十二月	天圣元年（1023）五月	2年	第九章
24	叶参	浙江湖州	天圣元年（1023）五月	天圣三年（1025）七月	2年	第九章
25	周实	籍贯不详	天圣三年（1025）七月	天圣五年（1027）五月	2年	第九章
26	盛度	浙江杭州	天圣五年（1027）五月	天圣七年（1029）	2年	第九章
27	黄宗旦	福建惠安	天圣七年（1029）	天圣七年（1029）	不到1年	第九章
28	王覿	河北临城	天圣七年（1029）四月	天圣九年（1031）十月	2年	第九章
29	陆东	籍贯不详	天圣九年（1031）十月	明道元年（1032）二月	5个月	第九章
30	朱巽	安徽天长	明道元年（1032）二月	明道元年（1032）八月	6个月	第九章
31	崔轲	籍贯不详	明道元年（1032）八月	明道二年（1033）五月	7个月	第九章
32	叶参	浙江湖州	明道二年（1033）四月	景祐元年（1034）六月	1年	第九章
33	范仲淹	江苏苏州	景祐元年（1034）六月	景祐二年（1035）十月	1年	第十章
34	陆若冲	籍贯不详	景祐二年（1035）八月	景祐四年（1037）五月	2年	第十一章
35	李宋卿	福建漳州	景祐四年（1037）五月	景祐四年（1037）六月	1个月	第十一章

续表

序号	姓名	籍贯	任职时间	去职时间	任职时长	所在章节
36	蒋堂	江苏宜兴	景祐四年（1037）五月	景祐四年（1037）九月	3个月	第十一章
37	柳植	江苏仪征	景祐四年（1037）九月	宝元元年（1038）六月	10个月	第十一章
38	张亿	籍贯不详	宝元元年（1038）六月	宝元二年（1039）三月	9个月	第十二章
39	柳灏	河北大名	宝元二年（1039）十二月	庆历元年（1041）二月	2年	第十二章
40	富严	浙江丽水	庆历元年（1041）三月	庆历三年（1043）十月	2年	第十二章
41	吕溱	江苏扬州	庆历三年（1043）	庆历四年（1044）三月	1年	第十二章
42	林潍	福建宁德	庆历四年（1044）八月	庆历六年（1046）二月	2年	第十三章
43	赵概	河南虞城	庆历六年（1046）二月	庆历六年（1046）七月	5个月	第十三章
44	滕宗谅	河南洛阳	庆历六年（1046）八月（任命）	庆历七年（1047）正月	1个月	第十四章
45	胡宿	江苏常州	庆历七年（1047）五月	庆历八年（1048）正月	8个月	第十四章
46	梅挚	四川成都	庆历八年（1048）正月	皇祐元年（1049）正月	1年	第十五章
47	蒋堂	江苏宜兴	皇祐元年（1049）正月	皇祐三年（1051）四月	2年	第十五章
48	王琪	四川成都	皇祐三年（1051）四月	皇祐四年（1052）六月	1年	第十五章

续表

序号	姓名	籍贯	任职时间	去职时间	任职时长	所在章节
49	李仲偃	甘肃陇西	皇祐四年（1052）六月	至和元年（1054）	2年	第十六章
50	邵饰	江苏丹阳	至和元年（1054）三月	至和元年（1054）六月	3个月	第十六章
51	吕居简	河南洛阳	至和元年（1054）六月	嘉祐二年（1057）二月	3年	第十六章
52	唐询	浙江杭州	嘉祐二年（1057）二月	嘉祐三年（1058）六月	1年	第十六章
53	王琪	四川成都	嘉祐三年（1058）七月	嘉祐四年（1059）八月	1年	第十六章
54	富严	浙江丽水	嘉祐四年（1059）八月	嘉祐六年（1061）四月	2年	第十六章
55	王彦臣	籍贯不详	嘉祐六年（1061）四月	嘉祐六年（1061）六月	2个月	第十七章
56	蔡抗	河南商丘	嘉祐六年（1061）六月	嘉祐七年（1062）十月	1年	第十七章
57	李复圭	江苏徐州	嘉祐七年（1062）十月	嘉祐八年（1063）	8个月	第十七章
58	鞠真卿	籍贯不详	嘉祐八年（1063）	治平元年（1064）四月	1年	第十七章
59	陈经	浙江绍兴	治平元年（1064）五月	治平二年（1065）六月	1年	第十八章
60	裴煜	江西抚州	治平二年（1065）九月	治平三年（1066）九月	1年	第十八章
61	沈扶	浙江杭州	治平三年（1066）九月	熙宁二年（1069）八月	3年	第十八章

续表

序号	姓名	籍贯	任职时间	去职时间	任职时长	所在章节
62	李綖	浙江杭州	熙宁二年（1069）八月	熙宁三年（1070）五月	1年	第十九章
63	叶均	江苏苏州	熙宁三年（1070）五月	熙宁四年（1071）	1年	第十九章
64	陈安石	河南孟县	熙宁四年（1071）	熙宁四年（1071）	不到1年	第十九章
65	潘夙	河北大名	熙宁四年（1071）	熙宁五年（1072）七月	1年	第十九章
66	唐诏	浙江杭州	熙宁五年（1072）七月	熙宁五年（1072）	不到半年	第十九章
67	严君贶	江苏武进	熙宁五年（1072）	熙宁六年（1073）	不到1年	第十九章
68	程师孟	江苏苏州	熙宁六年（1073）	熙宁六年（1073）	不到1年	第十九章
69	王海	河北正定	熙宁六年（1073）	熙宁七年（1074）	1年	第二十章
70	胡宗愈	江苏常州	熙宁七年（1074）秋	熙宁八年（1075）	不到1年	第二十章
71	滕甫	浙江东阳	熙宁八年（1075）	熙宁八年（1075）十一月	1个月	第二十章
72	韩扑	籍贯不详	熙宁八年（1075）九月	熙宁九年（1076）十月	1年	第二十章
73	韩铎	籍贯不详	熙宁九年（1076）十月	熙宁十年（1077）	1年	第二十章
74	孙觉	江苏高邮	熙宁十年（1077）	元丰元年（1078）十二月	1年	第二十章

续表

序号	姓名	籍贯	任职时间	去职时间	任职时长	所在章节
75	晏知止	江西抚州	元丰元年（1078）十二月	元丰四年（1081）	3年	第二十一章
76	章岵	福建浦城	元丰四年（1081）	元丰七年（1084）	3年	第二十一章
77	杨景略	陕西华阴	元丰七年（1084）	元祐元年（1086）	2年	第二十一章
78	吴安持	福建浦城	元祐元年（1086）八月	元祐元年（1086）九月	1个月	第二十二章
79	林希	福建福清	元祐元年（1086）九月	元祐元年（1086）十一月	2个月	第二十二章
80	刘淑	籍贯不详	元祐二年（1087）	元祐三年（1088）	1年	第二十二章
81	刘埕	籍贯不详	元祐三年（1088）五月	元祐四年（1089）五月	1年	第二十二章
82	王觌	江苏如皋	元祐四年（1089）五月	元祐五年（1090）	1年	第二十二章
83	黄履	福建邵武	元祐五年（1090）	元祐六年（1091）	1年	第二十三章
84	范锷	浙江兰溪	元祐六年（1091）六月	元祐七年（1092）十二月	1年半	第二十三章
85	贾易	安徽无为	元祐七年（1092）十二月	元祐八年（1093）二月	3个月	第二十三章
86	刘定	江西鄱阳	元祐八年（1093）二月	绍圣元年（1094）二月	1年	第二十三章
87	吴居厚	江西南昌	绍圣元年（1094）五月	绍圣元年（1094）八月	3个月	第二十三章

续表

序号	姓名	籍贯	任职时间	去职时间	任职时长	所在章节
88	章衡	福建浦城	绍圣元年（1094）八月	绍圣二年（1095）	1年	第二十四章
89	蒋之翰	江苏宜兴	绍圣二年（1095）	绍圣三年（1096）八月	1年	第二十四章
90	贾青	河北真定	绍圣三年（1096）八月	绍圣四年（1097）五月	1年	第二十四章
91	王子京	籍贯不详	绍圣四年（1097）五月	元符二年（1099）四月	2年	第二十四章
92	吕公雅	安徽寿春	元符二年（1099）四月	元符二年（1099）	不足半年	第二十四章
93	祝安上	籍贯不详	元符二年（1099）	元符二年（1099）九月	不足半年	第二十四章
94	陈师锡	福建南平	元符二年（1099）九月	元符三年（1100）五月	八个月	第二十四章
95	张公庠	籍贯不详	元祐三年（1100）五月	崇宁元年（1102）	2年	第二十五章
96	吴伯举	浙江丽水	崇宁元年（1102）	崇宁元年（1102）五月	不足半年	第二十五章
97	丰稷	浙江宁波	崇宁元年（1102）	崇宁元年（1102）	不到半年	第二十五章
98	林邵	福建福清	崇宁元年（1102）六月	崇宁元年（1102）八月	2个月	第二十五章
99	宇文昌龄	四川成都双流	崇宁元年（1102）十月	崇宁元年（1102）十一月	1个月	第二十六章
100	张恕	河南商丘	崇宁元年（1102）十一月	崇宁二年（1103）十月	1年	第二十六章

续表

序号	姓名	籍贯	任职时间	去职时间	任职时长	所在章节
101	黄诰	湖南平江	崇宁二年（1103）	崇宁三年（1104）	6个月	第二十六章
102	邵篪	江苏丹阳	崇宁三年（1104）三月	崇宁三年（1104）八月	5个月	第二十六章
103	王汉之	浙江常山	崇宁三年（1104）八月	崇宁四年（1105）正月	5个月	第二十六章
104	蔡渭	福建晋江	崇宁四年（1105）四月	崇宁四年（1105）五月	1个月	第二十七章
105	郭茂恂	籍贯不详	崇宁四年（1105）八月	崇宁五年（1106）三月	不到1年	第二十七章
106	蹇序辰	四川成都双流	崇宁五年（1106）三月	崇宁五年（1106）十二月	9个月	第二十七章
107	许光凝	籍贯不详	崇宁五年（1106）十二月	崇宁五年（1106）十二月	不到1个月	第二十七章
108	孙杰	籍贯不详	崇宁五年（1106）十二月	大观二年（1108）	2年	第二十七章
109	吴栻	福建建瓯	大观二年（1108）五月	大观二年（1108）十一月	6个月	第二十七章
110	蔡密	福建仙游	大观二年（1108）十一月	大观三年（1109）七月	8个月	第二十八章
111	李孝寿	河南新郑	大观三年（1109）七月	大观四年（1110）六月	1年	第二十八章
112	王诏	河北正定	大观四年（1110）六月	政和元年（1111）三月	9个月	第二十八章
113	马防	籍贯不详	政和元年（1111）五月	政和元年（1111）九月	4个月	第二十八章

续表

序号	姓名	籍贯	任职时间	去职时间	任职时长	所在章节
114	盛章	湖北襄阳	政和元年（1111）九月	政和三年（1113）五月	2年	第二十八章
115	董正封	籍贯不详	政和三年（1113）五月	政和三年（1113）十月	5个月	第二十八章